Mi vida en los Estados Unidos

Jóvenes de herencia hispanohablante escriben sus experiencias

Mi vida en los Estados Unidos

Jóvenes de herencia hispanohablante escriben sus experiencias

Este libro fue editado con el apoyo de una beca para actividad creativa concedida por la Grants Development Office de la Universidad del Estado de Nueva York, en Oneonta. Los autores desean expresar su gratitud por este apoyo.

This book was edited with the support of a Creative Activity Grant conferred by the Grants Development Office of the State University of New York, Oneonta. The authors wish to express their gratitude for this support.

Primera edición, diciembre de 2015.

Ediciones El Pozo
37 Fairview Street
Oneonta, New York
13820. USA

ISBN: 978-0-9861812-2-1

Printed in U.S.A.

A mi madre.
MC

Contenido

Primera parte
Contar la vida

El español en el aula universitaria con estudiantes de lengua heredada/13

Primera parte

Contar la vida

EL ESPAÑOL EN EL AULA UNIVERSITARIA

CON ESTUDIANTES DE LENGUA HEREDADA

Por María Cristina Montoya, Ph.D.

La historia de mi vida en los Estados Unidos comienza un cuatro de abril, al inicio del milenio, cruzando las colinas de Catskill rumbo al norte del estado de Nueva York. Era una noche oscura y de neblina espesa. Con una visibilidad casi imposible me acercaba a lo que sería mi gestión de vida y mi granito de arena para cambiar el mundo. Había inmigrado a los Estados Unidos unos años antes con cantidad de inquietudes profesionales e ideales hechos en mi formación académica de estudiante egresada de la universidad pública del Valle, en Colombia, mi país de origen. Al llegar pensaba que mi labor debería emprenderla en una carrera de derechos humanos y mis metas más ambiciosas serían trabajar para la UNICEF y ponerme al servicio de todos los niños del mundo. Sin entender aún que aquí mismo encontraría un grupo de niños, ya adultos jóvenes, que algún día, sin que les hubieran preguntado –igual que me ocurrió a mí–, cruzaron la frontera porque sus padres decidieron que sería mejor para ellos. Algunos llegaron al norte de manera legal y en avión; otros pudieron engañar a "la migra" con documentos de primos nacidos en los Estados Unidos; algunos, todavía en el vientre de una madre que los cargó por el desierto; otros, caminando el mismo desierto al lado de sus padres; y otros más, de más lejos, escapando de una historia de violencia e inseguridad. Otros tantos eran apenas un futuro inimaginable de hombres y mujeres solteros que buscaban el progreso en un lugar más próspero donde su trabajo duro fuera remunerado de una manera decente y justa.

Estos jóvenes de tradiciones hispanoamericanas híbridas entre lo indígena, lo europeo y lo africano, y de múltiples variedades de habla española, representan ahora aquellos niños del mundo a los cuales me he puesto a su servicio. Soy "la maestra", "La profa", "La señora", o simplemente "Montoya". Antes de conocerlos, no comprendía quiénes eran estos niños que crecían con dos culturas, una en casa y otra en la escuela, con dos idiomas, uno privado y otro público, y con dos identidades constantemente en conflicto, tratando de sobrevivir las dificultades de sus padres en un nuevo país. Mi primera tarea concreta asignada, entrando el milenio, fue enseñarles español estándar, sin un libro de guía, sin una descripción precisa de quiénes eran estos muchachos, y tan solo con la apreciación de un colega: "Ellos no saben nada de gramática y su ortografía es horrible". Bueno, pues con tal apreciación y con mi ignorancia, emprendí mi primer curso de "Español para hablantes nativos". Han pasado quince años y pienso que he aprendido mucho más de ellos que la gramática que les haya podido instruir en todos estos años. El curso ha cambiado de nombre: "Español para hablantes bilingües hispanos", con la idea de incluir aquellos nacidos en los Estados Unidos que han conservado el español de sus padres y a los otros que han inmigrado ya habiendo aprendido a leer y a escribir en la variedad de sus países de origen. La metodología ha sido un proceso de laboratorio pedagógico que se hace y se rehace a medida que aprendo y me doy cuenta de su intricada diversidad, tanto lingüística como cultural y de experiencia de vida. Mi labor en el aula aún busca un balance entre la norma, una comunicación autentica fluida de manera escrita y el reconocimiento de identidades duales que hacen de ellos un grupo muy particular de hispanos en los Estados Unidos.

Mi mayor descubrimiento durante los primeros años de enseñanza universitaria, y con esta clase en particular, fue el concepto de "heritage speakers" "hablantes de lengua heredada". Algo que al parecer puede ser tan simple de descifrar, a mí me costó unas cuantas lecturas y otras tantas experiencias en un aula con estudiantes de niveles distintos de fluidez en español y con experiencias de vida extremas en algunos casos y distintas a mi propia historia de inmigrante. Me he acercado a este grupo dentro y fuera del aula de una manera muy personal; lo considero necesario pues, al enrolarse ellos en mi clase, descubro que no están allí precisamente para aprender la diferencia entre el pretérito y el imperfecto o comprender lo que es el modo subjuntivo, sino para encontrar su propia herencia y analizarla con las herramientas que les proporciona la oportunidad

lengua y identidad

de acceder a la educación superior. El curso para hablantes bilingües me ha brindado la oportunidad de rehacerme y transformarme como pedagoga y como persona. He encontrado el camino profesional para colaborar con el cambio social, lento pero constante, que se requiere para una población que crece aceleradamente en este país del norte, y de la cual me hago responsable con dos hijos propios, un hijastro inmigrante y un nieto que no crece bilingüe pero que lleva el apellido "Ríos". Este niño de tercera generación, como muchos otros, disfruta de las tradiciones colombianas de nuestro hogar, come fríjoles, lentejas, sudado de pollo, empanadas, tamales y percibe que sus abuelitos paternos hablan otra lengua y escuchan otro tipo de música; no contesta en español, sin embargo comprende cada enunciado y manifestación de amor de esa familia tan distinta a la gente de su pueblo y de su familia materna.

Podría afirmar que a través de este trabajo he aprendido a ser madre de mis propios hijos de lengua heredada. Aprendo de las estrategias utilizadas por los inmigrantes hispanos de primera generación para mantener sus familias unidas y sus valores morales y espirituales intactos dentro de una sociedad que frecuentemente los discrimina y los observa a través de estereotipos que ignoran la diversidad del mundo hispano. En mis lecturas, con el propósito de instruirme sobre esta población, he encontrado trabajos fundamentales y muchos que describen y analizan la segunda generación, su lengua en contacto con el inglés, su cultura y su construcción de identidad dual. También he encontrado dentro del campo literario historias de autores ya reconocidos que narran experiencias de inmigrantes y de la lucha socio-económica vivida en el camino hacia el norte. Sin embargo, no he visto historias o testimonios contados por los mismos muchachos que se encuentran en las aulas y que sobrepasen la temática de la pobreza, la discriminación y las celebraciones culturales. Es por esto que el trabajo aquí recopilado busca darles voz a estos muchachos que construyen de una manera consciente su doble identidad y que después de haber obtenido una educación superior salen a laborar con la misma esperanza de cambiar el mundo que yo tuve al inmigrar a este país.

LA AUTOBIOGRAFÍA

Para mí ha sido fascinante conocer estas historias de vida, y encuentro una conexión muy estrecha con los padres inmigrantes a través de sus hijos. Ellos me han contado las rutinas de sus hogares y los esfuerzos por conservar los valores de la familia hispana: la unidad y el trabajo duro. Me he dado cuenta de que el respeto a los mayores y la obediencia son comportamientos exigidos para sobrellevar las presiones de una sociedad mucho más individualista. Ha sido interesante observar en estas historias como las condiciones económicas limitantes no son percibidas como "pobreza", sino como "lucha", y que en los Estados Unidos, contando con la unidad familiar, esa lucha se trasforma en logros de sobrevivencia conseguidos por todos los miembros de una gran familia extendida. Además, el ejercicio pedagógico de la escritura en español revela una reflexión muy consciente del papel que juega la lengua en el mantenimiento de los valores de la familia, el enfrentamiento ante los retos de una sociedad diferente y lo que representa este idioma para su futuro como comunidad hispana en los Estados Unidos.

El nivel de fluidez oral de los estudiantes en este curso oscila de alto-intermedio a bajo-avanzado; en cuanto a su nivel de escritura se encuentra gran variedad: desde la capacidad de escribir composiciones que incluyen la descripción y la narración de más o menos tres páginas fluidas mínimamente, hasta el estudiante que difícilmente puede conectar ideas de una manera coherente y fluida en un párrafo extenso. Todos los estudiantes, al conocerme y manifestarme su interés por aprender a escribir el español, hacen referencia a las tildes y la ortografía como la necesidad principal. Sin embargo, durante el desarrollo de las autobiografías logran entender los aspectos gramaticales que les permiten expresar sus mensajes con fluidez y precisión. El vocabulario también hace parte del ejercicio principal de su escritura y, a medida que trascurre el semestre, reciben correcciones, rehacen sus ensayos y van puliendo la expresión escrita desde sus propios niveles de competencia lingüística.

El curso se ha venido enseñando tanto a estudiantes de procedencia urbana como rural del estado de Nueva York. El lugar de residencia ha presentado diferencias en la calidad de vida y en las experiencias familiares. La autobiografía se desarrolla primeramente desde una descripción general en tiempo presente, pasando a narraciones en pasado y finalizando con reflexiones sobre su futuro y aspiraciones para contribuir al cambio en la creciente sociedad hispana en los Estados Unidos. Las historias que aquí se ofrecen e interpretan las he venido coleccionando por un periodo de seis años, en múltiples sesiones del curso. La información proveída por los estudiantes ha revelado dinámicas de vida en los hogares bilingües y biculturales que pasan a las segundas generaciones como valores importantes de identidad étnica. La enseñanza de las normas del español estándar se logra de una manera implícita a medida que producen sus escritos autobiográficos. Su producción escrita fluye con estructuras que luego se analizan con el propósito de diferenciar registros informales y formales de comunicación; también se discuten las variedades del español que cada uno de ellos trae al aula y se analiza de manera consciente el contacto entre el español y el inglés en el discurso natural de cada uno de ellos. Los cinco ensayos que componen la autobiografía son organizados comenzando con un discurso descriptivo que incluye la presentación de su vida actual en la universidad, de su lenguaje y cómo éste hace parte de su identidad. En este primer ensayo se plantean los conflictos que se generan de la experiencia con dos idiomas y dos culturas. Luego se pasa a una serie de ensayos que requieren el uso del discurso escrito en tiempo pasado: "mi niñez", "mi adolescencia" y "la vida de mis padres". Aquí se desarrollan temáticas que van desde las tradiciones familiares, las celebraciones, las rutinas diarias durante sus primeros años de vida y sus conflictos generacionales durante la adolescencia. También contienen descripciones de sus amistades, actividades escolares, relaciones establecidas con maestros y experiencias sociales y curriculares en las escuelas de Nueva York, así como visitas y estadías extendidas en el país de sus padres. En la elaboración del ensayo sobre la vida de sus padres tienen como tarea entrevistarlos de una manera profunda, y muchos han manifestado que esta tarea los ha acercado mucho más a ellos, ahora que son jóvenes adultos, y que han podido valorar los sacrificios de sus padres inmigrantes para conseguir un mejor futuro para la familia. Después del ensayo sobre sus padres, los argumentos han sido planteados para lo que conforma el último escrito: "Mi ser social y mis aspiraciones futuras". La reflexión y el análisis propio fluyen de manera profunda en este último escrito, en el que ellos mismos exponen su posición como individuos que pertenecen a una sociedad amplia y diversa, al tiempo que su identidad como latinos en los Estados Unidos les hace manifestar un sentimiento de responsabilidad social para las generaciones futuras.

Antes de emprender la escritura, se hace una discusión generada por una serie de cuestionarios que desarrollan en parejas, buscando las ideas que luego van a plantear de manera escrita e individual. En las conversaciones con sus compañeros, los estudiantes descubren similitudes y diferencias en su crianza bilingüe y bicultural. Las diferencias del grupo dan como resultado ensayos de variada complejidad y cantidad de detalles. Algunos estudiantes logran expandirse hasta una producción de aproximadamente cincuenta páginas, mientras otros sólo logran veinte. No son evaluados por la cantidad producida, sino por la calidad y el progreso logrado desde su primer ensayo hasta el último. El uso de discursos variados genera múltiples estructuras gramaticales sin ni siquiera notarlo. La retroalimentación del instructor es ardua en este proceso, pero necesaria para lograr conseguir total producción y creatividad con un sentido de construir confianza en sí mismos en cuanto al uso del español.

Mi experiencia como instructora principal del curso durante quince años me ha permitido total libertad de preparación metodológica. El hecho de ser una lingüista con gran interés en las áreas de la sociología del lenguaje y la sociolingüística le ha dado al curso un énfasis en la investigación del mantenimiento de lenguas heredadas y la construcción de identidad en el contexto de crianza bilingüe y bicultural. En el aspecto pedagógico una de las mayores dificultades ha sido contar con materiales que encajen con mis objetivos pedagógicos por lograr una producción escrita extensa y detallada. Durante los primeros años de enseñanza, entre el 2001 y 2005, la dificultad fue encontrar un libro de texto que fuera interesante para los estudiantes que no les planteara explicaciones gramaticales complicadas; necesitaba engancharlos en la escritura de

18

la variedad estándar de una manera más personal y creativa. Constantemente me encontraba gastando gran parte del tiempo interpretando la gramática formal para ellos y descubriendo a través de los exámenes que habían retenido muy poco de lo explicado. El aprendizaje de palabras nuevas presentaba igual dificultad. Encontré un libro de texto que contaba con listas extensas de vocabulario divididas según la ortografía. Consideraba que la información era importante, pero mi trabajo era contextualizarla dentro de la producción escrita de ellos mismos. Después de varios años de trabajar linealmente con las listas de vocabulario, leyéndolas y discutiendo su significado, me di cuenta que poco era el uso que los estudiantes hacían de ellas en la producción autobiográfica. Entonces, decidí agrupar el vocabulario desde el concepto de "familia de palabras", al tiempo que enseñaba la función gramatical de las mismas. Esta metodología tenía más sentido para ellos. Sin la explicación formal tradicional, descubrían y recordaban cuando era necesario el uso de sinónimos, y reconocían más fácilmente las partes del habla y la economía y precisión en el lenguaje que distinguía el discurso escrito del oral. Durante unos semestres, decidí que trabajaríamos la gramática con el libro y, por otro lado, la autobiografía, con la metodología de "fluidez primero". Pero noté que los estudiantes percibían una división drástica entre los días de enseñanza monótonos y los días interesantes y personales. También en el proceso descubrí que la memorización de reglas y ortografía no era atractiva para motivarlos a continuar con el aprendizaje formal del español, y que los exámenes generaban un gran nivel de estrés y hacían esta clase mucho más difícil que sus otros requisitos académicos. Entonces decidí que toda evaluación estaría basada en trabajos para hacer en casa y les daría una semana para completarlos. La única indicación era que no lo podían trabajar con sus compañeros de curso, pero sí con su familia u otra persona, como un tutor, que supiera más español estándar que ellos. Buscaba un análisis metalingüístico más profundo y la tranquilidad del estudio, en lugar de la ansiedad de la evaluación y el recurso de la memorización.

Después de muchos años, reconozco que mi papel con este grupo de estudiantes se diversifica, y que mi oficina y aula se convierten en un refugio donde buscan un poco de su hogar, de sus padres, de su

19

identidad, de inspiración y guía profesional y donde se sienten cómodos usando su español. Durante el proceso de escritura autobiográfica, yo también revelo la historia de mi vida en los Estados Unidos. Este método muy personal y propio de instrucción permite la confianza necesaria para expresar sentimientos, ilusiones y metas hacia el futuro que nos contagian a todos de gran responsabilidad social y nos hacen construir juntos una identidad bilingüe y bicultural respetando la diversidad de cada cual.

En la primera parte de este libro de recopilación autobiográfica se incluyen y comentan apartes de múltiples historias escritas por los estudiantes, divididas en temáticas que han sobresalido de las experiencias vividas en la ciudad de Nueva York o en las zonas rurales del estado, pues es interesante observar como la ruralidad del norte presenta una adaptación muy distinta a la integración que se vive en la aglomeración de hispanos en la ciudad. De igual manera el lugar de procedencia de sus padres añade a la pluralidad de experiencias en el proceso de integración dentro de sus propias comunidades. La mayor parte de los estudiantes participantes son de México y residentes en zonas rurales del estado; se encuentran otros, también rurales, que han llegado de Perú y Colombia. Por el contrario los de procedencia urbana, ya sea de la ciudad o de zonas más pobladas en el estado, han inmigrado de la Republica Dominicana, Puerto Rico, Colombia, Ecuador y España.

La segunda parte del libro expone dos historias completas llenas de detalles y con gran complejidad basadas en dos experiencias de vida distintas que exponen la lucha entre la moral, los valores y la unidad familiar, la huida de la violencia, los acontecimientos inesperados como la enfermedad, la pérdida del trabajo y el empeño por mantener una familia unida. Todo esto, mientras trascurren los años hasta llegar al gran sueño de obtener la ciudadanía estadounidense.

El último capítulo de este libro es una reflexión mixta entre lo personal, la observación académica y la investigación, por parte de una estudiante que comenzó en su primer año universitario con el curso de español para bilingües y quien en su último año fue mi asistente de enseñanza en el mismo curso. Durante el último año, esta estudiante asumió un rol investigativo con énfasis en el proceso de recuperación y mantenimiento de la lengua heredada. Este trabajo la introdujo al campo de la lingüística y logró presentarlo, durante su último semestre de estudios de pregrado, en el "Student Research Show", el evento académico que organiza la Universidad del Estado de Nueva York, en Oneonta, para aquellos estudiantes que adelantan proyectos de investigación acompañados de un profesor.

La última parte del trabajo aquí compilado contiene los anexos. Allí se incluyen los cuestionarios usados para generar escritura y algunos apartes del programa. También se encuentra el calendario del curso inicial de español para hablantes bilingües del año 2001, comparado con el programa usado durante la más reciente sesión del curso, en el año 2014, con el propósito de observar la transformación pedagógica de 15 años de enseñanza.

LOS AUTORES SE PRESENTAN

La publicación de las historias que se presentan a continuación – completas o de manera fragmentada– ha sido autorizada por sus autores. En el texto general se han utilizado seudónimos, para proteger la privacidad de los estudiantes y de sus familias. Los nombres verdaderos se encuentran al final del libro y en la sección de derechos de autor, pues cada estudiante conserva los derechos sobre su propio texto. Los estudiantes que han aceptado colaborar con este proyecto han manifestado que ceden las historias de sus vidas como contribución a la comunidad hispana en los Estados Unidos.

Correcciones a las producciones escritas han sido hechas durante el transcurso del semestre, y el producto aquí reflejado es el resultado de múltiples ajustes mientras aprendían las reglas de la gramática, la ortografía y las estructuras de la variedad estándar del español. Algunas construcciones han sido dejadas intactas por considerar que hacen parte de la variedad del español de sus países de origen o de los cambios lingüísticos que presenta el español de los Estados Unidos en contacto con el inglés. Sólo se han hecho ajustes mínimos en la preparación de los textos para su publicación.

Hechas las aclaraciones necesarias, es el momento de que los autores de este libro nos digan quiénes son:

21

–Me llamo **Guadalupe** Hernández y soy mexicana-americana; nací y crecí en los Estados Unidos. Mis padres se llaman María y Miguel Hernández y los dos son de San Juan Mixtepec, Oaxaca México. Mi padre llegó a los Estados Unidos en el año 1986 y mi madre llegó un año después. Vinieron a los Estados Unidos para buscar trabajo. Mi madre vino para estar con mi padre y también para trabajar. Mis dos padres han trabajado en el campo.

–Me llamo **Vanesa** Monsalve, tengo diecinueve años y nací en Belen, Israel pero mis padres son de Colombia sin embargo me considero Colombiana. He vivido en Long Island por dieciséis años y después de mi graduación de la secundaria, decidí ejercer mis estudios en psicología en la Universidad del Estado de Nueva York conocida como "State University of New York at Oneonta". Mi decisión ha sido influenciada por la opinión de mi familia, ellos siempre dicen: "la educación es el camino al éxito".

–La historia de mi vida comienza con mi nombre, el cual hace parte de mi identidad. Me llamo **Jasmine** Galindo Torres. Mis padres me pusieron Jasmine porque "Jasmine" significa Jazmín, igual como mi madre. Me caracterizo como una joven de piel morena, estatura media y cálculo que peso unas ciento treinta libras. Mi familia dice que me parezco a mi mamá. Yo tengo el cabello negro con ojos cafés e incluso tengo un arete en la nariz. Soy amigable, curiosa y risueña. Algo que no me gusta de mi personalidad es mi timidez. A pesar de mi timidez soy muy alegre y simpática con personas que conozco. Yo nací en Puebla, México, para ser exactos en Acatlán, pero me crie en los Estados Unidos y trato de visitar Puebla cada dos años.

–Hola me llamo **Yarden** Baliber. Nací en Israel y allí es donde mis padres escogieron mi nombre. En Israel hay un río que se llama Yarden y a mis padres les gustó el nombre del río tanto que ellos querían que su hija tuviera el mismo nombre. Ahora tengo diez y ocho años y por primera vez en mi vida me siento adulta. Tener esta edad es muy divertido porque ahora puedo hacer muchas actividades nuevas. Es como si ahora viviera en otro mundo.

–Será que estamos viviendo o nada mas estamos soñando. Me llamo **Jennifer** Lozada y tengo diecinueve años. Soy la mayor de mi familia. Tengo dos hermanos. Uno se llama Daniel y el pequeño se llama Juan. Mis hermanos ya no son niños pero para mí todavía lo son. Mi mamá escogió nuestros nombres porque mi papá nos quería poner nombres muy feos. Mi mamá descubrió mi nombre porque ella tenía una amiga que se llamaba Jenifer pero ella decidió poner una "n" extra. Me gusta mucho mi nombre porque todos en mi familia sabían que yo iba a ser diferente a los demás y es muy cierto.

–La vida es muy maravillosa; todos los obstáculos que experimentamos al final se solucionan. Mi vida es simple y así me gusta. Yo me llamo **Adriana María** Castillo, mi papá dice que escogió mi nombre. Le gusta Adriana porque su nombre es Adrián y quería su nombre incorporado con el mío. Nací en los Estados Unidos en el 24 de Agosto de 1995 en el Bronx New York. Apenas comienza mi vida, soy joven y todavía tengo mucho que vivir. No tengo hermanos o hermanas, soy hija única. A lo mejor el destino controla la vida o nosotros escogemos nuestro camino pero tiene que ver mucho nuestro ambiente. Sí, soy hija única, pero no estoy sola, tengo una familia extraordinaria que me apoya en todo.

–Hola, mi nombre es **Adolfo** Vargas-Barrera. En verdad yo no sé de dónde vino mi nombre ni quien lo escogió pero ese es mi nombre. Tengo diecisiete años y no me siento muy bien con esta edad. La mayoría de mis amigos son mayores en primer semestre de la universidad y entonces me llaman él bebe por mi edad. Mi especialización es economía empresarial con una concentración en comercialización. En verdad quiero trabajar con la empresa de Nike o Adidas. Me gustaría viajar a diferentes países alrededor del mundo.

–Todos han tenido un viaje diferente para llegar donde están hoy. Para mí el viaje aquí no lo logré sola, sino que también mis padres hicieron parte del trayecto de mi vida hasta mi juventud. Estos años de mi juventud fueron una época donde aprendí mucho de mí misma al igual que de la vida. Mi nombre es **Daniela** Chávez Mejía, durante mi juventud crecí con este nombre. Soy una muchacha que se considera ser una mexicana o mexicana americana. Tengo dieciocho años y soy una estudiante de la universidad de Oneonta, aquí en el estado de Nueva York. Este es mi primer año aquí en la universidad. Por ahorita estoy estudiando el servicio de comida y la administración de restaurante. Soy de un pueblo que se llama Williamson. Está a treinta minutos de la ciudad de Rochester y cinco minutos del lago de Ontario. Nací en el pueblo de Sodus, el veinte de enero del noventa y seis. Yo me defino como Mexicana Americana. Desde pequeña siempre me he sentido más cercana con las raíces mexicanas. Americana porque nací aquí en los Estados Unidos. Nací en los Estados Unidos pero mi sangre es mexicana.

–Soy **José** Marte. Soy un México-americano de 19 años de edad viviendo aquí en los Estados Unidos. Voy a la universidad de Oneonta aquí en Nueva York pero vivo en pueblo a dos horas de ahí. Mi vecindario actual no es muy agitado, ni tampoco es una metrópoli. Está muy tranquilo y calmado porque no hay mucho tránsito por mi casa. El único ruido que hay alrededor de mi vecindario son las maquinas que usa mi padre mientras trabaja. Él trabaja en una granja de gallinas, entonces es obvio que hay mucha maquinaria.

–A veces me pregunto ¿quién soy yo? Siento como si no fuera ni de aquí ni de allá. Soy americana por el hecho que yo nací en la ciudad de Nueva York y ecuatoriana porque mis padres nacieron ahí. Ahora soy una chica universitaria de 19 años cuyo nombre es **Ana**, un nombre muy común y que mi padre me escogió. Actualmente vivo en una residencia de mi universidad con cuatro de mis amigas. Lo cual es chévere porque al estar con amigas y no con extraños hace que la convivencia sea más fácil y no me sienta incomoda. En mi primer año de universidad no sabía realmente que profesión quería estudiar pero ahora que estoy en mi segundo año he decidido estudiar los estudios internacionales con un énfasis en negocios empresariales y español.

–Me llamo **Mariana** Martínez Colón y tengo 18 años. Ahorita, vivo en Oneonta. Asisto a la universidad de SUNY Oneonta. Este es mi primer año aquí y me gusta mucho. Estoy estudiando español y estoy pensando en estudiar fotografía. También quería estudiar comunicaciones. Soy mexicana y guatemalteca. Mi nombre lo escogió mi papá, pero a mi mamá le gustaba también. Mi papá tenía una novia con mi nombre y desde entonces le gustó el nombre. Apenas cumplí 18 a fines de septiembre. Lo único bueno de haber cumplido 18 es que puedo comprar un boleto de lotería. Aunque no estuve con mi familia el día de mi último cumpleaños cuando me hice mayor de edad, estuvo divertido. Mi novio me vino a visitar y salimos. Tengo unos amigos muy buenos aquí. Mi compañera de cuarto es Casandra y nos conocemos desde que teníamos tres años o hasta menos.

–Me llamo **Betzabe** Bautista pero todos me dicen "Bettie". Sinceramente no me gusta mi nombre porque es largo y horrible. Aunque no me gusta mi nombre, para mi abuelita mi nombre significa mucho. Mi abuelita es una mujer muy religiosa y para ella el nombre Betzabe tiene un significado espiritual. Por esa razón, mi abuelita escogió mi nombre. Desde niña yo siempre soñaba ayudar niños con discapacidades y por eso hoy en día me he dedicado a cumplir mi sueño. Actualmente estoy asistiendo la universidad de SUNY Oneonta. Alejarme de mis padres fue un obstáculo difícil en mi vida. Para mí no fue fácil estar lejos de mis padres pero la distancia me ayudó a madurarme y ver la vida de otra manera.

–Me llamo **Ana María** Vallejo, tengo 21 años y soy mexicana. Soy morena, flaca y de pelo oscuro. Yo soy muy alegre y amigable. Soy un poco tímida cuando no conozco bien a las personas, pero cuando entro en confianza no paro de hablar. Soy la mayor de cuatro hijos. Tengo una hermana de seis y dos hermanos, uno de diez y siete y el otro de doce años. Yo nací en México y me mude a los Estados Unidos con mis padres cuando tenía cinco años. Cuando nos mudamos, nosotros llegamos a Nueva Rochelle, una ciudad en el condado de Westchester. Nueva Rochelle es una ciudad grande con mucha diversidad. Hay mucha cultura hispana. A mí me gusta mucho la ciudad en donde vivimos porque es muy tranquila y aparte hay mucho que hacer.

–Mi nombre es **Stefany** Lucía Bravo Santander, mi padre Carlos Bravo quería nombrarme simplemente "Lucía" porque su canción favorita de Joan Manuel Serrat se llama "Lucía", pero mi madre Catalina Santander prefirió nombrarme Stefany primero. Yo nací en la capital de la República Dominicana, Santo Domingo y vivo en un pequeño pueblo llamado Mahopac, Nueva York. Acabo de cumplir diecinueve años el dos de septiembre. Es importante tener la edad que tengo porque estoy creciendo y aprendiendo mucho más de lo que se trata la vida. Ahora estoy estudiando en la universidad de SUNY Oneonta. Yo me estoy especializando en comercialización de la moda. Estoy estudiando esta carrera porque desde pequeña siempre me interesaba la moda y todo de lo que se trata de ropa, como vestirse, como hacerlo y dónde comprarlo. Hasta hoy me fascina la idea de tener una oficina en la ciudad de Nueva York. También tengo una concentración menor en español. Para mí es importante mantener mi primer idioma porque toda mi familia sabe hablarlo y mi cultura es muy importante para mí.

–Alguna vez se siente la curiosidad de saber el origen de las personas alrededor. Bueno, quiero contar un poquito de mi vida y mi origen. Muchas personas tratan de adivinar de donde soy creyendo que eso me identifica totalmente. Ellos están equivocados porque mi origen es solamente una parte de mi identidad y existen otras experiencias que me hacen diferente; a parte de mi origen, está el idioma y las celebraciones que acostumbro. La identidad es un concepto muy interesante porque todos tenemos una historia que contar que siempre será diferente para cada cual. Yo me llamo **Kyle** Chavarriaga Triviño. Mi nombre es muy popular muchos tienen este nombre; mi apellido a cambio, es lo que siempre la gente me pregunta como pronunciar. Ese apellido, Chavarriaga, no es muy común entre la gente de hoy pero a mí, me encanta ese apellido. Yo no estoy muy seguro de donde viene el nombre Kyle, pero sí sé que mi madre lo escogió. Ella siempre me ha dicho que escogió mi nombre porque el doctor que la asistió se llamaba así y desde entonces siempre le ha encantado el nombre Kyle. Yo nací en el año mil novecientos noventa y siete; yo tengo diecisiete años. Tener esta edad me hace sentir muy bien porque es una edad donde todos están aprendiendo a ser independientes.

–Me llamo **Tania** y soy chicana, nací en Santa Ana, California. Vengo de una familia hispana. Mis padres son de México y ellos siempre me enseñaron que en la vida todo se tiene que luchar por lo que uno quiere. Mis padres llegaron ilegales de México a este país para darnos una vida mejor que ellos no tuvieron. Mis padres decidieron venir a los Estados Unidos en el año 1994. Mi mamá a los 17 años cruzó la frontera cuando ella estaba embarazada de mi hermano mayor Andrés. A los 19 mi madre me tuvo a mí en el año 1996. Poco tiempo después que nació mi hermano Esteban en el 1998, mi madre decidió mudar la familia a Nueva York. En el año 2001 mi mamá tuvo a mi hermano pequeño, Rafael el consentido. Mucha gente latina puede decir que una familia hispana es una familia unida. Yo sé que mi familia es unida porque desde chiquita me han enseñado que la familia siempre debe de ser unida. Estoy orgullosa de ser parte de una familia hispana.

–Hola, me llamo **Ramón** Calle y yo tengo 19 años. Yo nací el 7 de enero de 1995 en Newfane, Nueva York pero vivo en Appleton. Yo soy alto, tengo el cabello oscuro y soy moreno. Tengo tres hermanas y yo soy el segundo hijo de todos. Mi hermana mayor se llama Luisa y las menores se llaman Camila y Paulina. La gente dice que no me parezco a mis hermanas, pero dicen que si me parezco a mi mamá. Mis padres son de Oaxaca, México de un pueblo pequeño que se llama "San Juan Mixtepec". En San Juan Mixtepec, la gente habla español y otro idioma que se llama Mixteco; entonces mis padres son bilingües. Yo puedo entender Mixteco y solo sé unas pocas palabras en Mixteco. Cuando yo era niño mis padres me mandaron a una guardería y ahí es donde yo aprendí a hablar inglés. En mi casa es donde aprendí a hablar español, pero siento que aprendí más ingles que español. He vivido en el mismo lugar toda mi vida. Tenemos una casa que el jefe de mis padres nos prestó porque ellos trabajan para él. Mi barrio en Appleton es muy pequeño y tranquilo. Mis tíos, primos y mis padrinos viven en Appleton también.

–Me llamo **Liliana** y nací en Avon Park, Florida pero vivíamos en Lake Placid. Cuando nací ya tenía un hermano mayor y nunca entendí que era tener un padre porque nunca conocí el mío. Siempre vivíamos con las cuatro hermanas de mi madre. A cambio de un padre yo tuve cinco madres. Mi hermano era el único hombre de la casa. Siempre quería ser como él porque era el único diferente. No era femenina como mis tías. Yo tuve y sigo teniendo características masculinas.

–Yo soy puertorriqueño americano. Nací en los Estados Unidos. Viví en Puerto Rico por varios años pero la mayoría de mi vida la he vivido en Búfalo, Nueva York. Me llamo **Darío Igone II** y ser bilingüe y bicultural para mí ha sido una bendición y una gran experiencia. He tenido la oportunidad y el privilegio de ser parte de dos culturas. Puedo comunicarme sin problema en español e inglés y también en spanglish.

LA IDENTIDAD

Ya en nuestro primer día de clases la pregunta filosófica fundamental de "ser" o no "ser" marca nuestro primer encuentro. ¿Quiénes somos en los Estados Unidos? ¿Qué somos dentro de las categorías sociales y políticas: latinos o hispanos? "Nací aquí, pero me siento de allá." "Me dicen que soy... pero no soy gringo..." A través de los siguientes fragmentos se observan aspectos que van más allá del origen y que se fortalecen a través de la crianza y las experiencias.

–Así como una flor tiene sus pétalos únicos, la gente también tiene algo particular de ellos. El carácter y personalidad es lo que hace a una persona. ¿Pero de allí que más? ¿Se puede incluir la lengua que habla parte de su personalidad? Por supuesto que sí. La forma en que las personas hablan dice más de ellos. Por ejemplo si un mexicano viene y habla con un hispano hondureño se le nota la diferencia de países. El idioma le añade un valor de identidad a cada hispano. Cada uno de nosotros interpretamos la lengua de diferente manera. ¿Cuál es mi idioma? Bueno, mi lengua es español y nada más con decir eso les di una parte de mi identidad. –Carmen Victoria López.

–Crecer en Montgomery no ha sido divertido pero nunca tuve problemas raciales o de discriminación. La primera razón es por mi apariencia, soy blanca como la mayoría de la gente de mi pueblo. Si no conocen sobre mi vida dentro de mi casa todos piensan que soy como ellos; alemana, irlandesa, italiana y católica. Durante la primaria realmente no sabía sobre mis raíces étnicas para mi yo era igual que los demás alumnos de la escuela. Fue durante la secundaria que yo empecé a darme cuenta de donde venía y me sentía orgullosa de eso. En este momento también me di cuenta de los colores de la piel y de las fiestas que la gente celebraba. A mí nunca me importaban las complicaciones de identidad y no puedo entender como una persona tendría problemas con una persona por algo que la persona no puede controlar como su origen y crianza familiar. Ser judía y española es algo muy raro y al principio era algo "taboo". Hay veces que estoy en España y escucho a la gente decir algo malo sobre el judaísmo sin darse cuenta de que yo pertenezco a esa religión, pero yo entiendo que la diversidad de cultos no es algo a lo que están acostumbrados. Tienen sus estereotipos de los judíos pero cuando ven mi hermana y a mí se dan cuenta que no somos diferentes y que no se puede creer todo lo que se escucha. Hay muchas ventajas cuando se tiene una identidad diferente a la de la mayoría de la gente. Puedo vivir la vida de dos personas muy diferentes en una. Durante el año escolar voy a la sinagoga todos los viernes y durante mis veranos cuando visito España, hay veces que voy a la iglesia con mi abuela. Vivir dos vidas en una me abre la mente y me deja aceptar muchas de las diferencias que existen en las otras culturas. Eso es algo que yo pienso que todos deberían tener si todos pudieran aceptar las diferencias en el mundo habría más paz. Es por eso que yo quiero tener hijos y darles a ellos una vida similar. –Yarden

–Siempre le he tratado de preguntar a otra gente que me identifica y ellos me dicen que yo soy muy complicada para identificar porque soy diferente a los demás. Soy guatemalteca, mexicana y americana. Cuando iba a la high school todos los hispanos me decían que era americana porque nací en los Estados Unidos y porque me llevaba con los americanos. Me decían que era racista contra los hispanos porque no les hablaba. Los americanos me decían que era chicana porque mi mamá es de México pero nací en los Estados Unidos. Yo no sabía que era hasta que llegué a la universidad y conocí a una autora que me abrió los ojos. Ella se llamaba Guate-Mex y esa palabra me enamoró porque me describe a mí misma. –Jennifer

–Mi madre también nos explicó de nuestros ancestros. Mis ancestros son de la raza azteca y mexicana. Pienso que es chévere tener raíces aztecas. Me encanta escuchar la historia de cómo vivían antes en sus tribus. Aunque sea mexicana americana, me considero sólo mexicana porque mis padres son mexicanos y no me gusta llamarme mexicana americana porque no tenemos a nadie americano en nuestra familia. Nosotros somos la primera generación en este país. –Liliana.

EL SER BILINGÜE Y BICULTURAL

En mi desempeño como "la maestra" hago preguntas y exijo elaboración. Sin embargo el planteamiento siempre lo dejo abierto a todas las posibles conexiones o interpretaciones a las que ellos puedan llegar a través del ejercicio de auto reflexión. Durante los años he descubierto que la condición bilingüe y bicultural de mis estudiantes plantea motivaciones interesantes, no solo instrumentales sino también integrales como resultado de su formación y condiciones de vida particulares. El idioma de sus padres para este grupo de jóvenes ha jugado un papel importantísimo para la concepción de su identidad, su responsabilidad social y sus planes a futuro. En los siguientes fragmentos se desteje el proceso por el cual estos muchachos ha llegado a considerarse bilingües, biculturales y en algunos casos trilingües y triculturales enseñando así la delicada filigrana que representa tener vidas híbridas religiosas, raciales y étnicas.

–Saber español es una ventaja enorme. Hoy en día hay tantos hispanos en los Estados Unidos y en todo el mundo y saber su idioma puede abrir una puerta en el futuro que los monolingües puede que no tengan. Me siento diferente porque estamos estudiando las mismas cosas y queremos tener los mismos trabajos pero yo tengo una cosa más que ellos no tienen. Mi herencia cultural y lingüística me afecta de una buena manera en lo que hago hoy en día porque me hace una persona bien formada. Soy una persona que es única. No conozco alguna persona que sea judía y española como yo, pero en mi clase de español y en el club judío "Hillel" conozco gente similar. Mi español no es tan horrible pero tampoco es muy bueno. Cuando voy a España al hablar con la gente durante la primera semana tengo problemas pero después de eso todo me viene a la mente y hablo mucho. Nunca tengo vergüenza de hablar con mi familia o mis amigas porque ellos ya saben mi nivel de español pero con extranjeros tengo vergüenza porque mi gramática es horrible. Para no olvidarme, trato de hablar frecuentemente con mis amigos en España por Skype y hablo casi todos los días con mis abuelos por el teléfono. Ahora que no puedo hacer todo eso entonces me matriculé en una clase de español para estudiantes de herencia hispana como yo. Mi niñez fue una época muy feliz en mi vida. Era capaz de experimentar el mundo en una manera que mucha otra gente nunca podría en toda su vida. Después de haber vivido en tres países diferentes me he permitido ver las costumbres de los tres mundos muy diferentes. Por lo tanto mi vida se convirtió en una mezcla de las tres culturas. Esto ha sido muy importante para mi vida porque me ha permitido ser muy flexible en el momento de aceptar diferentes maneras de pensar y relacionarme con los demás a una edad temprana. Mis experiencias me ayudaron a ser lo que soy hoy pero todo eso paso en mi niñez. –Yarden

–El idioma que hablan en mi casa es el español y es el idioma oficial también en México, pero el idioma que hablamos en mi pueblo es el mixteco. El mixteco es una combinación de español y otras lenguas indígenas. El mixteco nada más lo hablan las personas que son de mi pueblo. Yo lo conozco y lo hablo porque nací allí sin embargo, el idioma se está perdiendo porque algunas personas ya no lo hablan o no lo quieren hablar. A mí también se me está perdiendo pero mis padres me dicen que lo hable cuando platique con ellos para que no lo pierda porque si no, entonces va a ser más difícil comunicarme con tíos y primos que no hablan el español o el inglés. Mis padres en verdad nunca aprendieron hablar el español correctamente y yo tampoco. Es por eso que me inscribí para las clases de español en la secundaria. Eso me ayuda y también ayuda a mis padres porque les puedo ayudar a hablar correctamente el español y también el inglés. Pero ellos me ayudan en el mixteco porque ellos lo hablan muy bien pero yo no lo hablaba tan bien como hasta ahora. Me puedo comunicar mucho mejor con mis padres en mixteco ahora porque fui a México durante todo el mes de abril. Tenía que comunicarme con casi todas las personas en mixteco especialmente mis abuelos porque ellos no saben el español. Entonces tenía que tratar de hablarles en mixteco y milagrosamente si pude hablar fluidamente con mis abuelos y familiares. En el mixteco hay muchas palabras que a veces suenan similares y son completamente opuestas y puedes decir algo grosero y ni quererlo hacer. Pero practicando con la familia en México me ayudó mucho porque aprendí más de ellos y también aprendí nuevas palabras que no sabía. –Adolfo

–Crecí siendo bilingüe. Durante mi niñez, saber hablar español fue una parte mayor de estos años. Como mis padres no hablaban inglés muy bien, mi hermana y yo fuimos las que tenían que traducir para ellos. Todos de mi familia hablaban español, esto nos forzaba a saber hablar español y en inglés. Ingles porque en la escuela hablábamos inglés con los maestros. Durante mi niñez nunca tuve clases de inglés como segundo idioma y en la casa solo se hablaba español con mis padres o tías y tíos por este motivo soy bilingüe hoy en día. En el equipo de fútbol tenía algunos compañeros que también eran mexicanos como yo y hablaban español en sus casas tanto como yo en la mía. El idioma que hablaba mayormente durante este tiempo era el español. Mis amigos y yo siempre hablábamos español. Nada más habíamos tres mexicanos en mi clase. Como estaban en mi salón siempre me ponía a hablar español con ellos para que los americanos no me entendieran. Mis compañeros de clase siempre ponían el oído cuando hablábamos en inglés entonces yo me ponía a hablar español. Hasta en la cancha de futbol y basquetbol me ponía hablarles a las muchachas de mi equipo en español. En mi casa empecé a usar el "Spanglish." El tiempo pasaba y se puso peor mi español. Esto fue porque usaba mucho el "Spanglish." Todos mis amigos eran americanos y tenía que hablar inglés mucho porque en mi escuela no había muchos mexicanos. El hecho de ser "diferente" hace que muchos se den cuenta de quién eres, por ejemplo, en mi graduación de la secundaria tuve que dar un discurso en frente de trescientos o más personas de mi pueblo. Esto fue porque fui la vicepresidenta de mi clase de la secundaria. Cuando regresé a trabajar en la gasolinera después de mi graduación, muchas personas que ni conocía me felicitaron por haberme graduado de la secundaria y porque les gusto mi discurso. El discurso que di, empezó con español y termine diciéndolo en inglés. –Daniela

–Tengo el privilegio de poder hablar dos lenguajes con fluidez. Esos dos lenguajes son el inglés y el español. Recorrí un camino largo para poder hablar y escribir en los dos idiomas. Mis padres están muy contentos de mí porque estoy haciendo algo que ellos nunca pudieron hacer. Me siento muy orgulloso de ellos porque a pesar de ser mexicanos con poca interacción con el inglés, ellos tienen la habilidad de poder comunicarse con gente que habla puro inglés. En veces confunden unas palabras con otras, pero de ninguna forma afecta el mensaje que quieren dar. Yo les he ofrecido la oportunidad de ayudarles con cualquier tipo de problema que tengan con el inglés. Nací en los Estados Unidos pero en una casa donde predominantemente se hablaba el español. Durante toda mi niñez solamente hablé en español. Si fuera de la otra manera, mi vida sería muy diferente a la que actualmente es. Muy temprano en mi niñez, después de tener dos años, mi madre se quiso mudar a México. Ella pensó que los Estados Unidos no era buen lugar para que yo creciera. Desafortuna-damente mi padre se tuvo que quedar en los Estados Unidos porque él tenía que trabajar. Yo recuerdo que a los tres años ya hablaba poco español. A esta edad mi madre y mis familiares ya entendían lo que les quería decir. Aprendí todo lo que sé sobre el español durante esos años que viví en México. Pero hice otro cambio que afectó mi vida completamente. Este fue cuando regresé a los Estados Unidos. Cuando mi padre regresó de México, decidió que llevarnos a los Estados Unidos de nuevo era una gran idea. Mi madre no estaba tan convencida porque ella no estaba segura si me iba a gustar el cambio. Mi hermana y yo le importábamos mucho a mi madre. Ella quería que estuviéramos felices. El cambio alteró mi vida por completo. Me di cuenta que ya no iba a poder hablar español. Las cosas se hicieron muy complicadas. Yo sabía que necesitaba aprender otro lenguaje por completo. Cuando regresé a los Estados Unidos fui a una escuela elementaría. Mi clase estaba llena de estudiantes que apenas iban a aprender el inglés. En esa clase había estudiantes de diferentes lugares del mundo. Había gente de centro América, Norteamérica y hasta de Asia. Me hice amigos de bolivianos, nicaragüenses, mexicanos, asiáticos, colombianos y peruanos. Fue una experiencia muy inolvidable. Después de ese año en esa escuela me mudé a Nueva York donde estuve en un programa de inglés como segundo lenguaje. Me ubicaron en ese programa por que los maestros pensaban que no sabía hablar inglés. Pero ellos se sorprendieron cuando sí lo pude hablar. Me sacaron del programa y me honraron como una persona que podía ayudar a otros estudiantes con su inglés. Ser bilingüe ahora en los Estados Unidos es muy importante. Muchos empleos están buscando trabajadores que puedan hablar los dos idiomas. Pienso que en el futuro podré conseguir un trabajo solamente por esta habilidad. Cuando tenga hijos, haré todo lo posible para que ellos puedan hablar los dos lenguajes también. Estoy agradecido de poder hablar los dos idiomas y también estoy agradecido que mis padres me ayudaron a aprender primero el español desde una edad muy joven. –José

–En este momento, mi familia vive en una casa en el pueblo de Middletown el cual está en Nueva York. Nos acabamos de mudar hace unos meses. Es un barrio muy calmado donde casi no hay hispanos pero yo estoy acostumbrada a vivir así. En otras palabras, es un barrio que no es muy urbano, pero siempre hemos vivido en un área así. El barrio no es como el centro de un pueblo ni como una ciudad. No hay nada de ruido y es un área muy relajante para vivir. Por vivir en un barrio donde no es urbano, toda mi vida he ido a una escuela donde el porcentaje de hispanos es muy bajo, y por ser así, aprendí muchas costumbres y culturas diferentes. La mayoría de esas costumbres, las cuales fueron de americanos, eran costumbres mucho más diferentes a las de mi familia latina. Por eso, he tratado de no perder mis costumbres latinas. En nuestro hogar mis padres siempre nos hablaban en español. Yo hablo y trato de aprender palabras diferentes cuando puedo. Se me hace difícil poder comunicarme con gente que habla fluidamente porque yo no puedo y sé que ellos se dan cuenta. A veces me frustro porque quiero decir una palabra pero no me llega a la mente. La gente no me entiende lo que les trato de decir y así no me puedo comunicar. Pero de cualquier manera, me encanta aprender cosas nuevas y ser latina y por eso sigo algunas tradiciones culturales. En mi casa hacemos de todo. Comemos comida mexicana, vamos a misa, celebramos la pascua y tenemos reuniones familiares. En estas reuniones invitamos a mucha familia, tocamos música latina y la gente baila. También, ayudo a mi mamá a cocinar todo tipo de comida. Me encanta saber cocinar como mi mamá porque la comida latina es muy deliciosa. Yo pienso que es importante retener mi cultura latina y por eso decidí tomar una clase de español. Esta clase me ayuda a practicar mi escritura en español y me ayuda a hablar más el idioma. Además, cada vez que entró a la clase, me hace sentir como si estuviera en casa. – Sandra

–Tener una cultura diferente era muy interesante para los demás. Para mí, era algo normal, lo cual yo estaba acostumbrada a vivir todos los días. En la escuela, mis compañeros y a veces mis maestros, me preguntaba sobre mi manera de vivir y celebrar. Si era tiempo de Navidad, me preguntaban como mi familia celebraba el día de fiesta. Sabían que era mexicana y que hablaba otro idioma entonces siempre estaban interesados en la forma que mi familia celebraba estos eventos especiales. Les platicaba que en Nochebuena íbamos de casa en casa pidiendo posadas. En otras palabras, había un grupo de personas afuera de una casa y un grupo de personas adentro de una casa. Cada grupo tenía que tomar turnos rezando y cantando canciones. Es una práctica católica de lo que María y José hicieron hace tantos años para celebrar la llegada de Jesús a nuestro mundo. A veces me preguntaban sobre México y como era, pero cuando me preguntaban detalles, no sabía que decirles porque yo no había vivido en México. Mis padres inmigraron de México, pero cuando era niña, nunca viajábamos al país porque mis papás todavía no tenían su residencia o papeles para poder hacerlo. Por esa razón, no fui a México hasta que tenía mis diecisiete años de edad, pero mientras era niña, sentí que tenía una visión muy bella del país de mis padres. Mis padres hablaban por teléfono con mis abuelitos muy frecuentemente. Escuchaba sus voces por el otro lado de la línea y me imaginaba sus caras. Por el sonido de su voz, mis abuelitos se escuchaban muy jóvenes pero mi mamá me dijo que ya tenían como 50 años de edad. Mi madre tenía una foto de mis abuelitos colgada en la pared. Cada vez que ella platicaba con mis abuelitos por el teléfono, me refería a esa foto para imaginar sus rostros en mi cabeza. Mi padre solo tenía una foto de mi abuelita. Entonces cada vez que el platicaba con mi abuelita por el teléfono, yo hacía lo mismo, miraba la foto para poder imaginar cómo era. De vez en cuando, mis papás me quisieron pasar el teléfono para hablar con mis abuelitos pero me daba pena. Cuando me atrevía, tomaba el teléfono y me iba a un cuarto vacío para poder hablar a solas con ellos. Como todavía era muy chica, no sabía que preguntarles o que contarles. A veces había puro silencio porque no sabía que decirles. Al final, no me preocupé tanto porque ellos siempre tenían algo para contarme. Cada vez que platicaban mis papás con mis abuelitos, oía gallinas o burros cantar en el ambiente. Me imaginaba un patio con

37

gallinas sueltas por todos lados y burros amarados a un árbol comiendo pasto. Escuchaba ruidos de sartenes o platos y tenía una imagen de mi abuelita calentando tortillas en un comal y frijoles en un sartén. Solo por escuchar las diferentes voces y sonidos a través del teléfono visualizaba detalles de México en mi mente. Por ejemplo, que la casa en donde vivían mis abuelitos era pequeña, de colores encendidos y con pocos cuartos. Las calles eran de tierra, con tiendas pequeñas en cada esquina de las carreteras. Me imaginaba niños de mi edad, corriendo por las aceras y jugando con otros niños. En ese tiempo, para mí, México parecía un lugar mucho más libre y relajante que los Estados Unidos. Comparado a México, en los Estados Unidos nunca se escuchaban burros o gallinas cantando libremente. Aunque nunca visité México cuando era niña, mi impresión del país era una muy positiva y bonita. Con solo oír a mis padres hablando del país, me daban ganas de querer visitar. Aunque solo tenía una visión, eso me ayudó bastante a no perder mis costumbres latinas porque me mantuvo interesada en mi origen. Por esa visión es que sigo con mis raíces latinas y de eso estoy muy agradecida. –Sandra

–Cuando era niña, mis padres siempre nos criaron a mis hermanos y a mí hablándonos en español. Por ser así, recuerdo que cuando apenas estaba por empezar la primaria tuve que tomar un examen para que los maestros supieran el nivel de inglés que tenía. No sé lo difícil que fue para que aprendiera el inglés pero por suerte, mis padres me dijeron que lo aprendí de una manera bastante rápida. De cualquier manera, me asignaron una maestra de ESL para que me ayudara con las dificultades que tenía mientras estaba en la escuela. Nunca me gustó tener esta maestra porque siempre me alejaban de los demás estudiantes y esto me hacía sentir diferente. Al mismo tiempo, me confundía cuando llegaba a casa porque tenía que hablar el español y dejar el inglés por un momento. A medida que fui creciendo, me empecé a sentir más cómoda porque supe que realmente necesitaba la ayuda. Ya no se me hacía tan difícil intercambiar los dos idiomas cuando necesitaba uno o el otro. Cuando entré al cuarto grado, un día entró mi maestra de ESL y me dijo que ya no necesitaba de ella. Al principio estaba triste porque eran cuatro años que la tenía para ayudarme. Después, se me quitó la tristeza y estaba orgullosa de mi misma porque eso significaba que podía hacer las cosas por mi propia cuenta. En otras palabras, pude balancear los dos idiomas de una manera bastante bien. Lo malo de aprender otro idioma es que en muchas instancias, cuando uno aprende otro idioma generalmente se les olvida su lengua nativa. Creo que por ser así, hubo un momento donde mis padres pensaban esto de mí. Recuerdo que un día, había un letrero en la casa de mi tía y mi papá me dijo que lo leyera porque probablemente no lo iba poder hacer. A su sorpresa, pude leer la mayoría del cartel sin mucha dificultad. Otra vez me sentí orgullosa de mi misma porque les demostré a mis padres que sus pronósticos sobre mi capacidad con el español eran falsos. Aunque había aprendido otro idioma, no quería olvidar el español porque sería como perder algún aspecto de mi origen. Mientras estudiaba en la secundaria, tomé clases de español para poder aprender más vocabulario y gramática. De vez en cuando, mis padres decían algo que no entendía y por esa razón decidí tomar estas clases, para poder comunicarme bien con ellos. En fin, siempre me gustaba poder hablar otro idioma para que otra gente no pudiera entender lo que decía cuando hablaba en secreto. Mientras maduraba, supe que saber hablar dos idiomas era mucho más que eso. Pude conocer y formar amistades con gente que no sabía hablar el inglés. –Sandra

–Al saber dos idiomas, hoy en día, es como tener millones de dólares hipotéticamente hablando claro. Esta comparación se hace debido a toda la inteligencia que uno obtiene al aprender dos lenguas; saber más idiomas le da a uno más inteligencia que al fin del día es más valioso que el dinero. Hay muchas personas en el mundo que piensan que por saber inglés no tienen que aprender otro idioma y que no aumentará su salario. Aquí es donde ellos están equivocados. Saber dos idiomas le abre las puertas a uno en muchos países para trabajar y no solo en lugares que solamente hablan inglés. Muchas personas de habla hispana están migrando a los Estados Unidos. Lo que esto está causando es que los empleos empiecen a tener un requisito que es saber el idioma español. Muchos trabajos ahora están mirando y contratando a personas que tengan títulos en área y que hablen español e inglés o cualquier otro idioma además del español; varias veces las personas pierden oportunidades y no son contratadas a pesar de tener el mismo título que la persona que sí fue empleada. Todo esto es debido al no ser bilingüe. El bilingüismo no es simplemente importante para tener más oportunidades laborales sino también le deja a uno comunicarse con personas de diferentes culturas. Al saber español me he dado cuenta de la bendición de poder aprender de la cultura peruana de donde viene mi familia. Uno puede leer historias sobre culturas y tener el gusto de hasta viajar a un país del segundo lenguaje que uno hable. Saber dos idiomas no es algo que todos tenemos la oportunidad de desarrollar, pero si uno puede, debe hacerlo. Hay muchas oportunidades que vienen de saber dos lenguas; nunca he escuchado algo negativo de saber más de un idioma. El bilingüismo es muy importante y debería ser enfocado en el currículo escolar pero por ahora uno debería hacer el esfuerzo de aprender más lenguajes. –Kyle

–El bilingüismo abre puertas a nuevas ideas y nuevas formas de pensamiento. En mi propia vida, tener la habilidad de hablar español e inglés ha sido una bendición; he podido tomar ventaja de oportunidades que no existirían si no hablara dos idiomas. El bilingüismo eleva mi estatus como estudiante y me hace más atractivo ante los ojos de futuro empleadores. Cuando yo terminé mi primer año de universidad, volví a casa para las vacaciones del verano. Mis planes para el verano eran de trabajar en Subway, haciendo sándwiches para ahorrar un poco de dinero. Me pagaban el salario mínimo, pero yo pensaba "un trabajo es un trabajo." Pasó un mes de estar en casa y mi hermano me llamó a decirme que en su oficina estaban necesitando una persona bilingüe para contestar teléfonos. Entregué mi hoja de vida inmediatamente y me entrevistaron el mismo día. La compañía donde trabaja mi hermano estaba tan necesitada que me contrataron el próximo día. Esta compañía es responsable por emitir las estampillas de comida para los que califican. Por ser bilingüe, tuve la oportunidad de interactuar con profesionales y ayudar a la gente que verdaderamente son pobres. Fue una experiencia muy gratificante que fue posible por mi habilidad de hablar dos idiomas. Ser bilingüe no solamente me ayudó ganar casi el doble de lo que hubiera ganado haciendo sándwiches, sino que también me hizo caer en cuenta lo afortunado que soy. Hablar con gente pobre por el teléfono todos los días y verlos en persona me partió el corazón. El trabajo me hizo pensar de una manera diferente, especialmente sobre el dinero. Poder hablar dos idiomas me ha hecho una mejor persona y me ha ayudado a entender los problemas de otros, literalmente y figuradamente. El bilingüismo es un beneficio increíble y hay que apreciar las oportunidades que se presentan como un resultado. –Roberto

–En el pueblo de mis padres se habla un idioma nativo que se llama mixteco. Evoco que siempre hablaba mixteco con mis padres. Pero cuando entré en el kindergarten, empecé a hablar más inglés y ya no hablaba mixteco con mis hermanas, sino inglés. No fue hasta que entré a la secundaria que aprendí como hablar y escribir español. Cuando tenía 13 años comencé a escuchar música en español y hablar más español con mis amigos. Pero donde yo vivo todos eran americanos y no podía practicar mucho mi español. –Guadalupe

–Mis raíces vienen de México pero fui criada en los Estados Unidos. En la parte donde yo fui criada no había muchos latinos. Cuando estaba pequeña había muy pocos, mis papás fueron unos de los primeros que llegaron al área. Después poco a poco fueron llegando más latinos. Fui a una escuela donde había un número muy pequeño de minorías. En mi clase fui la única latina hasta que entré al cuarto grado. Allí fue donde conocí a mi amiga Sabrina. Se me hizo interesante hablar con ella porque tenía más cosas en común con ella que con otras personas en mi escuela. Me encantaba hablar español con ella, eso me ayudó a practicar mi español. Aunque era una de las pocas latinas en la escuela, no fue muy negativo porque así puede hacer amistades con gente diversa. Pude ver la cultura de otra gente y compartir con ellos la cultura de mi familia. Cuando hacían la fiesta de independencia de México en un pueblo cerca de donde estaba mi casa, me llevaba a mis amigas para que miraran los bailes folclóricos. A ellas les interesaba y más a mí porque yo los bailaba. Esto me encantaba porque así aprendía más de mis raíces y de las tradiciones de mi cultura. En esta fiesta escuchaba variada música mexicana y vendían diferente tipo de comida mexicana. Siempre fue un poco difícil en la escuela porque casi no había latinos, entonces me sentía fuera de lugar a veces. Poco a poco se me hizo más difícil adaptarme a la gente de mi escuela. Cuando estaba en la escuela secundaria me decían cosas que me hacían sentir aún más fuera de lugar. Era como si no estuviera en el lugar adecuado porque era diferente a los otros muchachos de la escuela porque yo era mexicana. A veces me decían regresa para México que yo no tenía nada que hacer aquí en los Estados Unidos, pero yo había nacido en los Estados Unidos y no conocía México. Ya en ese tiempo me llevaba bien con mis amigas, tenía dos que eran latinas, otras que eran africanas y otras que eran americanas. Nos llevábamos muy bien porque casi todas nos sentíamos igual: fuera de lugar. Pero mis amigas también me ayudaron a aprender que no les debía hacer caso a todos y menos a lo que me decían. Así que cuando los niños de la escuela se burlaban de mí no les hacía caso. Años después de guardarles rencor, nos volvimos amigos. Otra cosa que me ayudó a practicar mi español fue el chat, con esto puede empezar a chatear con mis primos de México y les dije que me ayudaran con mi español y que me corrigieran las palabras que escribía mal. Ya para el tiempo de la preparatoria se me hizo más fácil platicar con otra gente que no eran mis amigos. Me daba cuenta que algunos momentos hablaba spanglish. Me di cuenta de esto porque mis amigos que no hablaban español me preguntaban "¿Qué fue lo que dijiste?" y me sucedió igual con mi familia en México. También con mis amigas aprendí más español durante esos años porque hablaba español con mis amigas latinas. Todas escuchábamos la misma música, pero también me mostraban otros géneros de música. Esto fue lo que más me ayudó con mi español porque buscaba las letras de las canciones y veía como se escribían y si no me sabía una palabra le preguntaba a mi mamá o la buscaba en el diccionario. Me di cuenta que ser diferente podría ser algo bueno. A veces me llamaban los maestros de la escuela porque necesitaban alguien que tradujera para un padre de un estudiante o para que tradujera un papel que le iban a mandar a los padres de casa informándolos de actividades en la escuela. Esto me ayudó durante la escuela de verano. Me dieron trabajo para trabajar en la clase con un estudiante que no sabía nada de inglés. Al final del verano me puse a pensar que debería seguir con clases de español para poder ayudar a mi comunidad. En mi opinión aquí fue el comienzo de cómo iba a usar mi español en el futuro. Me considero mexicana-americana y odio cuando me dicen gringa. Aunque yo nací en los Estados Unidos yo me considero mexicana más que nada. Me molesta cuando la gente piensa que no voy a llegar a nada con mi vida porque soy mexicana. Mi mamá siempre quiso que fuera lo que yo quisiera. Había momentos que quería ser arquitecta, doctora, licenciada y una maestra. Lo que más quería ser era maestra, siempre me encantaba trabajar con niños pequeños y más con los hispanos que no entendían inglés. De vez en cuando me iba a trabajar con mis papás, pero nunca hacía el trabajo pesado. En mi último año de trabajar antes de venir a la universidad, estaba trabajando en una empacadora de fruta. Ahí me gustaba trabajar porque había otras señoras que hablaban español y me gustaba platicar con ellas. Me di cuenta de unas palabras y frases que no me gustaban, una palabra era "órale" y una frase era" no manches" hasta el día de hoy no me gustan pero como me junto con gente que las dice a veces me salen de la boca. Dentro de diez años me veo trabajando en una escuela primaria con niños pequeños. Quiero poder trabajar con niños que no pueden hablar inglés. También me gustaría trabajar con los trabajadores inmigrantes en la comunidad. Uno de mis planes es seguir luchando por los derechos de los trabajadores inmigrantes. Como a mí me gusta ayudar a la gente, eso es lo que quiero en mi futuro. –Marisa

LA FAMILIA

Por mi formación dentro de una familia hispana, y en un país latinoamericano, ya reconocía la importancia que tiene el núcleo familiar en la educación de los niños y adolescentes. Sin embargo, a través de las narraciones de las experiencias vividas en las familias inmigrantes he confirmado que la familia es una de las herramientas fundamentales de sobrevivencia en el nuevo país. La familia permite el mantenimiento de la lengua, los valores y tradiciones en un ambiente ajeno, y a veces hostil.

–Emilia y Mauricio no solo son mis padres, sino mis héroes. La ambición de mi padre me abrió puertas en este país. Un importante mensaje que he aprendido de mi papá es que la lucha en este país causa que la ambición de una persona crezca y que no se conforme con menos. Mi mamá es una mujer trabajadora, siempre ha puesto a los demás antes de sí misma. Tan acostumbrada a atender a toda su familia cuando joven, se le olvida que ella es importante también. He notado que al cumplir más años se le olvida que su salud debe ser una prioridad. Actualmente la llamo todos los días y le doy consejos sobre nutrición y ejercicios para mantenerse saludable como comer una manzana por las mañanas o caminar por quince minutos antes de acostarse. Le envío libros y rompe cabezas para que se entretenga en su tiempo libre, pero ella tiende a descuidar el tiempo libre por trabajar solamente. Físicamente, mide cinco pies con dos pulgadas. Su apetito no refleja el cuerpo delgado que siempre ha tenido desde chiquita.

Su cabello rizo y ojos claros es algo que heredé. Le encanta su porción de helado a la medianoche, un hábito que le trato de cambiar cada vez que llego de la universidad. Años atrás el dulce nunca le paraba la oreja. No solo soy su hija sino su doctora, psicóloga, educadora y estilista. Cada ocasión de vestuario elegante, ella siempre me ha pedido mis consejos. En este tiempo de nuestras vidas, pudimos salir de la casa que compartíamos con mi tía y el resto de la familia, a un apartamento con un cuarto, baño y sala-cocina, suficiente espacio para las dos. En casa, como somos compañeras de cuarto, bromeando me gusta regañarla cuando no tiende la cama o deja los platos sin lavar en la cocina. Su respuesta es que hay alguien en la casa sin destino con mucho tiempo durante el día para hacer oficio. Después de diez años limpiando casas durante el día, actualmente se encuentra como una proveedora de ayuda de atención médica, con beneficios y plan de jubilación. Cuando llega de la casa después de haber cuidado una señora con Parkinson nos sentamos en el sofá a chismosear. Le cuento de todas mis amigas mientras le muestro fotos de la bella naturaleza de Oneonta. Sin ocultarle nada, tenemos conversaciones interesantes sobre el estilo de vida entre los estudiantes en la universidad. Las descripciones de las fiestas que ocurren los fines de semana no traen ninguna sorpresa. Nunca cambiaré a mi mejor amiga y motivadora por nada en el mundo. La relación entre mi mamá y yo siempre ha sido bien especial. Yo nunca le traje problemas de la escuela, ella siempre pudo explicarme la razón de los cambios y decisiones tomadas en nuestras vidas. Ella notaba lo triste que me ponía cuando me quedaba sola por las noches porque ella tenía que trabajar, pero yo entendía que era algo necesario. Observando lo trabajadora que era mi mamá, yo pude aprender que con mucho esfuerzo y dedicación uno logra lo merecido. –Vanesa

–Por algunos meses vivimos con mi abuelo en Sarah Wells Trail en Nueva York porque mis padres estaban buscando una casa. Mi abuelo era mi persona favorita en todo el mundo. A mí me encantaba vivir con mi abuelo porque tenía un enorme patio trasero y pasaba todo el día jugando en el césped con mi hermana. Cada semana mi abuelo me compraba una lata del tamaño de mi cabeza de crema de chocolate "Hershey" y cada mañana y cada noche bebíamos juntos un vaso muy grande de leche con chocolate. En el año 2000 mi abuelo de los Estados Unidos murió cuando estaba durmiendo. Mi persona favorita se fue y por eso todavía no puedo beber leche de chocolate. Esa fue la primera vez que vi a mi padre llorar. Cuando murió dejo todo a mi padre y a mi tía. Había tanto dinero que mi padre pudo comprar una casa mejor. Esa era la casa que mi madre había visto solo en sus sueños. Afuera parece pequeña pero cuando estas adentro es muy grande. Era la casa soñada por mi hermana y por mí también, pues afuera tenía piscina, una casa en los árboles y una casita rosita para poner nuestros juguetes y bicicletas. Nos mudamos a un pueblo llamado Montgomery. Como Cascante, España, Montgomery es muy pequeño. Casi no había hispanos, solo blancos y era un pueblo de esos intolerantes ante los extranjeros. Sin embargo, para mi familia no fue demasiado difícil encajar porque teníamos la piel blanca como todos. Mi casa no era como las otras en mi comunidad. Teníamos diferentes tradiciones. No solo soy española sino que también soy Judía. Siempre bromeo con mi padre y le digo la suerte que tiene que la familia de mi madre no hubiera matado a su familia durante la inquisición. Nunca celebramos las fiestas católicas pero durante las fiestas judías comemos las comidas tradicionales de los judíos con un toque Español. Hablábamos español y hebreo en mi casa hasta que empecé a tener problemas en la escuela. Todavía no hablamos mucho español en mi casa. Sin embargo, lo práctico mucho hasta el día de hoy cuando hablo con mis abuelos y otra familia en España por teléfono. Ellos son un poco ansiosos y preocupados y si pasa un día sin hablar con ellos, piensan que algo muy horrible le ha podido pasar a mi madre y a nosotros. Hoy en día gracias a la tecnología podemos hablar por Skype. Mi familia y yo somos de la clase media. Mis padres tienen trabajos y podemos vivir cómodos pero mis padres quieren más para mi hermana y para mí. Quieren que nosotras tengamos más de lo que ellos tuvieron. Yo sé que en el corazón de mi madre ella quiere estar en España con toda su familia y amigos pero en su cerebro ella sabe que en este país sus hijas pueden tener más oportunidades. Yo soy la primera generación en la familia de mi madre que asiste a la universidad y por eso mi madre puede vivir con el dolor de estar tan lejos de toda su familia. –Yarden

–Mi madre se llama Reina Gladys González Simón y es de Puebla México. Mi padre se llama Luis Lozada Sanchez y es de La Democracia Guatemala. Yo nací en Hudson Nueva York. Hace dos años yo fui a visitar Puebla, México sola sin mis hermanos o mamá. Cuando voy a México voy a visitar a mis abuelos y unos amigos. Cuando mis primos y yo vamos a México siempre estamos juntos y ellos me llevan a las fiestas, toros y bailes. A ellos no les gusta que esté en la casa todo el día aburrida. Siempre hablamos español en México y con la familia porque a los adultos no les gusta cuando hablamos inglés. Ellos dicen que vamos a perder el idioma y por eso debemos hablar español. Me cuesta un poco porque se me olvidaron algunas palabras y se me olvidó escribirlo también. Mi mamá siempre me decía que necesitaba yo practicar todos los días. Cuando son los cumpleaños de unos mis hermanos o de mi papás siempre celebramos porque es otro año que mis hermanos crecen. Mi papá es otra historia porque a él siempre le pones una veladora y unas flores y le cantamos las mañanitas a su foto. Mi papá falleció hace nueve años pero nunca nos olvidamos de él. Ellos son los seres más importantes en mi vida y creo que sin ellos no sería nadie. Mi madre es una mujer muy dulce pero también muy corajuda. Ella me cuenta muchas historias de cuando yo era niña y siempre me imaginaba muchas cosas. Ella siempre me detiene antes de que yo haga una locura. Cuando yo hacía algo malo ella siempre me regañaba porque no sabía cómo detener mi enojo. Ella decía que yo era una salvaje y lo creo pero ahora trato de calmarme. Ella llegó a los Estados Unidos a los diez siete años. Ella tuvo que venir para que ella ayudara a su familia a salir adelante porque ellos no tenían mucho. Ella quería darles a sus hermanos menores una mejor vida. Mi padre era un ser tan humilde que ayudaba a la gente sin un gesto. El ser que se fue muy joven se llama Luis Lozada Sanchez; él vino a los Estados Unidos a los quince años de edad. Él tuvo que pasar por dos fronteras. Él es de La Democracia Guatemala. Él tuvo que venir a los Estados Unidos porque sus hermanos no ayudaban a su mamá. Él siempre me enseñó que siempre hay que ayudar a todos los que tienen menos o igual a nosotros. Sin importar lo que ellos nos hayan hecho. Mi madre no trabajó por sus primeros meses porque los dueños de ranchos no querían mujeres. Mi mamá y tíos anduvieron por muchos ranchos y mi mamá y tía se escondían cuando mis tíos encontraban trabajo porque ellos no querían mujeres en sus casas. Hasta que por fin encontraron trabajo pero como ellos no tenían carro mi mamá y tía tenían que levantarse a las 4 de la mañana para ir a trabajar y preparar su lunch para el trabajo. Ellas caminaban 5 a 6 millas o más para ir a su trabajo. Mi papá, no se mucho de él y no sé cómo preguntarle. Ahora mi mamá trabaja en un rancho de verduras y un restaurante porque ella no quería que le dieran mi trabajo a otra persona. Ella tomó mi trabajo y cada vez que voy a la casa yo trabajo los fines de semana en el restaurante. Mi padre trabajaba en un rancho de verduras con mi mamá cuando yo era una niña. Cuando nos mudamos mi padre empezó a trabajar en rancho de caballos. Mi mamá estudió hasta segundo de primaria y mi papá hasta quinto de primaria. Ellos nunca asistieron a la escuela aquí porque para ellos era muy importante el trabajo porque ellos necesitaban el dinero. Siempre seguíamos las tradiciones de mi mamá porque ella es la que manda en la casa. Mi papá nos ponía reglas para la escuela y él siempre nos decía que hay que obedecer a los mayores. Cuando era tiempo de comer, todos teníamos que lavar las manos y después agarrar nuestra silla y sentarnos todos juntos a comer. Siempre escuchaba mi papá quejándose de su patrón como él lo trataba mal al principio, o si no que una de las yeguas ya tuvo su bebe. Mi mamá platicaba que cuantos bonches de betabel, zanahorias, espárrago, broccoli y otras verduras. A veces mis papás nos preguntaban cómo nos iba en la escuela. Si nosotros decíamos que nos fue mal él nos preguntaba que por qué si solamente jugábamos y estudiábamos. Pero él sabía que algunos días nos iba mal también. Cuando yo decía que tenía un examen, él siempre me decía si ya estaba lista para el examen. Yo le decía que no porque ellas nos dijeron apenas. Mi papá me decía que acabando de comer era tiempo de estudiar. Como una niña siempre obedecía y acabando de comer a estudiar. Siempre escuchaba como ellos querían regresar a su país y ver sus padres pero como estábamos nosotros y éramos muy importantes para ellos, si todos nos fuéramos entonces nosotros no íbamos a tener una buena educación. Para mi papá la educación era muy importante. Mis papás eran muy estrictos y no nos dejaban salir mucho. Mi papá y mamá se preocupaban de sus padres o sea mis abuelos. Ellos también eran muy importantes porque ellos vivían en otros países, mientras que ellos estaban en los Estados Unidos para sacar a sus hijos adelante. Mi mamá siempre tomaba las decisiones económicas y mi papá tomaba decisiones educativas, pero para poder salir con mis primos eran los dos. Ellos necesitaban estar de acuerdo y si uno decía no, entonces no salíamos. Siempre iba con mi mamá para pedir permiso porque ella era más comprensible mientras mi papá era más duro. Mi mamá y yo siempre peleábamos porque ella a veces no me entendía y mi papá siempre iba conmigo y me daba una recompensa por mis calificaciones. Él siempre estaba orgulloso de mí por mis esfuerzos. A veces me iba con los patrones de mi papá porque también ellos me querían demasiado. Yo la llamaba "mi nana" porque me quería como si yo fuera familia. Los amigos de mi nana decían que yo era su hija porque tenía yo la nariz parecida a la de ella. Ella siempre me compraba ligas para el cabello y juguetes porque mis padres no me podían comprar juguetes porque ellos no tenían mucho dinero pero eso no importaba porque yo era feliz. Yo ya estaba cansada de jugar sola pero a la vez yo estaba contenta de que yo siempre era el centro de atención de mis padres y tíos. A los dos años vino mi

tía de México y ella me quería más. Ella me cuidaba y jugaba conmigo todo el tiempo. Para mi tía yo era su consentida aunque ella tenía más sobrinos y sobrinas siempre jugaba más conmigo que con mis otros primos. Mi papá era muy bueno y él me protegía de todo. Mi mamá me contaba que cuando yo apenas había nacido mi papá me apretaba tan fuerte que su mano se había quedado marcada en mi espalda. Mi mamá le decía a mi papá que no me apretara tan fuerte pero él decía que tenía miedo de dejarme caer. Mi mamá y tía me llevaban a jugar a fuera con el columpio que me habían hecho. Mi mamá me dijo que mis primeras palabras fueron en español pero como siempre me iba con mi nana ella me enseñó el inglés. Estoy contenta que me tocaron unos padres tan buenos y que ellos siempre me quieren. Ellos me decían que siempre me querían y que nunca dudara de eso. Cada vez que veo las estrellas veo a mi papá que él desde el cielo me está cuidando.
–Jennifer

–Mi familia es unas de los aspectos más importantes en mi vida. Para los días de fiesta mi familia se reúne en la casa de mi mamá y cocinan mucha comida. Ponemos música y toman unas bebidas los adultos. Los niños y adolescentes jugamos juegos en la televisión. Me encanta tener mi familia reunida me siento bien y es como tener todos los pedazos de mí en un rompecabezas completo, especialmente cuando están mis padres porque siempre trabajan y no los veo mucho. Celebramos todo, la Navidad, el año nuevo el día del pavo, los cumpleaños y más! Muchos de mis amigos mexicanos no celebran ciertos días, como llevamos mucho tiempo viviendo en los Estados Unidos hemos aprendido unas costumbres de los anglos. Nuestra casa era en un sótano de un edificio de apartamentos en el Bronx. El apartamento era muy chiquito, tenía un baño, una sala que era cocina y tres cuartos. Yo dormía con mis padres y mis primos compartían un cuarto, mientras mis tíos tenían un cuarto pequeño. No teníamos espacio suficiente pero gracias a Dios éramos muy afortunados de tener un hogar. Mis abuelos han vivido en el Bronx también, pero a mi abuelo no le gustaba porque se sentía encerrado. De vez en cuando mis abuelos visitaban y nos llevaban a mis primos y a mí al parque. Tengo muchos recuerdos con mi abuelo. Jugábamos cada viernes y sábado cuando nos iban a ver y siempre nos daban consejos. Mi abuela era un poco callada, hablaba más con mi prima mayor porque yo siempre estaba con mi abuelo. Pero cuando tenía diez años mis abuelos se fueron a México para siempre. Mi abuelo se retiró y no tenía ánimo porque extrañaba su país nativo. Fue un día muy triste para mí porque pensé que nunca los volvería ver. –Adriana

–Mi padre se fue a Israel porque estaba enfadado con su padre que no le gustaba mi madre porque no era Judía y a Israel también se fue mi madre para estar con mi padre. Vivieron allí por diez años, mi madre se convirtió al judaísmo y se casaron. Luego nací yo y nos quedamos por tres años, pero después de irme de Israel nunca regresé y me gustaría volver. ¡El seis de julio de 1995 yo nací en Israel! Yo pesaba menos de seis libras y tenía mi tobillo roto. Mis padres no tenían mucho dinero y vivimos juntos en un kibutz por tres años. Un kibutz es una comunidad pequeña y todos trabajan juntos para mantenerlo en funcionamiento. Lamentablemente no recuerdo nada de Israel. Solo sé que el hebreo fue mi primera lengua y aun hoy mis comidas favoritas son Bamba, lo cual es una especie de mantequilla de maní con cereales y también puré de garbanzos. Por un año viví con mi madre y mi hermana en la casa de mis abuelos maternos. Mi padre estaba en los Estados Unidos trabajando para poder comprar una casa. El español era mi segunda lengua. La casa de mis abuelos estaba en Cascante, aún hoy en día continúan viviendo en este lugar. Cascante es un pueblo muy pequeño donde mi madre se crio. La mitad de los habitantes son mis familiares y la otra parte son todos amigos de mi madre desde que era una niña. Todos se conocen en Cascante. La casa de mis abuelos era bastante grande para nosotros pero no era una casa buena para niños. No había un patio para jugar y no podíamos jugar en la calle y adentro no era seguro porque todos los pisos eran de mármol y nos podíamos lastimar si nos caíamos. Pero el tío de mi madre tenía una finca e íbamos a la finca cada fin de semana para almorzar con toda la familia. La finca era grandísima con un patio enorme y cada fin de semana todos mis primos venían. Tuve mucha suerte porque mis primas, Daniela y Karla eran solamente un año mayor que yo. Fueron mis mejores amigas y vivían justo en el pueblo, así que siempre estuvimos juntas. En la finca había regaderas de agua con las que jugábamos en el jardín, aunque no eran precisamente para jugar, nos divertíamos mucho con el agua en el jardín. Los vecinos tenían caballos que nos permitían montar y nosotros tratábamos como nuestras mascotas. Después de un año mi padre ya tenía un poco dinero ahorrado y finalmente pudimos ir a los Estados Unidos y vivir con él. –Yarden

–Es muy difícil escribir de una vida que no es tuya. Para mí, lo más difícil es describir la vida de mis padres cuando apenas estoy entendiendo todo lo que han tenido que hacer para triunfar en este país. Estoy muy agradecida con mis padres porque me han dado todo. Me pongo muy sentimental cuando hablo de mis padres porque ellos son todo para mí y los extraño. Como estudiante de la universidad, no tengo mucho tiempo para comunicarme con ellos pues los tres trabajamos. Tengo la esperanza, de algún día, darle a mis padres lo que se merecen y mucho más para que no tengan que trabajar Mi mamá se llama Margarita Felicia Castillo. Ella nació en un pueblito en Puebla, México. Ella es la primera hija de nueve en su familia. No puedo imaginar lo estresante que fue para ella su infancia en México. Mi mamá tenía que ayudar a mi abuelita con sus hermanos y hermanas. Mis abuelos querían que mi mamá tuviera una buena educación entonces la mandaron a estudiar, pero dejó la escuela a una edad muy joven. Terminó de estudiar en la secundaria para trabajar y ayudar en la casa. Mi mamá vino a los Estados Unidos cuando tenía diecinueve años con sus dos hermanas Lola e Inés y su hermano Benjamín. Los demás se quedaron en México para continuar sus estudios. Mi abuelo Abraham trabajaba en la ciudad de Nueva York. En la década de los ochenta había mucho trabajo, la economía estaba estable. Mi abuelo les consiguió trabajo en una factoría de galletas. Al principio mi abuelo quería que mi mamá continuara sus estudios en enfermería, pero en ese momento mi mamá pensó que el dinero era lo principal. Mi mamá se arrepiente de sus decisiones y me dice que algunas veces piensa sobre su pasado y como habría sido su vida si hubiera continuado sus estudios. Me molesta saber que ella vive con remordimientos pero sus errores me han enseñado una lección. Mi papá se llama Adrian Vicente Castillo. El también nació en un pueblo muy pequeño en Puebla, México. Mi papá es el tercero de nueve hijos. Mi papá tuvo una niñez muy diferente a los demás. El creció con padres que no encontraban importancia en la educación. Lo más importante en esa familia era hacer dinero para la comida y el hogar. Mi papá empezó a trabajar a la edad de ocho años entonces no tuvo tiempo para ser niño. No pudo disfrutar de su juventud desafortunadamente. El dejo de estudiar en medio de la secundaria, él sabe leer pero tiene poca educación. El vino a los Estados Unidos a la edad de dieciséis años con su hermano y fue fácil para él porque su hermano era un coyote. Mi papá es un soñador y quería lograr mucho, pero sabía que la oportunidad en México era muy limitada. Mi papá no tenía el apoyo que tuvo mi mamá con su familia. Mi papá progresó en un sentido de independencia en los Estados Unidos. Él consiguió su primer trabajo en una pizzería y le encantó su trabajo. Él supo que su sueño era abrir un restaurante. Mis padres vinieron a los Estados Unidos con el sueño de prosperar. Ambos son fuertes y buenos trabajadores. Claro, el mundo no es de flores y colores. Mis padres han sacrificado mucho para estar en los Estados Unidos y vivir una mejor vida. Mi papá me ha dicho que ha sido muy difícil iniciar una vida nueva. Nunca se han quejado de su experiencia como inmigrantes sino por el contrario me han dado consejos a partir de su experiencia. Ellos quisieran que yo supiera valorar la vida. Para conseguir algo siempre hay que trabajar. –Adriana

–Casi toda mi familia nació en México. Dije que casi toda mi familia nació en México porque la única persona que no nació en México fue mi hermano más pequeño. El nació En Bakersfield, California. En el pueblo donde nací en México está casi toda mi familia. Primero está mi abuela y abuelo. Ellos en total tienen tres hermanos y hermanas viviendo en el mismo pueblo con sus familias. Casi todo el pueblo es mi familia y todos se quieren y se saludan todo el tiempo. Pero también las otras comunidades alrededor se saludan como si fueran familia. Viajé a México el abril pasado. Fui todo el mes porque quería ir antes de empezar la universidad. Durante mi estadía en México, nunca estaba en casa porque quería explorar otra vez los cambios que tenía mi pueblo desde que estuve allá hace unos años. A mí me encanta el lugar porque casi toda mi familia está en ese pueblo y no los había visto en tanto tiempo y me encantó verlos de nuevo. Unas de las personas que quería ver eran mi abuela y abuelo. Ellos ya tienen muchos años y quería ir a verlos antes que les pasara algo y no pudiera verlos como me pasó con mi tía, que descanse en paz. Aunque casi toda mi familia vive allí, algunos de mis tíos viven en los Estados Unidos y no se regresan porque son ilegales o porque ellos no se criaron en México. Sin embargo la mayoría de nosotros vamos a visitar y ver al resto de la familia. En la familia de mi padre, él tenía ocho hermanos y hermanas pero desafortunadamente un hermano y hermana se murieron. Entonces tiene seis hermanos y hermanas. Un hermano vive en California y el otro vive cerca de nosotros en Nueva York. El resto de sus hermanos y hermanas viven en México. Mi madre al contrario tiene dos hermanos. Uno vive en Virginia con mi abuelo mientras el otro vive en Washington D.C. Pero hay primos y tíos que viven en todos lados y ni los conozco. – Adolfo

–Mi padre se llama Paul Vegas Barrera y es de La Batea, Juxtlahuaca, Oaxaca, México. Nació el 14 de octubre del año 1969 y es el más joven de ocho hermanos y hermanas. Mi padre vivió una vida muy difícil y eso le ayudó a madurar cuando se vino a los Estados Unidos. Mi padre me dijo que él iba a la escuela y no sabía español, solamente el mixteco y eso hizo que tuviera muchas dificultades. Tuvo que repetir el primer grado cuatro veces porque no aprendía nada. Entró a séptimo grado a los dieciséis años. Le gustaba ir a la escuela mucho porque si no iba a la escuela tenía que hacer los quehaceres. El único problema era que la escuela quedaba a dos horas y media de donde vivía mi padre y si él quería ir tenía que caminar de ida y regreso. Pudo hacerlo por un año y no pudo más. Una de las responsabilidades de mi padre era que mis abuelos lo dejaban a mi padre cuidando animales en el rancho con sus otros hermanos y nunca le gustaba. Un día él no fue a la escuela porque sus padres tenían que ir a una ciudad que quedaba a tres horas del rancho y le encargaron los animales. Esto ocurría cada vez que sus padres se iban a algún lugar lejano. Él se cansó de estar cuidando animales y no tener dinero que decidió dejar la escuela e irse a los Estados Unidos. Tenía diecisiete años cuando decidió venirse. No tenía a nadie para que le dijera que hacer y tenía que aprender como cocinar, lavar la ropa, limpiar y aprender mejor el español. Él vivió con diferentes personas cuando llegó pero encontró a sus primos y hermanos viviendo en California y se quedó con ellos. Mientras estuvo en California el hermano de mi padre empezó el proceso de residencia permanente para mi padre. Pero mi padre se regresó a México después de un año en California. Cuando regresó a México empezó a tocar en un grupo musical. Se llamaban "Música de San Juan Metepec". Él era el vocalista, animador y guitarrista del grupo. Él estaba ganando un poco de dinero, pero no era suficiente para vivir, entonces se regresó a los Estados Unidos. Esta vez por dos años. Cuando estuvo en México conoció a mi madre. Ellos se conocieron y se enamoraron y unos años después se casaron. Mi madre tenía diecinueve años cuando se casó con mi padre. Mi madre se llama Maribel Lorena Barrera y nació en Yosoba, Juxtlahuaca, Oaxaca, México. Nació el once de abril de 1978 y es la única hija de tres hermanos. Mi madre también vivió una vida difícil mientras crecía. Ella iba a la escuela y después de la escuela tenía que irse directamente a la casa y hacer la cena para mis abuelos. También tenía que cuidar los cerdos que tenían. Mi madre terminó la primaria y la secundaria pero nunca pudo ir a la preparatoria. Ella quería seguir asistiendo a la escuela, sin embargo sus padres no podían pagar para que ella pudiera asistir. Ella quería ser una maestra de primaria. Mi madre nunca entró a los Estados Unidos ilegalmente porque su padre pudo arreglar sus papeles para que pudiera cruzar la frontera. Ella vino a los Estados Unidos a los dieciséis años con su padre y hermanos. Se quedaron en California por unos meses y después se fueron a Carolina del Norte porque la casa que alquilaban ya la iban a ocupar otras personas con ellos y no querían eso. Se quedaron por dos años en Carolina del Norte y luego se regresaron a México por un tiempo, allí ella conoció a mi padre, se enamoraron. Ellos han estado juntos desde entonces y en ese mismo año nací yo y empezaron una familia. Desde ese día han estado juntos. Desde que era pequeño he visto que los dos mandan en la casa pero las decisiones financieras las hace mi madre. Sin embargo ellos comparten el trabajo que hacen. Los dos trabajan en una bodega que hace vino, sin embargo mi madre ya no trabaja tanto como mi padre. Se lastimó la espalda y ya no puede hacer tanto. Trabajan fuera y dentro de la bodega. Trabajan cortando las plantas de uva para que puedan crecer para la siguiente temporada de uvas. Mis padres han tenido una vida dura y larga pero lo han hecho para que nosotros, sus hijos, no tengamos que pasar lo que ellos pasaron para poder ganar dinero. Sus experiencias me motivan para que pueda rendir en la universidad y conseguir mis metas. Ellos me dicen: "si no quieres ir a la escuela no vayas, pero si no vas te vienes a trabajar con nosotros el resto de tu vida en el campo como lo hacemos nosotros." Eso me ha motivado a trabajar duro en la escuela porque yo he trabajado con ellos los veranos y no quiero vivir la vida que tuvieron ellos y tener los trabajos duros que ellos hacen y les agradezco por todo el sacrificio que han hecho desde mi niñez. –Adolfo

–Mi madre se llama Natalia Catalina Mejía Chávez, nació en Chilpancingo, Guerrero, la capital del estado. Mi padre se llama Roberto Chávez, él es de un pueblo pequeño que se llama Atlixtac, también está localizado en el estado de Guerrero. Su razón para venir a los Estados Unidos fue porque quisieron mejorar su vida. No solamente la vida de ellos sino también la de sus hijos que tuvieran en el futuro. Durante el tiempo que decidieron venirse a los Estados Unidos, mi mamá estaba embarazada de su primera hija, Marisa. Cuando llegaron a los Estados Unidos, primero estuvieron en el estado de Florida. Aquí trabajaban pizcando la naranja, nada más se quedaron por una temporada. Después se mudaron para Nueva York, aquí nació mi hermana en un pueblo que se llama Sodus. Era la temporada de la pizca de manzanas donde vivían. Además de trabajar en el rancho, mi papá trabajaba en diferentes lugares como en una factoría, rancho de frutas. En uno de los lugares donde trabajó mi papá tuvo un accidente. Se cayó del segundo piso de un edificio. Cuando mi mamá tuvo a mi hermana, ella salió del hospital y mi papá fue internado al hospital. Fue un tiempo difícil para ellos. Con el tiempo todo se arregló con la ayuda de mis tíos que le ayudaban a mi mamá. – Daniela

–En mi familia yo soy el primero en ir a la universidad. A ellos les importaba más la familia que el dinero. Como dice el dicho, "el dinero no puede comprar la felicidad." Cuando llegaba la hora del almuerzo, siempre comíamos juntos. Nos decíamos chistes e historias que nos habían pasado. De vez en cuando teníamos un concurso en donde la persona que decía el chiste más gracioso se ganaba más comida si todavía estábamos hambrientos. Mi padre y yo siempre ganábamos y luego disputábamos entre él y yo cual chiste era el mejor de los dos. Esta era su forma de divertirme. Cuando yo era joven, me gustaba que mis padres me divirtieran. Cuando mi padre era joven, él jugaba en un equipo de futbol de su pueblo. Integrantes incluían amigos y familiares. Todos los días le preguntaba cuando iba ser su próximo compromiso. Cuando tenía uno, me ponía muy contento porque siempre lo animaba cuando tenía el balón. El terminó metiendo muchos goles para su equipo. Mi padre fue el máximo anotador de goles en su liga. Después de los partidos, él siempre se juntaba con sus amigos y se iban a un lugar para tomar soda o cerveza. En las noches, mi padre me llevaba a una cantina para verlo jugar billar con sus camaradas. Cuando había peleas en televisión les avisaba a mis tíos y se reunían para ver dos hombres golpearse constantemente en el rostro. La vida completamente no era pura diversión. Mi padre se tuvo que esforzar para conseguir lo que tiene ahora. Mi madre y mi padre repartían las responsabilidades. Las responsabilidades de mi madre eran mi hermana y yo. Su trabajo era cuidarnos y mantenernos saludables. Mi padre trabajaba y mi madre nos cuidaba. Ellos siempre han compartido todas las cosas como el amor a sus hijos. También son responsables y saben cómo manejar el dinero. A mi madre siempre le pedía favores. A mi padre nunca se los pedía porque tenía miedo de que se iba a enojar. Cuando necesitaba un favor, siempre les pedía permiso a mi madre y a mi abuela. Si quería dinero para las maquinitas, o video juegos, le pedía dinero a mi abuela. Si yo quería comprar tacos, le pedía dinero a mi madre. En general, creo que mis padres hicieron un buen trabajo cuidándome a mi hermana y a mí. Ellos sacrificaron muchas cosas para que sus hijos estuvieran contentos. Ellos nos criaron de una buena forma. Cuando tenga hijos, los voy a criar como mis padres me criaron a mí. Mis padres hicieron un buen trabajo en cuidarme todos estos años y así fue como lo hicieron. –José Marte

–Mi familia no es la típica familia donde hay la mamá y el papá. Mis padres se separaron cuando yo era una bebe; entonces nunca tuve ese sentimiento familiar ya que no nos sentábamos a comer en la mesa con mi papi porque él siempre ha pasado trabajando y llega como a la una de la madrugada del hotel donde cocina. Aun así lo quiero porque sé que aunque no pase tiempo conmigo o me demuestre cariño sé que él me quiere a mí y a mis ñaños mayores y medio hermano.

Como mi madre siempre ha estado en el Ecuador la parte de tener a una madre tampoco la hemos vivido. Con ella no soy cercana y no tengo la confianza para decirle palabras amables y llamarla. Ahora que ya estoy grande no sé si se pueda arreglar la situación porque cuando hablo con ella no es fácil y se me hace muy incómodo. A pesar que mi hermana mayor ha logrado traerla a Nueva York al aplicar para que le den la residencia, cuando viene no puedo sentir ese sentimiento de madre e hija. Hay veces cuando siento que no la quiero como debería de ser. Siempre me he sentido mal porque he pensado que la tengo que querer porque es mi madre. Pero he aprendido que nadie está obligado a sentir algo que no se siente y las circunstancias que he vivido así lo han querido. La familia que tengo tal vez no haya sido lo que hubiera querido pero he aprendido de los errores de mis padres y esto ha hecho que yo crezca más rápido como persona a una muy temprana edad comparada con otros niños. Mi papi nunca ha sido el tipo de persona que nos demuestra cariño y por eso pienso que yo muestro ser fría con las personas. Poco a poco estoy tratando de cambiar mi interacción con los demás y de no ser tan dura y fría con mis sentimientos. Ellos son mis padres y aunque hayan cometido errores quien soy yo para juzgarlos lo que puedo hacer es aprender de los errores que cometieron. –Ana

–Cuando tenía cuatro años de edad, antes de que empezara la primaria, nos mudamos a una casa de "tráiler" y esa época aún la tengo muy presente. Esta casa de tráiler también era muy pequeña pero nos sentíamos mejor porque solamente eran mis papás, hermanos y yo. Mis padres tenían su propio cuarto, mi hermano el suyo y mi hermana y yo compartíamos un cuarto. La casa de tráiler tenía un baño, una cocina y una sala. Era muy pequeño, pero suficiente para vivir cómodamente. El patio era bastante grande y a mis hermanos y a mí nos encantó porque teníamos mucho espacio para jugar, no solo en la parte de atrás sino en la parte delantera también. En comparación con el apartamento en donde vivíamos antes, mis hermanos y yo éramos libres de jugar al aire libre sin tener que preocuparnos de los coches o peatones que pasaban. Había seis casas de tráiler alrededor de nuestro hogar en ese tiempo. Los vecinos eran muy simpáticos. Al principio, solo vivían americanos en las casas de tráiler del lado y algunas de las casas estaban desocupadas. Mientras pasaban los años, la gente se mudaba frecuentemente y después de un tiempo, se mudaron algunos de mis familiares en las casas de tráiler que estaban desocupadas. Con el transcurrir del tiempo, casi todos nuestros vecinos eran hispanos. Pero el vecindario era muy diferente al del apartamento de hace muchos años atrás. No vivíamos en el centro del pueblo sino a las afueras, en un área menos urbana. Mi familia y yo nos sentíamos más felices y libres de hacer lo que fuera. Era mucho más calmado y el ambiente era mucho más positivo y relajante. Creo que debido a eso, mis papás decidieron que nos quedáramos viviendo en esa casa de tráiler durante toda nuestra niñez. –Sandra

–Muchos dicen que las familias hispanas son muy rebeldes. Los que no son hispanos piensan que lo único que nos gustar hacer es estar en fiesta, estar ebrios y que vivimos con la ayuda del gobierno. Esto no es cierto. La típica familia hispana trabaja muy duro, estudian y respetan a los de más. Cuando era un adolescente, muchos en la escuela me decían que trabajaba en el campo recogiendo fruta como las manzanas. Pensaban que vivía en un apartamento y que todo era sucio en mi casa. Hubo un día en que finalmente llevé a mis amigos a mi casa para que vieran como vivía y se quedaron sorprendidos. La casa en que vivo es de mi papá, no tenemos que alquilar la casa y ellos siempre tienen todo limpio y recogido afuera. Les enseñé que mi papá tiene un buen trabajo y gana suficiente dinero para mantener a mi familia. Gracias a Dios por esa razón mi mamá no tiene que trabajar. Me dijeron mis amigos que en su casa de ellos todo era muy diferente y que muchas veces su mamá no les hacía de comer porque no había nada en el refrigerador. Desde ese momento noté que ellos cambiaron su actitud conmigo y finalmente me respetaron un poco más. Muchas familias que yo conozco viven muy parecido a como vivo yo.

Son muy respetuosos cuando hablan con otras razas y les encanta platicar sobre sus historias con todos, hasta extranjeros. Si es cierto que tenemos muchas fiestas, pero es parte de nuestra cultura porque nos gusta celebrar la vida. A veces se emborracha la gente, pero nos cuidamos y nos aseguramos que no vayan a manejar. Algo que me molesta mucho es que los americanos piensan que pedimos ayuda del gobierno cuando en realidad no es cierto. Yo nunca he conocido a ningún mexicano quien pida ayuda. Todos juzgamos al otro. Los estereotipos han arruinado como tratamos a la gente. Solo porque una persona haya hecho algo malo, pensamos que toda esa raza es mala. Todos tenemos sangre en nuestras venas. Todos tenemos un corazón. A lo mejor algún día todo cambiará. –Mariana

–Mi madre también se preocupaba por mis hermanas que estaban en México con mis abuelos porque no tenían mucho dinero, la comida no les alcanzaba y todavía de pequeñas mis hermanas tenían que ponerse a trabajar para cuidar a mis abuelos. Mis padres tenían que mantener a mis hermanas que estaban en México porque era su responsabilidad que sus hijas no sufrieran. Mis hermanas todavía continuaban la secundaria, trabajaban y cuidaban a mis abuelos. Ellas son las mayores y cuando nacieron mis hermanos, ellas se sentían solas porque pensaban que mis padres las iban a dejar para siempre pero eso nunca paso porque al final mis padres aman a todos sus hijos. Mis padres hicieron un buen trabajo criando a sus hijos porque todos nosotros somos responsables, amables, respetuosos, honestos y tenemos muchos valores que nos ayudan a llevar una vida armoniosa. Nosotros aprendimos mucho de ellos y ahora es nuestro turno para ayudarlos en el futuro cuando lo necesiten. Si yo tuviera mi propia familia yo haría lo mismo que hicieron mis padres con su familia. Ellos nos enseñaron a resolver todos los problemas y conflictos y siempre le echaron ganas a todo y ahora estoy muy feliz y orgulloso de ellos. Le doy gracias a Dios por darme estas

61

personas tan especiales que puedo llamarles papá y mamá. – Manuel

–Mientras mi mamá trabajaba duro en la escuela ella también trataba de ser la mejor madre que pudiera. Ella siempre me cuenta como jugaba conmigo, que era muy travieso, comía mucho y muchas veces no la dejaba dormir. Cuando ya tenía edad suficiente para ir a la escuela, mi madre ya se había graduado de la secundaria y se dedicó a ser como mi "segunda profesora" mientras trabajaba por las mañanas también. Mi madre hizo todo lo que pudiera para que no sufriera yo. Ella convertía todo lo negativo en algo bueno porque ella siempre decía "para que estar preocupados cuando podemos morir en cualquier instante". Mi madre era, y todavía es, lo más importante que tengo en esta vida. Mi madre y yo somos muy cercanos y nos contamos todo hasta lo que comemos cada día. Mi madre nunca me hizo sentir como que si yo necesitara un padre porque ella era mi padre y mi madre. Si de vez en cuando peleábamos, era por situaciones típicas como tener que limpiar mí cuarto y no hablar malas palabras. Lo que si siempre temía era pedirle permiso a mi madre para hacer algo. Ella siempre hacia millones de preguntas y al fin del día no me dejaba hacer lo que yo quisiera. Mi madre también entre los años encontró un buen hombre llamado Eduardo y tuvo dos hijos más: una niña y un niño. Yo no cambiaría nada de la manera como mi madre me crio y pienso que nunca se debería cambiar algo en la vida porque todo ocurre por alguna razón; la manera como ella me crio es el resultado de quien soy yo hoy en día. Mi madre es mi mundo y pienso que ella hizo un trabajo excelente como madre. –Kyle

–Muchos de los recuerdos de mi niñez los creé con mis primos. Cuando pequeño, mis mejores amigos eran mis primos, Miguel, Juan y Tomás. Miguel es 7 años mayor que yo, Juan 5 años y Tomás me lleva 3 años de edad. Ellos venían a mi casa básicamente todos los días y jugaban conmigo. Aunque soy el bebé de la familia, mis primos me tratan como si tuviera la misma edad que ellos y eso me gusta. Cuando yo tenía solo diez años y Tomás tenia trece, estábamos en el mismo equipo de baloncesto. Él siempre me trataba igual que a los otros muchachos del equipo y nunca me daba tratamiento especial. Por ejemplo, él nunca me subestimaba y me pasaba la bola cuando yo estaba abierto. También, cuando jugábamos el uno contra el otro, él no me dejaba meter canastas fáciles. Él es muy alto y entonces me bloqueaba cada vez que trataba de tirar la bola. Esto me enseñó que hay que trabajar por todo y que nada está puesto en tus manos. Pasé momentos muy especiales con mis primos. Cuando Miguel recibió su licencia de conducir a los 18 años le gustaba llevarme al cine casi todos los fines de semana. Me acuerdo ver varias películas con él, incluyendo Toy Story 2, Antz y Hércules. Cuando mis padres estaban trabajando, Miguel me cuidaba y jugábamos al baloncesto o hacíamos algo divertido. Miguel es una persona increíble que respeto y admiro más que cualquier otra persona. Soy muy afortunado de tener un primo como él porque le importa mi bienestar y me quiere mucho. Muchos amigos míos no tienen un modelo para seguir como el que yo tengo en mi vida. Otra razón mayor por cual la voy tanto con mi primo Miguel es que el me introdujo al béisbol. El béisbol para mí fue una parte muy grande de mi niñez. Yo estaba en los mejores equipos de Long Island y legítimamente pensaba que podía ser un beisbolista profesional. Todos mis entrenadores me decían que yo tenía gran potencial como un lanzador. Era interesante porque yo no empecé a jugar béisbol hasta que cumplí diez años. Ese año me dio por tratar de jugar este nuevo deporte y me fue increíblemente bien. Yo podía lanzar la bola más rápido que cualquier otro muchacho en mi equipo. Estuve en varios equipos de estrellas y hasta viajé a Williamsport, Pennsylvania para un torneo de béisbol entre los mejores equipos de los Estados Unidos. Fue una de las experiencias más inolvidables de mi vida. Me fue increíblemente bien en este torneo y quedamos de quinto lugar de 64 equipos. –Roberto

–Cuando era pequeña no me gustaba decir que era hispana porque veía a mi familia muy mexicana y diferente de otras familias. Aunque no pudiera esconder que era hispana, cuando era pequeña reconocí que algún día tenía que aceptar que mi familia es diferente de otras. Yo crecí alrededor de gente hispana pero que no era mexicana, por eso yo veía a mi familia diferente. Al crecer, me di cuenta que no todas las familias hispanas son iguales. Poco a poco también me di cuenta que me gusta ser mexicana y estoy orgullosa de ser mexicana. Todo hispano puede estar de acuerdo que los padres hispanos tienen muchas reglas y también pueden estar de acuerdo que los padres siempre quieren lo mejor para los hijos. Las familias hispanas que yo conozco sé que son muy conservadoras. Cada familia hispana tiene su propia cultura y creencias. Lo que me gusta más de ser parte de una familia hispana es la cultura. Todo lo que hacemos como familia en mi casa es divertido. Las cenas grandes y las fiestas es lo más que me gusta de mi familia. También juntarme con mis primos y primas en fiestas es lo más divertido. Lo más importante que me gusta es poder hablar otro idioma que no sea inglés. No estoy diciendo que mi familia es perfecta porque tiene sus defectos. Aun con esos defectos siempre voy a seguir la regla que una familia hispana siempre debe de ser unida con problemas o sin problemas. – Tania

–Mis padres tuvieron una gran influencia en mí. Ellos siempre se aseguraron que en nuestro hogar el español fuese el idioma principal. Mis padres nacieron y se criaron en Puerto Rico y están bien orgullosos de su país y su cultura. Ellos querían que nosotros los niños en el hogar nos criáramos de la misma manera que ellos se criaron; con las mismas costumbres y disciplina que ellos tuvieron cuando niños sin importar si estábamos fuera de la isla. –Darío Igone II

–A mis padres les gustaba pasar un buen tiempo. Mi padre siempre era mucho más relajado que mi madre. Le gustaba decir chismes e ir a pasear y no se molestaba tan rápido con las cosas negativas. Al contrario, mi mamá se molestaba más rápido, pero cuando la gente la llegaba a conocer, se daban cuenta que ella era un persona muy sincera y simpática. Por ejemplo, si mi padre le hacia una broma a mi madre, dependiendo de su estado de ánimo, mi madre lo podía tomar de cualquier manera. Nunca se sabía cómo iba ser su reacción pero mi padre siempre se arriesgó. Al final, mi madre siempre se las arreglaba para traer una sonrisa a su cara. Mientras nos criaban, mis papás eran muy buenos padres, pero estrictos a la vez. Siempre nos enseñaron a respetar a los demás y a nuestros hermanos. Si mis hermanos y yo peleábamos, mis padres nunca nos castigaban. En vez, nos hacían disculparnos el uno con el otro y darnos un beso en la mejilla. A medida que fuimos creciendo, las cosas fueron cambiando. Obviamente no nos dábamos besos en la mejilla cuando peleábamos. Mis padres nos castigaban más seriamente y nos quitaban privilegios por días o semanas. Nos regañaban hasta que aprendiéramos nuestra lección. Cuando andábamos en la casa, siempre nos decían que les platicáramos en español y no en inglés porque ese era el idioma con el cual nos criaron. Nos enseñaron a hacer las tareas diarias de la casa cuando apenas las podíamos hacer. Si éramos lo suficientemente altos para alcanzar el lavaplatos, entonces mis padres nos hacían lavar los platos después de cenar y mis hermanos y yo tomábamos turnos cada día. Mis padres nunca nos dejaban dormir en casa ajena porque decían que teníamos nuestra cama propia para dormir. Entonces, cada vez que una de mis amigas tenía una fiesta de pijamas, no importaba lo mucho que les rogara a mis padres, nunca me dieron permiso de dormir en casa ajena. A la vez, no nos dejaban porque no se querían preocupar por sus hijos. Mis papás eran estrictos en su propia manera. Cuando era chica tenía amigos que decían que mis padres no eran tan estrictos como los de ellos. Mis padres solo nos enseñaron a mis hermanos y a mí a ser unos niños maduros pero de una manera muy diferente a los demás. Yo digo que la crianza depende de la cultura y nacionalidad de cada familia porque cada cultura tiene diferentes estilos de vida. Al sentarnos a la mesa para cenar, mis papás nos contaban de sus preocupaciones de trabajo, de mis abuelitos, o de muchas otras cosas. Nos contábamos muchas historias de cosas que nos llegaban a la mente. Por ejemplo, cuando nos preguntaban de nuestro día en la escuela, yo les decía sobre mis clases y la tarea que me daban. Si me asignaban una tarea de escribir sobre mi familia, entonces todos empezábamos a hablar sobre las ideas de que podía escribir: de mi origen mexicano, mi familia que vive en México, de mi familia en los Estados Unidos. Solo de esta manera, las conversaciones empezaban de la nada. Nos poníamos a platicar de familiares en México los cuales mis hermanos y yo no conocíamos. Dependiendo de la temporada, a veces mis padres nos contaban historias espantosas de Halloween. Si era el tiempo de Navidad, entonces nos contaban de las tradiciones que hacían en México comparadas a las que hacían aquí en los Estados Unidos. A veces platicábamos de nuestros familiares para saber cómo estaban. Por ejemplo, si alguna tía estaba embarazada, de conocidos que estaban por casarse, de celebraciones que estaban por llegar. En conjunto, platicábamos para saber cómo estaba nuestra familia, porque a pesar de que a veces nos llevábamos locos los unos a los otros, la comunicación entre la familia siempre era importante. –Sandra

LOS VALORES, LAS REGLAS Y LAS ENSEÑANZAS FAMILIARES

Es sorprendente observar cómo estas familias hispanas en los Estados Unidos logran conservar valores fundamentales en la crianza de sus hijos. A pesar de las dificultades económicas que algunos tengan, la posible discriminación y la presión que ejerce una sociedad distinta y mucho más diversa en cuanto a ideologías de orientación liberal; además de ser mucho más individualista y competitiva, estas familias logran pasar a sus hijos el valor fundamental de la unión entre familia, amigos y vecinos; la colaboración al necesitado basada en el ejemplo católico de las posadas dadas a José y María durante la peregrinación previa al nacimiento de Jesús y la enseñanza universal de tratar al otro como quisieras ser tratado. Los valores pasados a sus hijos parten desde la importancia de la familia, el respeto a los padres y los mayores, las responsabilidades consigo mismo y la familia, la educación y el mantenimiento de la fe católica. Todo esto es logrado a través de exigencias y comportamientos estrictos por parte de los padres hacia sus hijos y enseñanzas prácticas para la sobrevivencia que van desde cómo cambiar la rueda de un carro hasta el mantenimiento del bilingüismo y la biculturalidad. En estas narraciones de vida se puede ver implícito el sentido de complacencia y felicidad que viven los padres al ver sus hijos crecer y progresar. De parte de los hijos, la segunda generación, también se observa que a medida que maduran y pueden desarrollar un análisis social comparativo, las enseñanzas de esta misma crianza que respetan, son cuestionadas y aparecen criterios morales diferentes sobre lo que ellos consideran importante mantener o transformar cuando sean los padres de las futuras generaciones hispanas.

–En mi familia tenemos muchas creencias y valores. Una creencia que tenemos es que la familia es lo más importante. La familia va a estar allí cuando necesiten ayuda económica, mental o física. Para tener esta creencia la familia tiene que estar unida porque si no entonces va a fracasar. Otro valor que tenemos es que siempre tenemos que ser respetuosos. Tenemos que respetar a toda persona que le hablemos. Aunque no nos guste una persona tenemos que respetarlos porque así nos enseña nuestra religión. Nosotros valoramos a todos nuestros amigos y familiares. Ahora yo mantengo las creencias y valores que heredado de mis padres. No han cambiado para nada. Los valores y creencias se las voy a pasar a mis hijos en el futuro. Tengo que casarme antes de tener hijos, sin embargo casarme no está en mi mente ahora. No sé cuándo esto sucederá, excepto que va a ser antes que cumpla los treinta años. Tampoco sé cuántos hijos planeo tener. En verdad no sé cómo va ser ni mi estilo de vida cuando me case, pero espero que sea bueno y que tenga una buena relación con mi esposa e hijos.

Nunca he pensado en el divorcio. Es algo en lo que los católicos no pensamos. –Adolfo

–Después de un día largo de trabajar o de deportes regresaba a mi casa. La persona que siempre me esperaba con una comida recién hecha y caliente era mi madre. Ella me preguntaba cómo me fue ese día. Mi madre siempre se preocupaba por mis hermanos y por mí; y siempre nos daba toda su atención. Cuando llegaba de práctica de futbol o salía de la escuela temprano, yo solía ayudarle a mi papá a componer y cortar madera. Cortábamos madera porque nosotros tenemos una estufa afuera de nuestra casa que la calienta. Cuando estaba con mi familia sabía que tenía que ayudar para que todos viviéramos bien y saliéramos adelante. Ellos también siempre me ensenaron a respetar a las mujeres. Yo aprendí de mis padres que para ser feliz debes encontrar felicidad con alguien que sí en verdad te quiera aunque tengas defectos. Ellos nunca juzgaron mis novias que tenía solo que yo estuviera feliz. –Juan

–Aparte de descubrir el valor de la amistad durante mi adolescencia, también aprendí muchos otros valores de mis padres. Mis padres siempre me decían que teníamos que respetar a nuestros mayores. Yo respeto a las personas mayores porque para mi esto es una forma de educación que mis padres me enseñaron. La gente mayor ya está grande, débiles y hay que ayudarlos. Respetar es una forma de responsabilidad y personalmente creo que se debe tratar a los demás como quieres que te traten. En mi casa yo siempre tenía una rutina estricta. Primero teníamos que hacer la tarea y después podíamos salir a jugar. Yo siempre tenía la tarea terminada y al terminar la tarea yo comenzaba hacer la cena mientras mi mamá llegaba de trabajar. Yo hacía esto para que ella pudiera descansar. Cuando mis padres no me dejaban salir me enojaba y les contestaba groseramente. Si yo pudiera cambiar algo en mi adolescencia yo cambiaría mi comportamiento grosero y arrogante con mis papás. También yo trataría te entender sus razones cuando no me dejaban salir o no me podían comprar algo y trataría de tener más paciencia. Pienso que a pesar de todo, he sido una buena hija y he aprendido sobre la responsabilidad. En el verano pasado trabajé en una finca o a veces iba con mi mamá a trabajar en Connecticut. Puse una meta que todo lo que iba a ganar en becas y en el trabajo iba ser para la universidad. Yo he escuchado historias de algunos padres que piensan que la universidad no es importante porque es una pérdida del tiempo o de dinero. Al contrario, es un bien porque con educación tienes más beneficios. Unos de los beneficios son tener un seguro de salud y un salario mejor. La educación es importante hoy en día. Mis padres siempre me platicaban sobre sus trabajos y decían que eran muy duros. Mi mamá me decía que la señora trataba a los trabajadores como si fueran esclavos. Mi madre me decía que estudiara para que no me trataran así. Ahora mi mamá toma clases de inglés para superarse y para que se pueda defender. Yo pienso que mi mamá tiene razón que la educación es algo importante en la sociedad. –Jasmine

–Mis padres son mexicanos. También tengo tres hermanos. Primero es mi hermana Mariana, después vengo yo, luego mis dos hermanos Daniel Jr. y Luis es el más joven. Como mi hermana y yo fuimos las primeras niñas que tuvieron, ellos querían lo mejor para nosotras. Desde que recuerdo mis padres siempre tenían reglas en casa. No se hablaba de novios en frente de mi papá o de chicos que nos gustaban. Se puede decir que mi papá es alguien muy serio y estricto. Pero también le gusta bromear. Con él aprendí a cambiarle la llanta a un carro, me enseñó a manejar desde los diez años en su trabajo. Me enseñó a trabajar en la granja cuando era pequeña porque fue un modo para que yo me ganara mi dinero. Había épocas donde me iba a trabajar afuera durante el invierno con él. De mi mamá, recuerdo que siempre se iba a trabajar. Hubo un punto en mi vida donde sentí que nunca veía a mi mamá porque siempre estaba en el trabajo. Sin embargo, cuando estaba en casa siempre se la pasaba en la cocina. De ella aprendí a oler y saborear la comida que preparaba. Aprendí a hacer tamales y frijoles. Durante este punto de mi niñez mis padres hicieron muchas cosas para enseñarme acerca de las responsabilidades importantes que iba a necesitar en el futuro. –Daniela

–Aunque, algunos valores y creencias han cambiado muy poco en nuestra vida de los Estados Unidos. Mis padres mantuvieron sus costumbres y creencias desde que emigraron de México. Nunca se les olvidó de donde vinieron y por ser así, no dejaron de practicar toda clase de celebraciones. Por ejemplo, recuerdo que desde chiquita, mis padres siempre han sido muy religiosos. Cada domingo, nos parábamos temprano para arreglarnos e ir a misa. Por ser así, realizábamos ciertas prácticas culturales cuando era necesario. Por ejemplo, somos cristianos católicos entonces durante los tiempos navideños, mis padres y familiares tienen la costumbre de dar posadas para celebrar la llegada de Jesús a nuestro mundo. Después, celebramos el año nuevo e incluso nos quedamos despiertos para ver el año nuevo de México en el televisor. Pocos días después, mi mamá usualmente ordena un pan de rosca para celebrar el Día de los Reyes Magos. Me encanta cuando llega este día porque si alguien encuentra un juguete de bebé dentro de un cacho de rosca, supuestamente les toca cocinar tamales para el próximo mes que sigue. Como yo crecí con estas prácticas culturales, pienso educar a mis hijos con las mismas prácticas también. Los llevaré a misa y los inscribiré para que hagan su bautizo, comunión y confirmación. A pesar de que me gustaría que mantuvieran su cultura mexicana, quiero que aprendan de la sociedad estadounidense también. En otras palabras, un ejemplo sería que mis hijos se mantuvieran bilingües en el idioma de español y el inglés. De esa forma, pueden contribuir tanto a la comunidad americana como a la comunidad hispana. –Sandra

–Aunque mi mamá era muy cariñosa con mi hermana y conmigo cuando nos portábamos mal ella nos regañaba o nos pegaba. Nunca olvidaré cuando tenía siete años le corte el pelo a mi hermana. Ese día mi papá nos llevó a la tienda y nos compró juguetes. Mi hermana y yo compramos un rozado alisador, una secadora y unas tijeras de mentiras. Cuando llegamos a la casa corrimos al baño y empezamos a jugar. Pero como nos aburrimos, mejor saqué la secadora de mi mamá y le puse el cepillo en el pelo largo de mi hermana. Su pelo era tan largo que le llegaba por su cintura. En ese momento se me atoró el pelo de mi hermana con el cepillo. No supe que hacer y decidí cortarle su pelo. Se lo dejé muy corto y hasta me olvidé que se lo había cortado. Al siguiente día mi mamá se dio cuenta y me pegó feo. Pero mi papá no se enojó y empezó a reírse. Había momentos cuando mi mamá no se enojaba y mi papá sí o viceversa. Aunque mi papá era muy estricto con nosotras. Cuando tenía ocho años, todas las noches teníamos que decirle todas la multiplicaciones de memoria y si no las sabíamos no podíamos ver la televisión hasta que las aprendiéramos. En mis fiestas de cumpleaños mi papá nos compraba muchos globos, adornábamos la casa y nos compraban pasteles grandes con dibujos con mis favoritas princesas. Lo que más me gustaba era abrir todos mis regalos y ver que me habían dado. En Navidad siempre bailaba con mis primas y mi mamá. Comíamos todos juntos y abríamos nuestros regalos. Para mí la Navidad que nunca olvidaré fue cuando tenía ocho años y "Papá Noel" me trajo un autobús morado para mis Barbies. Cuando vi mi regalo de navidad empecé a llorar por la emoción. Mi mamá me abrazó fuerte y empezamos a jugar mi juguete nuevo. Esos momentos eran mágicos y especiales porque no tenía que preocuparme de nada. Mi única preocupación a los ocho años era que tenía que jugar con mis muñecas, pelear con mi hermana, hacer mi tarea y ver la televisión. –Betzabe

–Las actividades que hacía en mi adolescencia me hicieron sentir como un muchacho grande porque ya no era ese niño que todavía tenía mucho tiempo para jugar, comer lo que fuera y no tener problemas con mis padres o con amigos. Sentí que ya era un muchacho grande cuando tenía quince años porque desde ese año yo pensaba diferente a mis amigos y primos. Yo ya quería trabajar para ayudarles a mis padres con el alquiler y con los gastos de la casa. Ellos me decían que todavía estaba pequeño para ayudarles pero me sentía que ya estaba grande con responsabilidades. Además, las cosas que quería hacer durante mi adolescencia no las pude hacer porque mis padres no me permitían, por ejemplo ir a las casa de mis amigos, primos o a los centros comérciales. Cuando tenía dieciocho años quería ayudar a las personas enfermas y a mi familia a cocinar la comida. Eso era lo único que quería hacer porque todavía no sabía que quería hacer en mi futuro. Soñaba con ser un jugador profesional de fútbol o un artista de música porque quería ser conocido por todo el mundo. Me relacionaba bien con todas las personas que conocía de diferentes países y culturas, razas, religiones y lenguajes. Además en mi pueblo había mucha diversidad de orígenes y conocí a muchos colombianos, hondureños, puertorriqueños, africanos, españoles e italianos entre otros. De mi conocimiento, pienso que Dios nos hizo como hermanos y hermanas para amarnos como somos y no juzgar a nadie. Mis padres también me enseñaron que no hay que juzgar a los sexos opuestos ni a las personas homosexuales, u otros que piensen diferente. No juzgo a nadie y no digo que se vayan de aquí o que se mueran. Mis padres me enseñaron de ser respetuoso, amable, cariñoso, honesto y siempre a ser feliz en la vida. Así como me enseñaron mis padres en mi casa, los maestros me enseñaron en la escuela también a ser responsable y sincero. La educación para mí es un privilegio porque no muchas personas en el mundo tienen la oportunidad de asistir la escuela y también hay otros niños que no pueden regresar a la escuela porque tienen que apoyar a sus familias. Entonces en la escuela, cada año que iba aprendía mucho material. Aprendí cómo comunicarme con otras personas para hacer amigos, como dibujar, jugar baloncesto y también aprender la ciencia, las matemáticas, la historia y otras materias. Mis padres querían que yo estudiara en la universidad para ser abogado, un hombre de negocios, o doctor, pero yo todavía no sabía lo que quería estudiar. Mis amigos ya sabían que querían estudiar para ser policía, doctor, artista y cocinero. Solo coincidí con pocos verdaderos amigos y los demás eran compañeros. Muchos de los que conocí por un buen tiempo pensé que eran amigos pero luego se separaron de mí. No sé por qué pero así sigue la vida. Yo jugaba mucho futbol con ellos en la escuela, hacíamos tareas durante nuestro almuerzo y siempre hablamos juntos de cualquier tema como deportes, música, el amor y las chicas. Mi vida en la secundaria fue aburrida y otras veces divertida. Todo dependía del clima y las clases. Si un día era soleado entonces las clases iban hacer divertidas y chistosas pero si otro día llovía entonces las clases iban a ser tristes y aburridas porque los maestros no podían sacarnos afuera para sus clases. Yo nunca tuve conflictos con nadie en la escuela porque siempre era callado. Algunas veces unos chicos querían pelear conmigo pero nunca les hice caso. Nunca me metí en problemas porque no buscaba problemas ni nada. Mis padres me enseñaron que la escuela es para estudiar y hacer lo mejor, no para pelear y ser el mejor de todos en fuerza o valor. Siempre era diferente a mis amigos porque ellos no eran callados. A ellos les gustaba salir de la escuela o no ir a clases porque eran aburridas. Ellos si se metían en problemas pero yo no. En mi escuela iban muchos estudiantes y a los que conocí siempre los respeté con amor y amistad como hermanos de Dios. Así era mi comportamiento con los estudiantes en la escuela. Nunca me sentí injusto en la escuela o en casa porque me gustaba ser fiel y sincero. Muchos hablaban de mí que fui buen chico y que siempre iba a la iglesia. Todo llega a un fin y pues mi adolescencia fue una aventura que nunca olvidaré. – Manuel

–Muchos me han preguntado cómo es ser la única niña en la familia. Yo siempre respondo diciendo que es muy diferente pero no lo cambiaría por nada. Fue difícil ser la única niña de la casa porque tuve que aprender como limpiar y cocinar a una edad muy temprana. No podía tener amigos, solamente amigas, porque mi padre no le gustaba que me juntara con

73

niños de mi edad. De pequeños, mis padres eran muy estrictos y teníamos muchas reglas en la casa. Mi padre ponía letreros de las reglas en todas las puertas del apartamento. Mis padres querían que mis hermanos y yo estuviéramos en la cama con los dientes cepillados a las nueve de la noche. Durante los fines de semana nos dejaban despiertos hasta las once. Teníamos que hacer toda nuestra tarea antes de cenar y si no era muy tarde mi mamá nos dejaba ir afuera a jugar con nuestros amigos. Toda mi niñez he vivido con mis hermanos, mis primeros recuerdos son con mis hermanos cuando ellos me enseñaban a jugar diferentes deportes. Me gustaba la idea de ser la única niña pero a veces también quería tener una hermana. Era muy divertido jugar con mis hermanos pero cuando ellos jugaban con sus amigos o los vecinos, a mí no me permitían jugar. Mientras mis hermanos jugaban con los vecinos yo me la pasaba viéndolos. Era difícil para mí ser amiga de otras niñas del edificio. Yo nunca supe cómo hablarle a alguien que no conociera. Yo me quejaba con mi mamá que mis hermanos no me dejaban jugar, ella siempre me decía que las niñas juegan con muñecas y los niños juegan deportes. Yo siempre pensaba que era injusto que mi mamá no me dejara jugar con niños. Todavía hay veces que mi mamá no me deja salir con mis hermanos si ellos van a salir con sus amigos. Mis padres prefieren que me junte solamente con niñas. Recuerdo que conocí a mi mejor amiga cuando tenía cinco años, ella todavía vive en el segundo piso del edificio donde vivíamos antes que nos mudáramos del Bronx, ella se llama Imelda. La conocí porque mi mamá y la mamá de mi mejor amiga se conocen desde el pueblo donde creció mi madre. Mi madre y la mamá de Imelda también eran amigas cuando eran niñas. Imelda y yo salíamos juntas al parque con nuestras familias. Ella y yo fuimos a la misma escuela, aunque ella es un año mayor que yo. Mucha gente ha pensado que ella es mi gemela o mi hermana mayor. Siempre me gustaba juntarme con ella para jugar mientras mis hermanos y los hermanos de ella jugaban afuera. Mientras estaba con mi mamá ella me enseñaba a limpiar y cuidar mis cosas. Siempre me llevaba con ella a hacer las compras o cada vez que salía para no dejarme sola con mis hermanos. Aprendí mucho de mi madre cuando era niña y sigo aprendiendo de ella. Cada vez que salíamos me platicaba de su niñez, de las dificultades que vivió y como hubiera preferido crecer en los EEUU como yo. Aunque mi madre es muy estricta ella es la que me ha enseñado a ser una mujer decente. Ella me daba ejemplos como comportarme con otros niños y adultos. Siempre me decía que tenía que tener respeto hacia las demás personas y tratar a la gente de la misma manera que yo quisiera que me trataran. Yo considero a mi mamá como mi consejera porque siempre me está dando consejos. A mis padres nunca les ha gustado que salgamos con nuestros amigos que ellos no conocen. Mis padres no nos dejan tener una relación amorosa antes que acabemos nuestros estudios. Aunque ellos ya le han dado a mi hermano mayor que tiene 19 años permiso para tener una novia. Sin embargo, mi madre no está de acuerdo con eso, pero mi papá no tiene problema que él tenga novia pero cuando hablan de que yo tenga novio a él no le gusta la idea. Mis padres dicen que no me van a dejar tener un novio hasta que tenga 22 años o acabe de estudiar la universidad. Yo no estoy de acuerdo con eso porque no lo veo justo pero sí respeto su decisión. –Tania

LAS TRADICIONES

Las celebraciones religiosas narradas en las autobiografías muestran mesas llenas de comida y rodeadas de familia donde se celebra la vida y la muerte. La Navidad es la favorita de todos. La comida, la unión y el cariño abundan en las tradiciones descritas por ellos. La comparación emerge entre la forma en que sus amistades, no latinas, viven las tradiciones y celebraciones en EEUU con el país de sus padres. El pavo del día de acción de gracias se convierte en el marrano relleno sobre la mesa familiar. El 24 nace el niño Dios y para algunos también baja Santa Claus por una chimenea o se mete por alguna ventana. Los niños no van a la cama temprano sino que trasnochan con sus padres para abrir sus regalos. El 25 de diciembre no hay fiesta ni comida porque ya todo se ha hecho durante la noche buena. Las ceremonias de iniciación dentro de la religión y el paso a la pubertad se convierten en fiestas familiares. Durante las reuniones familiares hay división de trabajo y tareas coordinadas de culinaria; Las edades se dividen, las mujeres en la cocina, los hombres con la música y el entretenimiento; todos hacen parte de una gran multitud unida por la tradición, la sangre y la religión. Los amigos se vuelven familia, la co-terrenidad y la hispanidad los une en una gran familia extendida. En el caso de la residencia en zonas rurales donde se vive aislado de las grandes multitudes hispanas, la comida y la familia nuclear mantienen la tradición como punto de unión. La vecindad anglosajona mira con curiosidad mientras ellos con orgullo muestran su particularidad. Es aquí en la tradición donde la familia se percibe como combustible para mantener la unión y sobrellevar la lucha en el nuevo país. El mantenimiento del español hace parte de la practica cultural entre la familia y se solidifica mientras se celebra la vida acompañada de sabores inimaginables. Hay abundancia, nada carece, ni la comida, ni el amor.

–Nosotros celebramos nuestras tradiciones. En México hay muchos días festivos, los cuales los mexicanos hacen fiesta y mucha comida. Aquí es lo mismo, uno usa cada excusa para hacer una fiesta y mucha comida. En estos días festivos se celebran muchas de nuestras tradiciones, por ejemplo el día de los muertos, el día de la virgen, el día de los reyes y unos cuantos más. En cada uno de estos días hay una comida específica para hacer. En el caso del día de los muertos se hace mole, pan dulce y atole de calabaza. También se hace una ceremonia a los queridos que ya no están con nosotros en esta vida. Durante la ceremonia se reza el rosario y se canta. El día de la virgen es un día religioso, pero este día es reconocido por todos los hispanos; nada más que el de nosotros cae el doce de diciembre, varía con la cultura. También celebramos el día de los reyes el cinco de enero. Es como otra navidad para los niños porque reciben un regalito, pero en realidad es algo religioso también. En la biblia se habla de los tres reyes que fueron a ver al niño Jesús cuando nació. Esta celebración es como un símbolo de ese día. Este día también tenemos una comida especial; se concina un pan dulce; nosotros le decimos una rosca. La rosca contiene un muñeco, o pueden ser varios dependiendo de la forma en que la familia lo celebre. Se parte la rosca y se come con champurrado o atole de chocolate. A la persona que se le aparezca el muñeco tiene que hacer la fiesta del año que acabamos de comenzar. Bueno estos son algunos días de nuestras costumbres. Todos estos días festivos también se celebran aquí en los Estados Unidos pero de forma discreta, no como en México que en el día de los muertos hacen desfiles y fiestas públicas. Así como tenemos días festivos, también tenemos comidas que son únicas a nuestra cultura. Por ejemplo, nosotros los mexicanos comemos las tortillas. La tortilla es muy común en nuestro país. "Los paisas" como les dice mi mamá, la comen con cada comida servida. Nuestros platillos más famosos son el mole, adobo, tamales, pozole, chivo, chile rellenos, enchiladas (se hacen con salsa de mole) y chipotle. Toda esta comida se come en casa, pero algunas familias nada más las hacen de vez en cuando, principalmente porque son platillos que se hacen en las fiestas grandes que requieren mucha elaboración. La comida más frecuente que se come es por ejemplo los nopales, arroz, frijoles, tortilla por supuesto, caldo de pollo, queso fresco o de Oaxaca, tacos al pastor, carne asada, cecina, chilaquiles, chorizo y gorditas. Las bebidas de nuestra cultura también son muy sabrosas. En la casa común se hace agua de horchata, atole, varias sodas de jarritos y chocolate de la abuelita. En todo caso toda esta comida se disfruta pero los platillos grandes como el mole es más para fiestas como una boda. Según mi mamá cuando ella estaba en México, las bodas empezaban casi una semana antes del gran día. La razón por la que comenzaban tan temprano era por la comida. El mole requiere de un proceso largo, especialmente si es para mucha gente. En nuestras costumbres, los mexicanos atienden a los invitados personalmente. Por el contrario cuando uno va a una fiesta de los americanos a uno lo atienden los empleados del restaurante o el salón. Una fiesta hispana es más personal por la atención que uno recibe del anfitrión. Toda esa comida se come en mi casa. Como mexicanos en los Estados Unidos, yo pienso que es algo común; las costumbres de México todavía están en mi casa y son pasadas a través de mis padres. –Carmen

–Por fin voy a pasar mi primera navidad en Colombia con todas las tradiciones. Mi mamá y yo vamos a viajar el 23 de diciembre, llegaríamos a Pereira por la capital de Colombia, Bogotá, y después nos iríamos a encontrar con el resto de la familia en una finca por Chinchiná. Mis tres tíos, dos tías, tres primas, dos primos y abuelita estarán arreglando el marrano. El marrano se mata unos días antes de rellenarlo con vegetables arroz y otros condimentos, algo muy común en Colombia. El 24 de diciembre comeremos el marrano relleno mientras esperamos la llegada del niño Dios. El niño Dios es como Santa Claus aquí en los Estados Unidos. A pesar de estar rodeada por una mayoría de americanos y pocos hispanos, aquí en SUNY Oneonta, mantengo mi origen y cultura entre mis venas. –Vanesa

–El momento que finalmente me sentí como una muchacha tuvo que haber sido cuando tuve mi Bat Mitzvah. En esta ceremonia te conviertes en una mujer en el judaísmo. Por un año estuve practicando leer el Torah, el cual es el primer testamento de la biblia cristiana. En este día todos estaban orgullosos de mí, mis padres, mi familia, toda la sinagoga y todos mis amigos. Después de la ceremonia yo tuve una fiesta para celebrar todo mi trabajo duro y mi camino hacia la feminidad. Dos de mis tíos y sus dos hijas vinieron para celebrar las festividades con nosotros y para ellos todo eso era una experiencia nueva. Para muchos en España somos los únicos judíos que conocen. ¡No hay muchos judíos en España pero en Cascante no hay ninguno! Tenía doce años cuando todo eso paso y yo estaba en mi segundo año de la escuela intermedia. –Yarden

–Cuando celebramos los días de fiesta mis padres invitan a mis familias cercanas a mi casa. Los invitados son tres tíos con sus familias, quienes viven también en la misma ciudad, mi primo con su familia y algunos amigos familiares. Cuando nos reunimos mi madre y tías ayudan a preparar comidas de fiesta. Unas de esas comidas son el mole y el pozole. El mole es una mezcla de chile seco molido, harina mezclada con agua y especias. El pozole es una sopa con maíz molido y diferentes tipos de carne. El día de fiesta que es más importante son los cumpleaños porque todos nos reunimos y vamos a comer o hacemos algo en la casa para celebrarlo. En las fiestas no bailamos mucho porque nos gusta más la música en vivo como bandas y allí es cuando bailamos. Los adultos van a la sala y los niños o jóvenes van a otro lugar para que cada uno pueda platicar. Los adultos van y beben cerveza mientras hablan y los jóvenes van y beben refrescos o jugo o agua. –Adolfo

–Todas las clases de familias tienen costumbres diferentes aunque sean americanos, hispanos, afroamericanos o asiáticos. Pueden tener la misma nacionalidad pero cada familia tiene su manera única de vivir. Durante mi niñez, yo pasé por varias de estas costumbres. Por ejemplo, me bautizaron cuando era bebé porque en la cultura latina, mucha gente es católica y bautizan a sus hijos a una edad muy joven. Después del bautizo, cuando tenía nueve años, hice mi primera comunión. Cuando terminaban las ceremonias religiosas, mis padres planeaban fiestas en nuestra casa para celebrar estos eventos. Usualmente, mucha gente reservaba salones de fiesta para festejar en grande. Al contrario, mis padres siempre celebraban momentos especiales como estos en casa porque así, la familia convivía más y mucho mejor sin tener que gastar tanto dinero. La comida típica que hacía mi mamá para las fiestas era pozole con tostadas. Si no cocinaba eso, entonces mi papá ordenaba y cocinaba chivo mientras mi mamá preparaba otros platos como charolas de arroz o mole. Mi comida favorita en fiestas era el chivo. Cuando les platicaba a mis amigos de mi comida favorita, me miraban de una manera rara porque ellos nunca habían probado un platillo de chivo. Mis familiares casi siempre cocinaban chivo para fiestas y por esa razón me gustó tanto. Para postre, mi madre preparaba su plato delicioso, el cual era una ensalada de manzana. Así es como celebrábamos los eventos grandes en mi familia. Para nuestros cumpleaños, mis padres solo nos compraban un pastel para que compartiéramos en casa con mis hermanos y yo. Mis papás y mi hermano y hermana me cantaban las mañanitas y después nos comíamos un cacho de pastel. Nunca invitamos a otros miembros de familia porque la mayoría de ellos vivían en el centro del pueblo y como nosotros vivíamos un poco alejados, casi no pasaban a nuestra casa. – Sandra

–El español es el idioma original de México. Yo soy fluido en el español y mis padres también porque ellos fueron educados para aprender español en sus escuelas cuando estaban en México. Lo que hago para comunicarme mejor es hablar el español en fiestas, reuniones y cuando voy a misa y puedo comunicarme con facilidad porque siempre lo hablo con mi familia y los demás. Antes cuando celebraba fiestas con mi familia invitábamos a todos mis tíos con sus familias y cocinábamos mucha comida mexicana y bailábamos. Las fiestas más importantes los cumpleaños, la Navidad y el año nuevo. Comemos arroz, tamales, pambazos, pozole, pasta, ensaladas, pollo, puerco y mucho más. A todos en mi familia les gusta bailar y hablamos de todo como del pasado y lo que pueda pasar en el futuro. En mi familia no tenemos una celebración típica, pero cuando nos reunimos todos juntos es como una fiesta maravillosa. Mis padres en las fiestas siempre nos hablaban en español. Hablábamos el español en la casa y a cualquier parte. Por ejemplo, por la Navidad, el año nuevo, el día de gracia y todos los cumpleaños de mi familia la pasábamos juntos. Esos días especiales eran grandes y todos los familiares de mi papá venían a celebrar con nosotros. Ellos vivían en el mismo pueblo que nosotros pero no cerca de nuestro vecindario. Algunos años nosotros íbamos a sus casas pero siempre estábamos juntos como familia en los días especiales. Siempre la pasábamos bien y teníamos los mejores momentos. Me da felicidad cuando hablo o hasta pienso en mi niñez y eso recuerdos cuando era niño y la pasaba con mi familia y mis tíos. En estas fiestas grandes, la comida era lo mejor porque mis padres y tíos hacían arroz, tamales, tacos, y pastas. La comida era tan buena y muy sabrosa. –Manuel

–Mi mamá siempre nos habla sobre la importancia de mantener nuestro idioma vivo. Hablarlo en casa, en el trabajo y con mis amistades me ha ayudado bastante a no perderlo. Aunque nos hemos americanizado mucho, en mi casa también se han mantenido muchas costumbres hispanas. Nosotros somos católicos. Mis hermanos y yo estamos bautizados y confirmados. En mi casa la noche buena y la Navidad son grandes celebraciones. Siempre hay una fiesta grande el 24 de diciembre. Hay mucha gente y mucha comida para compartir. Nos gusta bailar mucho todo tipo de música y como somos mexicanos de Guadalajara nos gusta mucho la banda. Para nosotros esas fechas son para estar juntos en familia y celebrar todo lo bueno que tenemos en nuestras vidas. Además de mantener estas costumbres de la familia unida, también casi todo lo que cocina mi mamá es comida mexicana o hispana. Lo que más me gustan son las enchiladas de mole dulce. La comida es una de las cosas que más extraño mientras vivo aquí. En Oneonta no he encontrado tacos ricos, ni tamales, ni enchiladas ni nada de eso delicioso que hay en mi casa. –Ana

–Lo que me encantaba era toda la comida que hacia mi abuelita y madre; ellas siempre cocinaban comida típica como salchipapa, ceviche y lomo salteado. La comida era tan rica que no duraba ni una hora, siempre se acababa rápido. El sabor era único, había sabores mezclados como el dulce y picante que no más pensándolo es como si pudiera probarlo. En las fiestas que mi familia organizaba se distinguían sabores inimaginables que había en el mundo. Las fiestas de mi familia siempre eran en grande y la música nunca hacía falta; se escuchaba cumbia, salsa, merengue y un poquito de bachata. Siempre me ponía a bailar cuando era un pequeño. Estas fiestas no solamente se organizaban para comer o bailar, sino también eran momentos cuando toda la familia se reunía y se divertía. De niño mi abuelita siempre decía que la familia es todo lo que uno tiene y hay que valorarlo. –Kyle

LA RELIGIÓN

Las prácticas religiosas de las segundas generaciones de hispanos en los Estados Unidos presentan una intricada hibridación cultural entre las creencias católicas, para la gran mayoría y los rituales mantenidos de los ancestros indígenas. Todo esto primeramente contribuye a mantener la unidad familiar y de co-terrenidad entre las comunidades donde ellos son diferentes al resto de la población. La iglesia y las prácticas religiosas les permiten unidad, mantenimiento de la tradición y el lenguaje español. Las apreciaciones planteadas por los muchachos de segunda generación reflejan la importancia de la tradición religiosa en su formación bicultural e incluso plantean cuestionamientos que buscan un replanteamiento de las prácticas religiosas en una sociedad donde la religión se vive, al contrario de la latina, de manera más privada.

–Ahora que estoy en la universidad sigo con mis tradiciones familiares por eso me gusta ir al sinagoga todos los viernes. Para mi continuar con mi religión es algo bueno porque mantiene un buen comportamiento moral y se obtienen responsabilidades que luego se pasan a los hijos. Hay fiestas como Hanukah, donde los niños reciben regalos, Purim, donde los niños pueden vestirse en trajes y Sukkot, donde pueden decorar una casita y dormir afuera. Las fiestas son alegres y divertidas y hacen que la familia se reúna pero lo más importante es saber que hacer las cosas bien conduce a una mejor vida y eso es algo que cada uno debería intentar. Yo quiero que mis hijos sigan con la religión judía pero si mi marido pertenece a otra religión no me importaría si mis hijos aceptan las dos religiones en su vida. Tuve que trabajar muy duro aprendiendo el hebreo para llegar a tener mi "bat mitzvah" pero me sentí muy orgullosa de mi misma el día que pude leer el torah delante de toda la congregación y eso es algo que quiero enseñar a mis hijos: la satisfacción de cumplir bien cualquier trabajo. Yo quiero enseñar a mis hijos mis tradiciones y mi religión pero será su decisión lo que quieran ser en esta vida así como mi madre me enseñó a mí. No pienso que si los hijos no siguen las enseñanzas religiosas de sus padres vayan a ser malas personas, pero es muy importante que crezcan con una buena moral. Lo que no les daré opción es que no aprendan a hablar español. Quiero tratar de enseñarles desde muy corta edad. Es siempre bueno conocer otro idioma pero es mucho más importante cuando esta lengua es la lengua de tus ancestros y aprenderla puede hacer que también se sientan orgullosos de su herencia. En mi vida ahora, como comida española y judía, visito España y uno de mis más importantes objetivos es visitar a Israel, yo quiero que mis hijos puedan hacer lo mismo que yo y también aceptar la otra parte de lo que mi esposo pueda llegar a ser. Quiero que mis hijos tengan una puerta abierta para todas las culturas. –Yarden

–Una de mis creencias más recientes es el día de los muertos y el día de la virgen de Guadalupe. El día de la virgen de Guadalupe es unos de los días que más amo. Ella me salvó del accidente de carro. Yo no la culpo porque no pudo salvar a mi papá pero yo entiendo que su hora de él había llegado y se tenía que ir de este mundo tan horrible. Yo creo en los santos y Dios pero hay a veces que dudo. Porque hay veces que mil cosas horribles pasan y dónde está Dios para salvar a esas personas. Ahora es donde yo pregunto dónde estuvo Dios cuando los 43 estudiantes desaparecieron. Esos estudiantes tienen familias que los necesitan y dónde estuvo Dios para ayudarlos a escapar de esas horribles personas. Dónde estuvo Dios cuando mi familia lo necesitaba más o cuándo un niño se queda solo sin padres. Yo crecí en una familia católica pero yo me estado alejando de la iglesia. –Jennifer

–Crecí en la religión Católica pues así fue como mis padres me criaron. Pero ahorita no he ido a la iglesia porque soy alguien que no se puede quedar sentada por mucho tiempo. Aunque no vaya a la iglesia creo mucho en La Virgen de Guadalupe. Desde pequeña siempre creía en ella, especialmente después de ir a su iglesia en México. En el 2010 visité la iglesia en la ciudad de México. Fui con mis padres y mis hermanos. Cuando llegamos lo único que quise hacer era llorar porque fue increíble. Fue increíble porque nunca pensé que iba ir a visitar las iglesias. Muchos hablaban de haber ido allí, pero yo nunca había ido. La última vez que fui fue con mi hermana y padre cuando éramos pequeños. A partir de estas experiencias, pienso que quisiera tomar clases en el extranjero pero envés de irme a Europa o algún lugar lejano, quisiera irme para México para ver cómo es la educación universitaria en el país de donde son mis padres. –Daniela

–Pienso que las creencias de mi madre son muy locas pero sigo creyéndolas. Mi madre siempre habla de sus sueños y lo que ella dice sí es lo que viene pasando en pocos días. También ella nos dice de cómo los ángeles vienen a este mundo a curarnos. Mi hermanita menor ya mero se moría cuando era pequeña y los doctores no sabían que tenia. Mi madre habló con mi abuela y ella le dijo a mi madre que mi hermana tenía una costilla más pequeña que la otra y por eso tenía tanta dificultad cuando respiraba. Mi madre sacó a mi hermana del hospital y les dijo que sería mejor que ella trajera a mi hermanita cada semana para ver si progresaba. Mi madre le puso bandas alrededor de su estómago cada día y le ponía vasos de agua debajo de su cama porque eso fue lo que le dijo mi abuela. Mi madre y la familia rezaban cada día. Después de unas semanas cuando llevaron a mi hermanita para una revisión, los doctores dijeron que no había nada malo en ella. Por eso creo en estas creencias que tiene mi madre. Yo soy más cercana a mi mamá. Ella y yo tenemos muchas similitudes y ella es mi mejor amiga. Hablamos de todo especialmente de todas las religiones y el futuro. Hablamos de sus creencias que hay una vida después de la muerte, que Dios sigue usando a sus ángeles para venir a dar sanación a los humanos, que los sueños avisan eventos en el futuro, que los animales avisan cuando va a haber un cambio en la naturaleza y que el uso de plantas como remedios para sanación es mejor.   – Liliana

EL PAÍS DE MIS PADRES Y LOS ESTADOS UNIDOS

La trayectoria recorrida por estos muchachos entre dos países, para unos tres, es multidireccional. Unos nacen en el norte y visitan el sur y otros se crían a una edad muy temprana en el sur y de repente son arrancados de su habita y llevados a un país donde tal como lo describen es "otro mundo". Los que visitan el país de sus padres por primera vez notan escenarios coloridos, abundante naturaleza, multitudes de familia, amigos y vecinos todos compartiendo en áreas públicas que simplemente parecen extensiones de las salas en las casas de sus abuelos y tíos que viven en latino América o España. La calle, el barrio, el río, las montañas se convierten en lugares de juego, de libertad, de convivencia. Los vendedores ambulantes y las tiendas de esquina representan el acceso directo a golosinas y comidas rápidas y todo aquello se intensifica cuando el viaje de retorno al país del sur se lleva a cabo durante las navidades, tiempo en el cual todo es fiesta y celebración. Algunos encajan y descubren que la privacidad que ellos viven en sus casas hispanas en el norte se ha vuelto pública en el país de sus padres. Conectan las enseñanzas y tradiciones familiares en Nueva York con las redes sociales y ambientes que experimentan en Oaxaca, Lima, Santo Domingo, Bogotá, Puebla, Marsella y muchos otros lugares. Algunos sufren ante el cambio y la carencia de recursos fundamentales como un acueducto y alcantarillado; además se impactan ante la pobreza que observan aquí y que nunca ellos mismos han vivido en el país del norte. Por otro lado, aquellos que son arrancados de sus lugares de origen y llevados a los Estados Unidos, experimentan coerción de libertad y encierro durante largas horas de espera mientras sus padres trabajan. Aun siendo niños experimentan la soledad y el aislamiento, al menos en un principio mientras aprenden el nuevo idioma y logran hacer amistades nuevamente. La interacción familiar se reduce y aprenden a ser más introspectivos. Es en este momento de encuentro físico cultural cuando todos comienzan a generar consciencia social, un planteamiento político ante la carencia y la dificultad que viven sus familias de ambos lados. Además experimentan una forzosa negociación ante sus inseguridades lingüísticas y culturales. El planteamiento de pertenencia al cual se enfrentan cuando en los Estados Unidos son vistos como personas diferentes al común a pesar de haber nacido o haberse criado en este lugar, y luego en latino América son percibidos como "los gringos" por parte de una comunidad a la que ellos se pensaban integrados y que descubren que todavía aquí deben aprender a asimilarse y adaptarse para no verse como el más "raro" entre los demás.

–Las imágenes más presentes que conservo solo alcanzan hasta el año 1998 cuando vivíamos en Colombia antes de tener el privilegio en migrar hacia los EEUU. Mi primo, Juan Esteban y yo corríamos hacia donde mi abuelito estaba limpiando los restos de comida que dejaban los marranos, el olor del cafetal invadía toda la finca. Me recuerdo a mí misma, aún niña, asomándose dentro de la cocina y viendo a mi abuelita sirviéndoles almuerzo a los trabajadores del cafetal que se encontraba enseguida de la finca. Mi mamá y tía, Nancy, ayudaban a mi abuelita con labores dentro de la casa, asegurándose que los trabajadores estuvieran bien. También recuerdo que todos los sábados por la mañana mí abuelito se sentaba afuera en el corredor escuchando música de cuerda. El sonido de esta música es lo último que recuerdo de él. Los árboles de guayaba rodeaban la finca, el corredor rojo siempre mantenía lleno de flores con colores brillantes que colgaban del techo. Toda mi primera infancia está pintada en mi mente con muchos colores y naturaleza. Mi niñez y educación empezaron en Colombia. Al cumplir cuatro años mi mamá y mi tía decidieron que era tiempo para matricular a mi primo Juan y a mí en el jardín infantil. Nos tocó mudarnos de la gran casona de la finca a un apartamento de dos cuartos, una cocina, un baño y sala pequeña. Un tamaño perfecto para mi mamá, mi tía, Juan y yo. Este nuevo lugar estaba situado en el pueblo de Marsella, no muy lejos de nuestra antigua residencia. Algo particular de este pueblo era la existencia del "Mono". Era un hombre de cabello rubio que salía en las tardes hablando fuertemente así mismo con insultos y asustaba a todos los niños. Mi primo y yo nos asomábamos tras la reja desde lejos y cuando se acercaba nos agachábamos para que no nos viera. Entre nuestras travesuras transcurrían días felices en la escuela al lado de nuestras madres.

Mi educación en Colombia causó que el español fuera mi lenguaje nativo. Solamente asistí al preescolar en Marsella, sin embargo mis primeras letras y números los aprendí en español. Los viernes eran especiales en esta escuela. Los niños llevábamos una cajita de gelatina de todos los sabores. Era un día de fiesta, maestros y niños danzábamos bambucos, baile típico colombiano, y mi pareja era Juan Pablo, mi primer novio "oficial" a los cuatro años. Todos cantábamos en español y desde ese momento nunca he olvidado mi idioma de infancia.
–Vanesa

–Aquí en Nueva York no celebramos fiestas españolas o católicas. Somos judíos aquí. La única cosa que hacemos de españoles es en el año nuevo comemos las uvas antes que se caiga la bola. Pero cuando vamos a España es otro mundo. Durante el verano cada pueblo tiene sus fiestas patronales. En un mes voy a las fiestas de Pamplona, Tudela, Cascante, Murchante y de Barrillas. Tienen conciertos, todos bailan en las calles, traen toros para correr en las calles y siempre hay un montón de comidas ricas para todo el pueblo. Mi madre nació en España. Allí tengo toda la familia de mi madre. Para mi España es el mejor país del mundo. No hay una cosa que no me guste. La gente es muy amable y tengo amigos allí que son unos de mis mejores amigos. Viajo a España casi todos los veranos para ver toda mi familia. Viven en un pueblo muy pequeño que se llama Cascante está en la región de Navarra. Mi padre es de los Estados Unidos. Nació en Brooklyn. Aquí no tengo mucha familia tengo una tía, un tío y tres primas.

Soy española y todos los españoles se sienten muy orgullosos de su país. Para mi ser española es una de las mejores cosas que se puede ser y por eso me enoja cuando hablo sobre España y la gente no sabe nada sobre este país. A muchos se les olvida que España existe porque si dices que eres español piensan que eres de México o de Puerto Rico. He escuchado comentarios ridículos sobre España, como; ¿Viven en casas de barro? ¿Se celebra cinco de mayo? ¿Por qué no eres morena si eres de un lugar tan cerca del ecuador? ¿Son buenos los tacos de su madre? Estos son los que no saben nada sobre España, que si eres hispano necesitas ser del sur América. ¡Me enfurece cuando la gente no sabe nada sobre España solo porque cuando digo "Spanish" solo piensan en sur América! Parecen no saber que hay una España en Europa y la mayoría de los que saben algo sobre España solo piensan que en España todos somos flamencos y solo pensamos en las corridas de toros. Aunque me enfadada cuando dicen que España es lo mismo de todos los otros países hispanos, cuando digo que en el futuro quiero ayudar a los hispanos en América estoy a hablando de todos los que hablamos español y venimos de la cultura originaria de España que se mezcló con las comunidades indígenas y los africanos traídos a América, porque todos somos una comunidad muy grande y para llegar al poder tenemos que ayudarnos todos. –Yarden

–México es mucho más diferente que los Estados Unidos por ejemplo el clima, el ambiente, sistema de economía y el gobierno. He ido a México varias veces porque mis abuelos viven ahí. El estilo de vida es muy diferente. Mis abuelos viven en un pueblito que es muy pobre. No hay estufa sino leña, no hay sistema de plomería, no hay Internet, cosas chicas que no ponemos atención. Me siento libre cuando voy; el aire es puro y las estrellas brillan como luces de una ciudad, mi mente se escapa. Me encanta ir con mi familia porque nos une el viaje y nos ayuda a apreciar la vida que tenemos en los Estados. Siempre disfruto mis viajes a México pero me frustra cuando no puedo comunicarme bien con mis abuelos o los habitantes de la comunidad. Me avergüenza porque me siento como una idiota. Me recuerdo un día que fui a comprar un refresco y dije "soda" el señor me corrigió y sabía que no era de ahí. ¡Me puse muy roja y no quise volver! Antes de hablar el español le pregunto a mi papá que me ayude porque él me entiende en inglés. Si no me entiende uso el internet o lo digo en inglés. – Adriana

–Hubo un año que nos fuimos para México. Ahí también entré a la escuela por unos cuantos meses. Cuando fui a la escuela veía que todos mis compañeros tenían uniformes y yo no. Mi mamá me dejaba hasta la puerta de la escuela. La maestra se veía estricta y los castigos eran diferentes que en los Estados Unidos. Si los niños se portaban mal, ella les pegaba con una regla en las manos. Yo me sentaba con mis primos y entendía muy poco el español. La maestra nos ponía a cantar una canción de las vocales. La canción iba así: "a, e, i, o, u, el burro sabe más que tu". Una cosa que nunca se me olvida fue cuando la maestra salió del aula un día y un niño gritó "guerra". Entonces los niños contra las niñas comenzamos a pelear. La maestra entró y nos castigó a todos. Mis compañeras y yo estuvimos afuera en el sol cargando un tabique un buen rato. Otro recuerdo en México es un día que tuvimos una fiesta y la maestra escogió unos estudiantes para que bailaran una canción. Fue algo divertido porque a mí me gusta bailar.

A los seis meses ya estábamos de vuelta a los Estados Unidos. Mi experiencia en México fue muy diferente porque en México hay reglas que no existen en los Estados Unidos. En México la maestra tenía el derecho de pegarnos y en los Estados Unidos es un delito pegarles a los estudiantes. También en México todos tenemos que usar uniformes algo que no se aplica en los Estados Unidos. Además en México uno debe de llevar su comida propia porque allá no le ofrecen comida gratis como aquí en los Estados Unidos. A pesar de las regañadas en la escuela en México, a mí me pareció muy interesante ver dos estilos diferentes de educación en los dos países. –Jasmine

–Además de tener amigos y familia en los Estados Unidos, también tenía amigos en México. Como mis padres son mexicanos, ellos tienen familia en México. Cuando tenía como cinco años recuerdo que mi papá había comprado un terreno en México y allí se construyó la casa donde nos quedamos cuando vamos a México en diciembre. Si hay algo de mi niñez que me gustó mucho, fueron los viajes que nuestra familia hacía a México. Me gustaban mucho porque teníamos que quedarnos juntos por un mes. Convivíamos con mucha familia además de mis hermanos y padres, también con nuestros vecinos, tíos, tías y mis abuelos. A mí desde pequeña me encantaba ir a México porque soy alguien que le gusta viajar a los lugares donde los turistas no piensan viajar. Por ejemplo, el pueblo donde mi padre creció. Es pequeño y no hay mucho que hacer. Eso es lo que me gusta mucho del pueblo. Siempre salía a jugar con mis amigos y siempre salía a pedir posadas con ellos. Las posadas es una celebración que se hace en muchos lugares, pero en esta ocasión en México. Cuando vamos a México vamos en el tiempo de invierno. En vez de ir por avión, mis padres manejan hasta México. De niños salíamos a jugar con los vecinos. Jugamos por muchas horas hasta que nuestros padres nos venían a buscar para regresar a casa. En este tiempo no había mucho peligro como hoy en día. Entre nosotros nos cuidamos. Aquí nunca se veían turistas, esto es porque no es un lugar turístico. En el pueblo donde vivía mi padre es muy pequeño. A mí me encanta ir a este pueblo porque no hay nadie ni teléfonos que nos molesten. Esto es porque no hay señal de teléfono. –Daniela

–Mientras que estaba en México, disfrutaba de muchas cosas. Disfrutaba de la comida, del futbol y de las actividades que hacía con mis amigos y mis primos. Jugaba los legos, un juguete donde usaba varias piezas pequeñas para construir de lo que pensaba. La calle en la que vivía se llamaba López Cotilla. Al fin de esa calle había un lugar donde los chicos podían jugar en el salón de video juegos donde había muchas máquinas de juegos y futbol de mesa. Al otro lado de la calle estaba situado mi hogar. Mi hogar se veía grande de afuera pero la realidad es que era muy pequeño por dentro. Solo había un baño, una sala, una cocina, y dos cuartos. Mi vecindario en México tenía un buen ambiente. Cada día se podía ver la gente sentada en la banqueta cotorreando con amigos y gente pasando las calles en sus motocicletas. Durante días festivos estas calles se llenaban de pura gente. Podías oír música mexicana por donde sea. El ambiente en México estaba lleno de vida. Era una vista muy bonita. Durante los días festivos toda la familia se reunía para celebrar. Celebrábamos días como la Navidad, el Día Del Señor del Encino y el Día de La Virgen de Guadalupe. Toda mi familia, incluyendo la extendida ha sido católica desde que nacimos. Es por eso que cada domingo mi madre me mandaba a la Iglesia para poder conseguir mi primera comunión. Después de salir de la iglesia, yo iba a mi nevera favorita para comerme copo de nieve. Siempre pedía los sabores de uva, pistacho y chocolate. Esos eran mis sabores favoritos. Cuando iba a la escuela en México, tuve problemas con algunos de mis compañeros. Mis compañeros lo encontraban raro que yo llevara panqueques para el almuerzo. No tenía tantos amigos en esa escuela. Yo jugaba futbol con los pocos amigos que tenía. Mientras que viví en México no tome clases de educación bilingüe. Lo único que hablaba en México era puro español. No aprendí a hablar inglés hasta que regrese a los Estados Unidos y aquí he vivido el resto de mi vida. Durante el mes de diciembre de mi último año de secundaria, tuve la oportunidad de hacer un viaje a México, de donde es mi familia originalmente. México estaba como lo había recordado: los niños jugando en los patios de sus casas, la gente sentada afuera de su casa hablando, vendedores tratando de vender sus productos en camionetas con micrófonos gigantes y hasta los paleteros, quienes vendían paletas de limón, coco, tamarindo, fresa y chocolate a los niños y a sus padres. Es algo muy bonito. Reconocí mucha gente de mi niñez como los vecinos de enfrente y vecinos que estaban al lado de mi casa. Es increíble cómo la gente había cambiado. Todos los niños con quienes jugué ya estaban muy grandes, igual como yo. Lo único que no había cambiado era el ambiente. De mañana todo el pueblo estaba tranquilo, pero de noche, era otra cosa diferente. La noche era el tiempo donde la gente se salía de sus casas e iba a comprar cosas a la plaza de mi pueblo. La gente salía bien vestida salía a restaurantes o no más iban a la taquería local para conseguirse unos ricos tacos. Enfrente de mi casa había una taquería a la que yo siempre iba. La dueña, Tedelvina, es buena amiga de la mi familia. Cada noche abría su taquería y mucha gente iba. Siempre le pedía dinero a mi madre para comer tacos. Servían tacos de res, chorizo y pollo. México y mi pueblo en particular son muy diferentes a los de EEUU. –José.

–Yo soy mexicana nacida en los Estados Unidos. Mis padres nacieron en México y llegaron a los Estados Unidos hace veinte años cuando tenían mi edad. Fuimos de viaje a México apenas hace un año. Solo fuimos por dos semanas, pero en esas dos semanas me pude dar cuenta que el estilo de vida era muy diferente. La primera semana no me gustó tanto. Andaba de muy mal humor y era muy callada. No me pude acostumbrar al estilo de vida que tantos mexicanos vivían. Por ejemplo, la gente se vestía muy diferente. La mayoría de ellos andaban a pie o en bus, no tenían su propio carro. Su manera de cocinar era diferente también porque casi no usaban la estufa y menos usaban el micro para calentar la comida. Los hogares no eran tan espaciosos y los canales de televisión estaban todos en español. Eran bastantes diferencias. Pero poco a poco fui conociendo sobre esa variedad cultural y me fui acostumbrando y reconociéndola en mis propias costumbres del hogar de mis padres. Mis familiares en México eran muy simpáticos y me ayudaron a sentirme mucho mejor con su sinceridad. La mayoría de la gente tenía una pasión de vivir. Casi siempre andaban con una sonrisa en la cara y se veían contentos y eso me ayudó bastante a mi transición temporal. Aunque a la gente de México le guste estar en su país que tanto conocen, a mí me gusta estar en el país en que yo crecí y tanto conozco. –Sandra

–Cuando tenía tres años, yo me mudé a Puebla, México por cuatro años para ver a mis hermanas y mis abuelos. Puebla era muy bonito y bello con muchas personas viviendo ahí y fiestas en el pueblo. Me recuerdo que me corté un dedo ayudando a mi abuelo a cortar caña y esta experiencia fue muy dolorosa para mí. Conocí a mis hermanas y abuelos de mis padres. Me recuerdo cuando comía con ellos, íbamos al rio a nadar y cuando estábamos afuera en el patio relajándonos y hablando sobre muchas fiestas, misas, comidas, problemas y deportes. En México continúe mi educación. Asistí al pre-kínder, al kindergarten y hasta el final del primer grado. No recuerdo a los maestros que me enseñaron porque estaba pequeño. Todavía esos cuatro años fueron los mejores que viví en México. Yo, cuando cumplí siete años, regrese a los Estados Unidos, a la misma casa donde mi niñez empezó. –Manuel

–Desde que nací hasta que cumplí los cinco años yo viví en México con mis padres. Aunque no recuerdo muchas cosas, si recuerdo lo suficiente para saber cómo era mi vida allá. Yo recuerdo que mis abuelos paternos eran mis vecinos del otro lado. Los primeros recuerdos que yo tengo de mi niñez son cuando yo iba a casa de mi abuela. Recuerdo que ella tenía un jardín enorme con muchos rosales. Ella siempre me dejaba cortar rosas para llevárselas a mi maestra del kínder y mi abuelito siempre era él que me llevaba a la escuela. Yo pasaba mucho tiempo en la casa de mis abuelos y era muy apegada a ellos. Como abuelos que eran, ellos siempre me consentían mucho. Otro recuerdo que yo tengo de cuando vivía en México es de la tienda que estaba en la esquina de mi casa. Allí era a donde siempre me escapaba para comprar dulces aunque en verdad yo no los compraba, siempre se los pedía fiado al dueño de la tienda, pero cuando mi mamá iba a la tienda él dueño le decía que le debía mis dulces y por supuesto mi mamá me regañaba. Como lo mencioné antes, a los cinco años tuve la dicha de poder viajar a los Estados Unidos con mi mamá para vivir con mi papá, quien se había venido a Nueva York un año antes que nosotras. Nunca se me va olvidar la emoción que yo sentí ese día al saber que después de un año por fin iba volver a ver a mi papá. Subirme a un avión por primera vez fue muy emocionante. Cuando estaba en el avión la aeromoza me dio un "pretzel" y yo recuerdo que me pregunté "¿qué es esto y porque esta tan duro?". Nunca había visto un pretzel, no me gustó y no me lo comí ese día aunque nunca me imaginé que un día me encantarían. Cuando por fin llegamos a Nueva York, llegamos a vivir en un apartamento pequeño. En el apartamento solo vivíamos mis padres y yo, pero al poco tiempo nació mi hermano. El nacimiento de mi hermano me puso muy contenta. Tenía mucha ilusión y mucha emoción de ser una hermana mayor, también me gustaba la idea de tener a alguien con quien compartir cosas nuevas. Mi hermano y yo siempre hemos sido muy cercanos, a lo mejor porque siempre hemos pasado mucho tiempo juntos y porque no hay mucha diferencia en edades. Él y yo siempre jugábamos futbol y a él hasta a veces le gustaba jugar conmigo a las muñecas. Nosotros compartíamos cuarto cuando éramos niños, ya que el apartamento era pequeño. Sin embargo el apartamento era bonito y nos gustaba mucho. Estaba cerca de la escuela y cerca de las tiendas. Hoy en día, nosotros todavía vivimos en la misma ciudad porque es muy bonita y nos gusta mucho vivir ahí. Es grande y hay mucha gente de todas partes del mundo. El barrio al que llegamos hace años tenía mucha gente hispana, casi toda de origen Mexicano. Los dueños de las tiendas alrededor eran personas Mexicanas así que era fácil encontrar productos hispanos. En esa calle había panaderías y pastelerías mexicanas, era como si estuvieras caminando por una calle en México. Yo creo que por eso cuando llegué no noté gran diferencia. La única diferencia que sí noté fue el clima porque aquí si se ponía demasiado frío. –Ana

–Yo soy pura dominicana. Mi papá y mi mamá los dos son de Santo domingo y también nacieron allí. Mi mamá todavía vive en Santo domingo. Mi papá creció en Santo domingo pero tuvo que venir a Nueva York para conseguir un buen trabajo. Mis padres se divorciaron antes de que yo naciera. Me fascina mi país, me encanta todo lo que tiene. Las playas son las más bellas del mundo. El clima es perfecto y la comida es la más rica. La gente es muy orgullosa, siempre bailando y haciendo chistes. Desde que me fui de mi país yo he regresado tres veces. Ahora en diciembre voy de nuevo para las navidades. En mi país vive toda la familia de mi mamá y casi toda la familia de mi papá se está mudando para Nueva York. Cuando yo viajo a Santo domingo siempre visito a mi familia. Voy a playas y también visitó parte de Santo Domingo que todavía no conozco. Mi familia en Santo Domingo todos saben hablar español, los jóvenes como yo están aprendiendo inglés en la escuela porque allí es fácil encontrar un trabajo si sabes inglés. Yo soy fluida en este idioma y quiero serlo por mucho tiempo. Pero al principio no me sale fácil porque cuando vine a Nueva York todo era hablar inglés y todos alrededor mío solo hablaban inglés. Pero si empiezo a oírlo por un buen tiempo me sale bien el español. Aunque sé que mi español está bien siempre voy a ser "la gringa" cuando visitó Santo Domingo. No me molesta mucho pero me gustaría que ellos entiendan. Cuando viene tiempo de celebrar, las fiestas las hacemos grandes. Siempre hay mucha comida y música. El día más importante para mi familia tiene que ser la Navidad por nuestra religión. Siempre reunimos a todos, hablamos, nos reímos y lo que más hacemos es bailar. Bailamos mucho el merengue, salsa, bachata y el perico ripiao. La familia de parte de mi papá no tiene problemas donde viven ellos porque ellos son más ricos y viven en la ciudad. Pero adonde vive mi mamá siempre hay huelgas y otros crímenes. Me gustaría mucho que mi mamá viviera en otro lado. Yo personalmente le quiero sacar los papeles pero no es fácil. Extraño mucho mi país estoy muy feliz que voy a regresar pronto. –Stefany

–Mis padres vienen de la ciudad de Lima en Perú, pero yo nací en los Estados Unidos. Cuando yo fui a Perú de vacaciones el lugar era hermoso. Había bastantes montañas pero lo que si fue triste era ver a gente sin casas en las calles durmiendo. A demás de eso, toda mi familia iba a fiestas y a comer en diferentes restaurantes que servían comida típica. En el Perú hablan español y no es difícil para mi familia ir para allá porque somos fluidos en el español. Las personas del Perú tienen un acento pero mi familia no lo tiene; lo ha perdido. El idioma la verdad no es un obstáculo para mí en lo absoluto. En el Perú de niño iba a visitar a la familia y a explorar un estilo de vida diferente. Varias veces me encontraba en las casas de mis tías y tíos. Ellos siempre nos contaban como la vida en Perú se estaba mejorando poquito a poquito, pero todavía hay una necesidad de laborar. Lo que sí noté muy diferente fue la educación y las escuelas en Perú. La educación no era tan similar a la de los Estados Unidos y las escuelas, en particular las públicas, parecían que se iban a derrumbar. Las escuelas públicas muchas veces están localizadas en barrios pobres. Sí hay escuelas privadas, pero para asistir a una escuela así uno necesita mucho dinero. Aquí en los Estados Unidos, la educación es de lo mejor comparada a la educación en países como el Perú. Aquí hay muchas oportunidades y ayudas para niños y niñas de todo tipo. En los Estados Unidos uno puede ser pobre pero todavía tiene el derecho de una educación igual a la de los demás. Niños y niñas reciben libros proveídos por la escuela y si la familia tiene un ingreso bajo, el niño o niña puede recibir comida gratis. A cambio en el Perú, la familia tiene que pagar todo lo que sus hijos necesitan para las clases. Al ver esto me di cuenta que fui muy afortunado de haber tenido una educación buena. –Kyle

–Durante mi niñez yo viví en dos lugares: en el pueblo de La Batea y la ciudad de San Juan Mixtepec. Recuerdo que en San Juan Mixtepec vivía casi al lado de un puente. A lado derecho no había ninguna casa pero al lado izquierdo había una casa blanca y rosada. Allí vivía una de mis tías con su familia. En frente de las dos casas todos los viernes venían vendedores de diferentes partes del el estado de Oaxaca. Traían vegetales, verduras, carne de todos tipos, ropa de baja calidad y comida ya preparada. También recuerdo la casa de mi tía Clementina. Recuerdo también que ella tenía una casa a unos minutos de la mía. La casa estaba hecha de madera y no tenía piso y ni tampoco agua. Tuvieron que construir un pozo detrás de su casa para poder tener agua. También recuerdo la escuela a la cual asistí mientras vivía en México. Tenía nada más un cuarto para todos los niños. Aprendí a ser humilde por todas estas experiencias. A pesar de las limitaciones y la pobreza que existía en México, siempre tuvimos que comer y recuerdo que me encantaba la comida. Mi plato favorito que siempre he comido es el frijol con nopal y el huevo con nopal. El nopal es parte del cactus que se puede comer. Mi madre me hacía esa comida cuando vivíamos en el pueblo y también en la ciudad. Otra de mis comidas favoritas era el caldo de arroz con pollo. Hacen el caldo de arroz con pollo en los días festivos como cumpleaños, aniversarios, bodas y fiestas. Mi mamá y tía me hacían dos bebidas que siempre me encantaba tomar y todavía me encantan: el atole y arroz con leche. El atole es una mezcla de masa y maíz molido caliente. En las mañanas mi madre me hacia el atole para que me despertara y en las tardes ella me hacía el arroz con leche. Mi niñez no fue la mejor, ni la peor; sin embargo era difícil. No teníamos mucho dinero, pero teníamos todo lo que se necesitaba para vivir. Recuerdo mi casa, comida y a todos mis familiares que conocí cuando era pequeño. A veces recuerdo que tan divertido era y nunca pensaba en lo que no me faltaba como zapatos o alguna ropa. – Adolfo

–Nací en los Estados Unidos el ocho de diciembre, 1993. Más específicamente, nací en Jamaica, Nueva York. Mis padres ambos nacieron en Bogotá, Colombia y se vinieron a los Estados Unidos en 1977. Tengo mucha familia por el lado de mi papá en Bogotá y todos son muy amables. He visitado dos veces: una vez en el 2006 y otra vez en el 2009. Ambas visitas fueron divertidas. Colombia es un país muy lindo, pero prefiero quedarme en los Estados Unidos porque ya estoy acostumbrado aquí. En Colombia se habla el español. Mis padres me enseñaron el español antes que el inglés y estoy agradecido que ellos me hayan enseñado el español porque hoy en día tengo una gran ventaja de ser bilingüe. Soy fluido en ambos idiomas y esto me ayudará tremendamente cuando busque trabajo. He oído que el español bogotano es muy bonito porque los bogotanos lo hablan calmadamente y son muy decentes. Lo único que me frustra cuando hablo con una persona monolingüe de Bogotá es que ellos tienen muchos dichos y refranes que no entiendo. Aparte de eso, son muy simpáticos y disfruto hablar con la gente de Bogotá. Actualmente, mi familia vive en Long Island, Nueva York. En el barrio específico en donde vivimos, hay muchos hispanos. Es más bien calmado, pero recientemente ha habido actividad criminal. Me gustaría mudarme porque todos mis amigos viven en áreas más bonitas y más ricas. Solo tengo unos amigos que viven en mi barrio, pero la mayoría de mis amigos de la escuela secundaria viven a veinte o treinta minutos de mi casa. De cualquier manera, estoy contento de tener un techo sobre mi cabeza y aprecio los esfuerzos de mis papás. Los extraño mucho, pero también estoy disfrutando mucho de mi tiempo en Oneonta, entonces no estoy tan triste. –Roberto

La inmigración

El proceso migratorio se presenta doloroso en la mayoría de los casos. Frecuentemente la historia se trata de la separación familiar y las dificultades que comienzan al emprender el camino hacia el norte aun siendo niños y sin comprender la magnitud del cambio que se les viene. El abandono de los abuelos y otros familiares, el re-encuentro con una madre, un padre o unos hermanos que no han visto por mucho tiempo se presenta confuso entre la tristeza y la felicidad. El reto que presenta el idioma y verse obligados a construir una nueva red social hace que sus personalidades se transformen. Para algunos el proceso de escritura autobiográfico hizo que devolvieran su vida hasta este momento y como adultos analizaran el impacto que la inmigración tuvo en sus vidas. Para otros el ejercicio logró una conversación nunca tenida antes con sus padres y que descubrieran la lucha de sus propios padres en su empeño por ofrecerles un mejor futuro a sus hijos.

–Vi a un hombre bajo con un bigote y un diente de oro bajarse de una camioneta. No sabía quién era ya que nunca en mi vida lo había visto. Mientras que él se aproximaba a mi casa, yo me escondía detrás de la pierna de mi madre. Lo quedaba mirando con cierta timidez. Veo que comienza a hablar con mi madre y de repente escucho a mi madre decir que él era mi papá. Para mi esa palabra era desconocida porque nunca había tenido a un padre desde que era chiquita. Siempre había estado al cuidado de mis hermanos o de mamá, como yo le digo a mi abuela materna. ¿Quién iba a decir que este hombre haría que mi vida tomara un giro inesperado? Él me iba a traer a un lugar que era desconocido para mí y que era donde yo había nacido. Después de mucho tiempo él había decidido venir a verme a mí, mi hermana y hermanos. Su visita se debía a que él quería traernos a la ciudad de Nueva York. Esta ciudad se iba a convertir en mi casa y el lugar donde formaría mi vida con mis hermanos mayores. Todo este cambio comenzó desde que yo era una bebe y mi madre decidió llevarme al Ecuador cuando tenía pocos meses de nacida. Ecuador había sido el país que consideraba mi casa ya que aquí había crecido. Ahora el país que yo dejé hace cinco años iba a ser mi nuevo hogar. Desde chiquita me tuve que acostumbrar a una tierra extraña para mí y donde mi única familia era mi padre y hermanos. La niñez la viví con muchos cambios. Desde el acostumbrarme a un país que era extranjero para mí y hasta el dejar atrás a toda mi familia y comenzar otra vida. Tras el pasar de los años veía como mi vida iba tomando rumbos diferentes desde el día que nací. Todos estos cambios en mi vida comenzaron cuando de dos meses mi madre me llevó al Ecuador por primera vez. Desde que era chiquita hasta la edad de cinco años la mayor parte del tiempo yo la pasaba con mi abuela a quien yo llamo mamá y mis hermanos (o ñaños como yo los he llamado siempre y en Ecuador significa tus hermanos). Mamá cuidaba de mí y de mis hermanos mayores porque mi madre trabajaba en otra cuidad fuera de El Naranjal, el barrio donde vivía. Pasaba mí tiempo jugando con mi primo afuera de mi casa. No era la típica niña que le gustaba jugar con muñecas y además mi familia no tenía dinero para estarme comprando juguetes. Sabía jugar a las escondidas, hacer cometas y jugar con un trompo que es como el yoyo. La casa donde yo vivía era bien humilde. En un solo cuarto dormíamos mi ñaña Marta y yo. Cuando mi madre venía a El Naranjal, compartíamos el cuarto con ella. Mi madre trataba de pasar tiempo con nosotros y de ver como estábamos ya que ella se iba a trabajar a un pueblo fuera de El Naranjal. De niña en El Naranjal tenía a toda la familia de mi madre porque ese era el barrio donde ella había nacido, tenía a toda su familia y allí mismo mis hermanos y yo nos habíamos criado. Tener a toda la familia en Naranjal era bien chévere porque sabíamos reunirnos y hacer festejos pequeños en familia. Por ejemplo cuando era noche vieja lo que hacíamos era disfrazar un muñeco y después a las 12 de la madrugada lo quemábamos para recibir el año nuevo. Las navidades la pasábamos haciendo fiestas, cocinando y pasándola en familia. Me acuerdo que mi abuelita sabía poner la natividad con el niño Jesús, los tres reyes magos, María, José, la mula y el buey. Esto representaba el nacimiento del niño Dios. La idea era pasarlo en familia y disfrutar la compañía de cada uno de nosotros. Mi vida aquí era bien tranquila y como era una niña no me tenía que preocupar de nada. Recuerdo que solía jugar y cuando me levantaba mamá me había preparado el chocolate con las tortillas de harinas que a mí me gustaban. Mamá me consentía a mí porque era la más chiquita de mis hermanos. También mi ñaña cuando cocinaba me preparaba sopa de fideos ya que me encantaba. Si había alguna comida que me gustara comer tenía que ser los fideos. Esta era la vida que vivía en Ecuador pero todo esto iba a cambiar a los cinco años. Antes de mi papi llevarme a la ciudad de Nueva York mis hermanos y yo pasamos tiempo con él en la sierra, el lugar de donde él era. Nos llevaba a pasear y salíamos a comer ya que él no nos había visto desde hacía muchos años. Todo iba bien chévere hasta el día que él me tuvo que llevar a la ciudad de Nueva York. El sólo me iba a traer a mí porque yo no requería de ninguna residencia ya que había nacido en los EE.UU. Mientras que mis dos ñaños y ñaña sí porque ellos nacieron en el Ecuador. Me acuerdo que no me quería despegar de mis hermanos y quería que ellos se vinieran conmigo. Hasta tal punto que mi papi me mintió diciendo que mi hermano mayor, mi ñaño Javier, estaba en otro avión detrás del de nosotros. Cuando llegamos a la ciudad todo era bien diferente para mí porque los edificios eran bien grandes y mi papi vivía en un apartamento y tenía un ascensor. Lo cual era algo que no estaba acostumbrada porque había vivido en una casa. Pasaron los días y ya me había establecido donde mi padre vivía. En el vecindario donde mi padre vivía había mayormente hispanos y algunas personas blancas. Ahora mi situación era acostumbrarme a un país donde yo no sabía hablar el lenguaje. El idioma que había hablado toda mi vida era el español. Como en Ecuador ese es el idioma oficial al contrario de los EE.UU donde el inglés es su idioma. Así que cuando ya era hora de que yo ingresara a la escuela, mi papi me inscribió en una escuela donde yo pudiera tomar clases bilingües en inglés y español. Yo aprendí a hablar y escribir en ingles en la escuela desde que yo era chiquita. Para mi aprender inglés se me hizo más fácil porque yo llegué aquí a una edad en que los niños pueden aprender un idioma más rápido. Mi papi pasó dificultades conmigo porque él tenía miedo de que no pudiera aprender el inglés rápido. Además como él había inmigrado a los EE.UU desde Ecuador él no sabía hablar el inglés tan bien. Pero gracias a Dios pude aprender inglés. Aprender inglés fue un paso muy importante para poder estar en los EE.UU. Sin embargo, el hecho de mi papi haberme traído a la ciudad de Nueva York, de cierta manera hizo que no tuviera algo que considero que es importante: mi madre. Como me vine de cinco años para los Estados Unidos no tenía establecida una relación con ella, además ni mi padre, o ningún otro, hizo que yo la llamara para mantenerme en contacto. Me acuerdo que veía a niñas con sus mamás paseando y yo deseaba hacer eso con una mamá, entonces la relación con ella al pasar de los años se fue haciendo más lejana que nunca. Gracias a Dios que siempre tuve a mi ñaña para ser mi ejemplo a seguir y por cuidarme siempre y darme los consejos que necesitaba. Esencialmente mi ñaña fue la que me crio a mí y soy lo que soy por su buen ejemplo y enseñanzas. –Ana

–Imagínese caminando por la calle un día en diciembre. Pasas al lado de un señor y notas que no tiene chamarra; ¿qué piensas de él? ¿Será pobre o nada más loco? Lo que no viene a la mente es que es inmigrante. Así le pasó a mi papá cuando recién llegó a los Estados Unidos. Iba caminando por la calle un día en diciembre, cuando una señora se lo quedó mirando porque estaba nevando y él nada más tenía una camiseta puesta, pero no le ofreció ayuda, nada más sus pensamientos críticos. Apenas había salido del trabajo, un trabajo duro y laborioso; iba a su casa, bueno el edificio donde él se quedaba. Las condiciones no eran lo mejor pero como era inmigrante ilegal no podía quejarse. Mi papá estuvo en los Estados Unidos por cinco años, mientras que mi mamá, mis tres hermanas y mis dos hermanos se quedaron en México. Durante el tiempo que mi papá estaba aquí, le mandaba dinero a mi mamá. Por supuesto que le tomó tiempo para recoger el dinero, dado que no tenía mucho. Después de los cinco años, mi papá volvió a México. En ese tiempo ahorró dinero para volver a los Estados Unidos, pero esta vez se los iba a llevar a todos. Entonces comienza la larga historia de mi familia. "Cruzar la frontera era muy difícil" decía mi mamá, "pero lo que más me dolió fue ver como mis hijos sufrían." Mi mamá nos cuenta que cuando cruzaron la frontera se había perdido una de mis hermanas, "sentí que mi mundo se había caído" dijo mi mamá. Afortunadamente mi tío la encontró al lado de una zanja. Las familias de mis dos tíos pasaron con mis papás, entonces esto se hizo más difícil todavía para todos. Llegando ya a Texas los llevaron a una casa muy bonita, llana de campos grandes. En ella los escondía el coyote, pero no nada más a mi familia, sino también a otras tantas. Nos contaba mi mamá que había tantas familias en un solo cuarto que todos estaban sudando por el calor corporal. Mis papás y mis hermanos se quedaron allí por una semana; durante esos días mi familia pasaba hambres y humillaciones. "los hombres", decía mi papá, "se los llevaban a trabajar en el campo y sin paga." A las personas las turnaban, a cierta hora se llevaban un grupo y después regresaban y recogían a los otros. Si no iban a trabajar no les daban de comer ese día, ni a ellos, ni a su familia. A mi mamá, siendo mujer, la ponían a cocinar o limpiar la casa y no solamente a ella sino a todas las mujeres, incluso a la gente mayor. Los niños en cambio los ponían en el sótano para que jugaran y no molestaran. A mi papá le tocaba ir en la tarde; él se iba a la una y regresaba a las nueve de la noche; ese era el último turno. Cuando le pregunté a mi mamá que es lo que más recuerda de esa casa, ella me contestó: "Cuando tu hermano Arturo tenía hambre y yo no tenía nada que ofrecerle. Después pasó un rato y la señora de la casa se sentó a comer. Mi hermano nada más se la quedó mirando; él apenas tenía cinco años y no sabía lo que hacía, fue hacia la señora, extendió sus manitas una sobre la otra y le pidió a la señora: "señora me puede dar un poquito de su comida." La señora lo miró con una sonrisa y le respondió: "No" y lo empujó al piso. Mi mamá dice que en ese momento le quería decir sus cosas a la señora pero no podía. Mi hermano se fue a dormir llorando y con hambre; sin saber que ese día no sería el último que se fuera a dormir con hambre. Conforme pasaban los días mi mamá se moría de dolor de ver a sus hijos llenos de tierra y sus estómagos vacíos. La señora era muy cruel con todos. Un día les exigió a todos que le dieran mil pesos mexicanos para ir a comprarles comida, si no le daban el dinero no comían. Mi tío habló con el coyote y le contó lo cruel que era la señora con todos. El coyote le habló a la señora y le dijo que mañana en la tarde se iba a llevar a toda su gente. Al día siguiente se los llevaron a todos y los colocaron en diferentes casas; esta vez no estaban tan amontonados porque nada más eran mis tíos, mis primos, mi mamá y mi papá con mis hermanos. Mi mamá dice que este señor de la nueva casa era muy buena gente. Él vivía con su esposa y su hija; como ellos trabajaban todo el día, ellos les explicaron que no tenían tiempo para cocinarles, entonces que no dudaran en agarrar la comida que estaba en la casa, igual con la estufa. Dice mi papá que cuando llegaban del trabajo que siempre traían aunque fuera una bolsa de pan con leche. Mi hermana me contó que le encantaba estar ahí porque cada sábado la señora hacía atole o chocolate con pan dulce para todos. Después mis padres junto con el resto de la familia llegaron a la ciudad de Nueva York. Un señor que conocía mi papá los fue a recoger y los trajo a la ciudad de Newburgh; como mi papá ya había estado aquí, se estableció un poco. Entre él y mis otros tíos, los que ya estaban aquí rentaban un apartamento pequeño. El apartamento tenía la sala, la cocina, el baño y dos cuartos. En ese apartamento vivió mi familia de siete, la familia de tres de mis tíos y dos hombres amigos de la familia. Cuando ya todos empezaron a trabajar, se fueron saliendo del apartamento una familia a la vez. Mis papás encontraron un apartamento pequeño, se mudaron y dice mi mamá que se sentía feliz porque ella estaba viendo cómo llegaron aquí sin nada y que en ese tiempo tenían un lugar que era solo de ellos. Mi mamá me explicó que nunca antes de ese día habían tenido un hogar donde solamente vivieran ellos. Mi papá dice que al final no necesitaba la limosna de esa señora que iba pasando por la calle cuando él pasaba frío, pues él supo salir a delante con la ayuda de la familia; me dijo que aunque él no tuviera una chamarra en el medio del invierno lo que él en realidad necesitaba era el calor de la familia. – Carmen

–Mi padre como todo inmigrante vino a los EE.UU con el sueño americano cuando tenía 25 años. Él quería que su familia tuviera una mejor vida y decidió que venir a los EE.UU haría de su sueño una realidad. Cuando él vino tuvo muchos obstáculos y uno de esos fue el idioma. Él no sabía nada de inglés y para el poder trabajar aquí él necesitaba saber el idioma. También él no tenía a ningún familiar aquí sólo amigos que conocía. Cuando vino él tuvo que dormir en un sofá en el apartamento de un amigo que tenía en la ciudad de Nueva York. No era fácil pero como no tenía ningún trabajo y donde quedarse esa fue la mejor opción. Él me dijo que la manera que llego a los EE.UU fue por tierra. Vino por la frontera de México y al cruzarla tuvo que sobrevivir a muchas experiencias difíciles mientras trataba de evitar que "la migra" lo descubriera. La primera vez que él trató de venir acá por avión como turista desde Costa Rica no le funcionó porque le dijeron que no tenía el dinero suficiente para quedarse. Entonces lo deportaron al Ecuador. A pesar de no haber logrado venir a EE.UU mi papi decidió venir por segunda vez pero no desde la misma ruta que él había tomado si no otra diferente. Gracias a esta ruta él pudo cruzar la frontera de México. Mi papi tuvo mucha suerte porque cuando llegaron a la frontera en la camioneta que les traía el coyote, unos hombres los pararon y les robaron a él y a las otras personas con las que venía, todas sus pertenencias. Algo que me partió el corazón fue cuando me dijo que los ladrones se llevaron a las mujeres al monte y lo más seguro es que las violaron. Eso como mujer me hace sentir mal porque el tener que vivir eso es algo terrible y bien horroroso. Mi papi continúo diciéndome que ellos decidieron quedarse ahí hasta que amaneciera y de ahí poder buscar ayuda. Un hombre por ahí les dijo dónde ir pero justamente por ahí estaban andando oficiales de inmigración y les dijo que tuvieran cuidado. Este hombre le dijo a mi papi a donde ir para poder informarles a las personas que los estaban esperando en la ciudad de Nueva York. Todos los del grupo eligieron a mi papi para que fuera al pueblo que quedaba a pocos minutos de donde estaban. Cuando mi papi regresó donde estaban las personas con las que vino, el mismo hombre que le dijo a qué pueblo ir le dijo que los oficiales de inmigración los habían encontrado y se los llevaron. Mi padre tuvo mucha suerte que no se lo hubieran llevado a él y pudo venir a los EE.UU. Ya estando aquí consiguió trabajo en factorías y en construcción demoliendo edificios hasta que pudo ubicarse en una profesión estable de cocinero en hoteles y restaurantes. El saber todo lo que mi papi tuvo que pasar me hace reconocer todo el sacrificio y los obstáculos que él ha asumido por nosotros, sus hijos. Siempre valoro todo lo que mi papi hace por mí y mis hermanos. Él ha sido un hombre bien luchador que siempre está ahí para darnos lo mejor a nosotros y ayudarnos. Mi padre tiene un trabajo de tiempo completo como cocinero en el hotel Warwick y su otro trabajo de medio tiempo poniendo etiquetas en el periódico "The Wall Street Journal" y después repartiéndolo a los edificios. Antes de trabajar con el "Wall Street Journal" él trabaja en el periódico del "New York Times" y también ponía etiquetas pero esta vez él tenía que repartir el periódico puerta por puerta. Él nos llevaba a mí y a mis hermanos para que aprendiéramos a trabajar desde pequeños y le ayudáramos. Nos íbamos con él en la madrugada y acabábamos como a las nueve de la mañana o más tarde si el clima era bien malo como la nieve o lluvia. A través de este trabajo en el periódico pude ver todo el sacrificio que hacía por nosotros. Un recuerdo que tengo recientemente sobre lo que le dijo el jefe a él, fue un día que mi padre le había pedido vacaciones porque se iba a ir a el Ecuador y el jefe le respondió: "¿haces mucho dinero que te estas tomando muchos días de vacaciones?" Lo irónico es que lo que él le pagaba ni si quiera era justo. Al escuchar eso me enfureció mucho que alguien tratara así a mi papi. Ver como las personas pueden ser tan ignorantes me da ganas de tener un buen futuro y ayudar a mi papi. Como mi papi no pudo tener un nivel de educación muy avanzada él quiso que mis hermanos y yo estudiáramos para que no tuviéramos que pasar por las dificultades que él tuvo que pasar. Él siempre ha querido que nosotros nos superemos. Como todo padre hispano nos quiere ver triunfar a través de la educación y un buen trabajo para que podamos prosperar en nuestra vida. – Ana

–Cuando pienso en mi época de niña y recuerdo a mis padres, veo que ellos eran muy trabajadores y pasaron momentos difíciles. Los dos llegaron a los Estados Unidos cuando tenían sus diecisiete años pero llegaron separados. Primero llegó mi madre y después de unos meses llegó mi padre. Llegaron como inmigrantes y por ser así, lucharon mucho para tener una vida mejor. Por ejemplo, mientras pasaban los años, mis padres iban a sus citas de inmigración constantemente. Mis hermanos y yo los acompañábamos porque a veces el abogado platicaba con nosotros también. Siempre me daban nervios cuando íbamos a estas citas porque había pura gente mayor y mis padres se comportaban de una manera muy seria. Las citas se llevaban a cabo en la sala del tribunal y la jueza se sentaba en la parte delantera de la sala. Mis padres tomaban sus asientos y el abogado tomaba su asiento a lado de ellos. Mis hermanos y yo nos sentábamos en los bancos detrás. Dependiendo del juez que les tocaba a mis padres, a veces solo tardaban unos quince minutos en estas citas. Después de pocos meses, mis padres tuvieron que regresar a la ciudad para la próxima cita. Así se mantuvo esté proceso por muchos años. Era muy costoso y a veces era incluso una pérdida de tiempo porque no les decían nada. Cuando mis padres llegaron a los Estados Unidos, no sabían nada de inglés. Nunca tomaron ningún curso ni clases de inglés estando en este país. De cualquier manera, con el tiempo aprendieron muy bien el idioma. Por eso estoy muy orgullosa de mis padres. Trabajaron muy duro para salir adelante y llegaron muy lejos. A veces se quejaban de su experiencia como inmigrantes porque cuando recién llegaron, no era lo que esperaban. Mucha gente les decía que la vida era mucho mejor y que el trabajo era muy bueno. Como mis papás llegaron muy chicos, era más difícil de lo que esperaban. Tuvieron que empezar desde abajo y trabajar su camino hasta arriba. Sus primeros trabajos no eran tan buenos y no ganaban tanto, pero con el tiempo, aprendieron muchas cosas y buscaron puestos mucho mejores. Aunque se acostumbraban poco a poco, mis padres siempre estaban preocupados que la policía de inmigración se presentara a su trabajo para detenerlos. En aquellos días, inmigraba mucha gente de varios países extranjeros, pero en especial, de México. Siempre había un problema debido a esto y a cambio, "la migra", como le llamaban los inmigrantes a los federales encargados de la inmigración ilegal, llegaba a muchos puestos de trabajo sin previo aviso para arrestar a muchos trabajadores indocumentados y enviarlos de vuelta a sus países de origen. Mis padres solo estaban buscando una oportunidad para tener una vida mejor y si la migra los llegaba a detener, entonces no iban a tener esa oportunidad. Mi mamá me contó que cuando trabajaba en la fábrica de tortillas, los policías de inmigración la llegaron a detener un día. La llevaron a la delegación y ahí le dijeron que tenía que regresar a México en un mes. En vez de irse, se quedó a escondidas. Si regresaba a México iba a tener que pagar mucho dinero para volver a llegar a los Estados Unidos. Todavía estaba endeudada de su primera llegada entonces, tomó la decisión de quedarse, aunque supo que iba ser muy difícil. Se quedó sin trabajo por un tiempo para que no la volvieran a encontrar. Después de un tiempo, una de mis tías le consiguió el trabajo de empaquetar pantimedias. De esa manera fue como mis padres se conocieron, debido a que mi tía los presentó. Cuando al fin se casaron, mis padres consiguieron un abogado para resolver el problema de estar ilegalmente en los Estados Unidos y así, mi mamá ya no tuvo que preocuparse tanto. Otra preocupación de mis padres era una posible enfermedad de mis abuelitos. La preocupación mayor de mis papás era qué hacer si se llegaban a enfermar mis abuelitos. Mis papás tenían mucho miedo de que les pasara algo muy grave a mis abuelitos y a la vez, no poder ayudar por estar tan lejos de ellos. Mis padres les mandaban dinero para que se compraran sus medicinas, lo único era que no podían estar con ellos físicamente para ayudarlos a recuperarse pronto. Por suerte, nunca llegué a escuchar que mis abuelitos se hayan enfermado gravemente. A veces, lo peor que sufrían era el resfriado común o gripe. Mis padres también tuvieron dificultades para cuidarse de su salud. Como estaban en el país ilegalmente, no tenían seguro de salud para cuidarse. Podían ir al doctor cuando quisieran pero el problema era que iban a tener que pagar mucho dinero por la cita y por las medicaciones que les daban. Por suerte, mi mamá me contó que había un lugar el cual se llamaba "El Álamo". El propósito de esta organización era ayudar a los inmigrantes y atenderlos cuando estaban enfermos y cuando no tenían donde ir para recuperarse. –Sandra

–A pesar de que mi padre iba a hacer este viaje y estaba consciente de los peligros, él tomó en consideración las circunstancias en la que estaba su familia. Mi papá analizo la situación y tomo el riesgo para cambiar su vida y su futuro de su familia. En 1993, viajó por tres a cuatro semanas a pie a través de desiertos, montañas y ríos, hasta que finalmente pudo tocar suelo americano. Cuando llegó a los Estados Unidos trabajó recogiendo naranjas en Florida y emigró a México en los días de fiesta. A mi papá no le gustaba el hecho de que él estaba lejos de su familia por tanto tiempo, pero se necesitaba el dinero. Repitió el mismo proceso por lo menos cinco veces a lo largo de siete años, hasta que un año, el gobierno de los Estados Unidos aceptó su petición para convertirse en un residente permanente. Se le abrió el camino y fue capaz de hacer lo mismo para su familia. En un año él pudo obtener su tarjeta de residencia permanente para él y su familia; fue entonces cuando comenzó el verdadero viaje. Cuando llegamos a los Estados Unidos nos mudamos a la Florida, allí era donde había miembros de su familia de mi papá viviendo en ese estado y mi padre ya conocía su entorno. Mis tres hermanos mayores tenían que elegir entre continuar con su educación o unirse a la fuerza de trabajo, por desgracia, optaron por trabajar. Mis dos hermanas y yo no teníamos otra opción que asistir a la escuela; la escuela estaba a 10 minutos de distancia de nuestra casa. Fue un reto para nosotros asistir a la escuela sin saber ningún otro idioma además del español. Yo no estaba contento de tener que dejar el lugar donde yo crecí.

Sin embargo poco a poco me puse a ver el esfuerzo que mi padre nos había dado, como la educación en los Estados Unidos y un estilo de vida que era mucho mejor y no se compara como al de México. Mi padre conocía los peligros y él lo hizo posible para que pudiéramos tener una mejor calidad de vida. Como mi padre y mi madre no tuvieron la educación que ellos hubieran querido para ellos, entonces la educación para nosotros era importante. –Juan

–Mis papás fueron novios por un año antes de irse a vivir juntos. Ellos no se casaron cuando eran jóvenes. Mi mamá se quería casar pero la mamá de mi papá dijo "para que se van a casar, así están bien". Mi abuelita no quería a mi mamá y no quería que se casaran. Ella decía que mi mamá era poca cosa para mi papá porque su familia era podre. Mi abuela fue la razón porque mis padres no se casaron. Aunque ellos no se casaron, vivían juntos. Tiempo después, mi mamá se embarazo de mí. Cuando mi mamá se enteró que estaba embarazada, mis padres, sus hermanos y mi abuelita decidieron venir a los Estados Unidos. Mi mamá nunca se imaginó que los Estados Unidos era un lugar muy lejano y que iba a ser imposible volver a ver a sus padres; pero mi mamá aceptó irse a los Estados Unidos con mi papá estando cinco meses embarazada. Ella nunca pensó que irse a los Estados Unidos ilegalmente iba a ser duro. Cuando mi mamá cruzó la frontera ella tenía veinte años y mi papá tenía dieciocho años. Mi mamá dice que caminó mucho y se cansaba mucho por el embarazo. Pero cuando estaban a punto de llegar a California, la migra los agarró. Después que los mandaron a México ellos decidieron cruzar la frontera al siguiente día. Aunque mi mamá es una mujer fuerte, hubo un momento en cual ella dejó de caminar y le dijo a mi papá "yo ya no sigo, tu vete, que me lleve la migra, ya estoy muy cansada". Pero mi papá corrió a ella y siguió caminando con ella. Mis papás estaban cerca de llegar a California, lo único que necesitaban era cruzar la cerca que divide Estados Unidos y México. Todos la habían pasado menos mi mamá. Cuando ella estaba cruzando la cerca empezó a llorar. En ese momento ella sabía que no iba a ver a su familia. Miro a su izquierda y vio la vida que ella tuvo, y ella no quiso esa vida para sus hijas. Miro a la derecha y vio el futuro de la vida que llevaba en su vientre. Se quitó las lágrimas que iban por su cachete, miro a su panza y le dijo al bebé "todo esto va a ser para ti, por tu futuro." Ella siguió su camino como si nada hubiera sucedido. Finalmente llegaron los a Estados Unidos. Cuando mis padres llegaron a Estados Unidos en Newburgh, New York, ellos vivían en un apartamento con catorce adultos y siete niños, quiénes eran mis padres, mis tíos, mis primos y mi abuela. Entre todos compartían cuatro cuartos, un baño, una cocina y una sala. La casa era demasiado pequeña para todos pero al principio no tenían dinero y así tenían que vivir. En ese tiempo mi papá no trabajaba mientras mi mamá estaba embarazada, se iba todas las noches con sus amigos. Mi mamá no quiso ese ambiente para el bebé que estaba esperando. Le dijo a mi papá que ella se iba a ir de su lado, pero mi papá le dijo que no y busco un trabajo. Cuatro meses después, mi mamá tuvo una hermosa hija, que soy yo. Meses después mi mamá se dio cuenta que estaba embarazada otra vez. Ella empezó a llorar porque ella no me disfruto como quería. Desde el momento que mi hermana nació mi mamá y mi papá buscaron trabajos para una vida mejor. Mi mamá trabajaba en una factoría de barnices y mi papá en construcción. Aunque ellos trabajan mucho, mis papás no sabían hablar inglés. Tiempo después ellos aprendieron a hablarlo. –Betzabe

–Varios padres inmigrantes tienen una historia, o vida única, llena de sufrimiento que los conecta o es muy similar. Mitad del sufrimiento es tratando de llegar a los Estados Unidos y la otra es consiguiendo una vida estable allí. Hay muchas razones por las cuales los inmigrantes deciden venir a los Estados Unidos; para algunos la decisión de emigrar es por la necesidad de dinero o la seguridad de un barrio menos peligroso para criar sus hijos. Emigrar no es algo fácil y cambia a la persona para siempre. Para algunos emigrar es un proceso muy largo y para otros no tanto. Mi madre alrededor de los 16 años pudo juntar suficiente dinero, con la ayuda de mis abuelos, para obtener una visa y venirse a los Estados Unidos; ella sabía que si iba a los Estados Unidos podría hacer algo mejor de su vida. No estoy muy seguro cuando mis abuelos vinieron a los Estados Unidos, pero emigraron antes de mi madre; mi abuela y abuelo cruzaron la frontera con un coyote que lleva a personas de un país a otro sin documentos. Mis abuelitos cuentan que pasaron dos meses con bastante hambre, frio, miedo y sed pero estaban determinados a tener una mejor vida así que continuaron a los Estados Unidos. Al llegar ellos pasaron todo su tiempo trabajando y mandándole cosas a mi madre y tío para que no sufrieran. En el Perú mi mamá solo estudiaba y trabajaba, al igual que mi tío, mientras se quedaban en un apartamento. Mi tío emigró a pie, entretanto mi madre tuvo el gusto de tomar un avión. Ellos llegaron a un lugar llamado Sullivan County; aquí los dos fueron recogidos por mi abuelita. Al llegar, mi mami encontró todo muy extraño. El cielo estaba tan azul que ella por fin pudo distinguir las nubes del cielo; en el Perú nunca sabía cuándo había nubes, o no, porque el cielo siempre se veía gris. Muchas factorías están localizadas en el Perú y no les importa la naturaleza resultando en polución. Ella nunca había visto tantos árboles en un lugar además ella nunca había estado en un casa totalmente construida. En el Perú muchas veces las casas no tienen un techo porque así en el día la luz entra. A mi mamá también le tomó mucho tiempo acostumbrarse a las tradiciones en los Estados Unidos pero mis abuelitos la ayudaron con eso y asimismo establecerse dejándola quedarse en su casa. Las tradiciones en los Estados Unidos son muy diferentes a las del Perú; las personas en los Estados Unidos saludan con la mano mientras en Perú se saluda con un abrazo y un beso en la mejilla. Mi madre no entendía las costumbres americanas para nada pero con tiempo comenzó a adaptarse. Ella no sabía que esto solamente era el comienzo. La primera semana de haber llegado mi madre empezó a tener síntomas de una persona embarazada; ella se hizo una prueba de embarazo y salió positivo, estaba embarazada de mí. Mi madre no sabía que iba a ser una madre soltera cuando emigró. Un trabajo muy duro que tuvo mi madre inmediatamente fue criarme. Mi padre se había quedado en el Perú por razones que hasta hoy día no sé. Ella nunca se quejó o arrepintió de tenerme, más bien, ella encontró motivación y continúo luchando. Ella me tuvo antes de haber empezado la secundaria y para que ella tuviera una educación, mis abuelos la ayudaron criarme; por las mañanas mis abuelos me cuidaban y por las noches mi madre me cuidaba mientras trabajaban mis abuelos. Mi madre logró graduarse de la secundaria pero por no tener papeles legales, no la dejaron asistir a la universidad. Ella se graduó con honores y hasta tuvo una beca para ir a la universidad de SUNY Oneonta. Trabajadora no es la palabra exacta para definir a mi madre pero si es una porción de lo que la define. –Kyle

–Mis padres se vinieron a los Estados Unidos el 13 de mayo 1980. La razón mayor por cual se vinieron fue por mi tío Camilo; él es el mayor de la familia por el lado de mi mamá. La familia de mi mamá no era pobre, pero mi abuelito estaba enfermo durante ese tiempo. Él era el que ponía la comida en la mesa. Siendo el nuevo hombre de la casa, Camilo se vino para los Estados Unidos en el año 1977 para ahorrar dinero y para mandarlo a Colombia y así poder comprar la medicina de mi abuelo. Mi tío se enamoró de Nueva York aunque estaba trabajando casi noventa horas a la semana. Llamaba a su familia cada semana y les contaba que había muchas oportunidades en los Estados Unidos. Si estaban dispuestos a trabajar duro, podían ser exitosos aquí. Nadie le creyó a mi tío y todos estaban satisfechos con quedarse en Colombia. No fue hasta el 1980 que mi mamá contempló la idea. Desafortunadamente, mi abuelo se murió en el año 1979. Mi mamá tenía una relación muy cercana con él y lo quería mucho. Cuando él se murió, mi mamá cayó en una depresión tremenda. No se pudo recuperar de la muerte de mi abuelo tan rápido como el resto de la familia. Después de un año, mi madre seguía deprimida y no estaba mostrando síntomas de mejorar. En este momento, mis padres ya habían estado casados casi tres años. Un terapista que mis padres consultaron les dijo que mi mamá necesitaba un nuevo comienzo. Esto le dio la idea a mi madre de mudarse para los Estados Unidos. Mis padres estaban en una situación muy difícil. Mi papá tenía un trabajo muy bueno en el departamento de costos en la compañía Alpina. Mi mamá también tenía un trabajo estable como secretaria en la compañía Postobón. Después de mucho pensamiento, los dos decidieron que era para lo mejor si se mudaban para los Estados Unidos. Vendieron su casa y usaron todos sus ahorros para hacer el viaje. Sé que llegaron ilegalmente aquí, pero de alguna manera llegaron en avioneta. Mi abuelo había trabajado en El Tiempo, un periódico de Colombia y su compañero de trabajo les preparó el viaje a mis padres. Era un hombre misterioso, entonces me imagino que tenía conexiones. De cualquier manera, mis padres llegaron a Nueva York en el año 1980. El hijo de mi tío Camilo, Michael, nació el mismo día que ellos llegaron. Mi tío Camilo les dio la mano a mis padres mientras se situaban en Nueva York. Él, su esposa, mis padres y Michael vivían juntos en un apartamento pequeño en Flushing. Mi padre consiguió trabajo en una fábrica y mi madre ayudó a mi tía Aidé con Michael mientras ella se recuperaba. Fue un nuevo comienzo, pero definitivamente una vida más difícil que la que tenían en Colombia. Yo respeto y admiro mucho a mi padre por aceptar la decisión de venirse a los Estados Unidos para que mi mamá se mejorara. Criar a Michael le dio a mi mamá un nuevo sentido de propósito. Se mejoró y mis padres decidieron que querían su hijo propio. Mi hermano Andrés nació en 1981 y mis padres se mudaron para un estudio en Jamaica, Queens. La fábrica donde trabajaba mi padre le quedaba muy lejos después de que se mudaron, entonces encontró trabajo vendiendo filtros de agua y cursos de inglés. Irónicamente, mi papá no podía hablar ni una palabra de inglés. Como en muchas familias hispanas, mi mamá se quedaba en la casa criando a Andrés, cocinando, limpiando y haciendo todo el trabajo de la casa. El área donde quedaba el nuevo estudio no era muy buena. Mis padres no querían que mi hermano se asociara con malas influencias. Por eso, cuando Andrés tenía seis años, lo inscribieron en una escuela privada. Para pagar la renta y la matrícula, mi padre consiguió trabajó como taxista en la ciudad de Manhattan. Mi madre también empezó a trabajar en una fábrica de cosméticos para ayudar con los gastos. Ambos estuvieron en estos trabajos por más de diez años, nunca quejándose de la dificultad de la situación. – Roberto

–En el lugar donde vivo yo digo que sí ha habido problemas raciales y de discriminación. Hace unos años empezó a haber mucha "migra" (policía migratoria) por donde vivo. Entiendo que ellos estaban allí porque hay muchos indocumentados en esa área, igual que en las granjas. Pero lo que yo pienso que está mal es que cada domingo pasaban y pasaban por la iglesia donde teníamos nuestra misa. La gente ya no quería ir a misa porque tenía miedo que la policía se los llevara. Un tiempo después un grupo de americanos se juntaron y se organizaron. Ellos se paraban afuera de la iglesia para vigilar a "la migra" porque se suponía que no deberían estar allí agarrando gente. Ellos también empezaron a organizar marchas contra lo que estaba pasando en nuestra área. Conocí a un señor que organizaba esto y después yo le iba ayudando con decirle a la gente e informales de las cosas que estaban pasando. Esto me causó gran interés, tanto que el 21 de marzo me fui para Washington D.C. para una gran marcha sobre la reforma migratoria. –Marisa

LAS ESCUELAS

Las historias que toman lugar en las escuelas públicas revelan problemáticas y éxitos similares para estos muchachos de segunda generación. Empiezan presentando deficiencias en sus habilidades lingüísticas, son reforzados a través de programas especiales o

115

atención individualizada, lo cual generalmente los lleva a conocer maestros dedicados y comprometidos con su trabajo. Estos maestros son en gran parte los generadores del éxito que los muchachos hayan tenido en el trascurso de su vida escolar. La importancia del apoyo didáctico para estos estudiantes bilingües y biculturales es fundamental pues en la mayoría de los casos los padres no se involucran directamente con las tareas de sus hijos, ya sea por su incapacidad debido a su baja escolaridad y no tener habilidades comunicativas en inglés o por sus largas jornadas laborales para poder mantener así a su familia. Sin embargo, la importancia dada a las actividades escolares parte desde el hogar de cada uno de ellos. Sus padres enfatizan en la responsabilidad de asistir y salir bien en la escuela. Las actividades extracurriculares como el fútbol y los clubes de español hacen parte de una rutina común que les ayuda a crecer, a descubrir e interesarse por el mantenimiento de su cultura y lengua latina.

–Académicamente, he tenido mis debilidades y fortalezas. Antes de llegar a octavo, en séptimo grado me clasificaron con deficiencias en mis estrategias de lectura y escritura. Esta decisión por parte de mis maestros hizo que mi autoestima bajara y creó cierta inseguridad en mí. Noté que mi mamá no entendía muy bien lo que ocurría con mis estudios. Ella tampoco tenía tiempo para sentarse y ayudarme a mejorar mis habilidades. Pero yo no la juzgo, yo entendía que todo lo que hacía era por el bienestar de las dos. En la escuela iba a clases de ayuda adicional con Mrs. Langham. Éramos cinco estudiantes en la clase, ella siempre sabía que decidir cuándo enfrentábamos dificultades; su motivación por ayudarnos, nos alentaba cada vez que íbamos. Personalmente me sentía "bruta" a veces; mis compañeros recibían calificaciones mejores que yo, a veces se sentía como una competencia. A pesar de mis bajas calificaciones, no me restringieron de tomar parte de las clases de honor cuando entré a noveno y décimo grado. Composición avanzada, con Mrs. Marshall en décimo, me enseñó el significado del esfuerzo y dedicación. Cuando teníamos que escribir ensayos, me demoraba horas por las noches para completarlos. Mi inhabilidad para expresarme en la escritura ha sido un obstáculo, pero pude pasar clases de inglés con notas altas durante todos mis años escolares por la ayuda que recibí de otros profesores. Mi profesor de inglés, Mr. Napp, durante mi último año en la escuela secundaria, siempre me aseguraba que lo único que necesitaba en mis escrituras era la confianza que yo tenía que conseguir por mí misma. Además de preocuparme de mis habilidades y rendimiento escolar en la secundaria, me inquietaba como iba a ser la experiencia cuando entrara a la universidad. En mi vida actual, las clases que tomo en la universidad me han ayudado a elaborar mi estilo de escritura. –Vanesa

–No era nada especial esta casa en Washingtonville, pero era suficiente para ser la primera. Tenía dos cuartos uno para mí y uno para mis padres y mi hermana. En la misma calle estaba mi pre-escolar. No puedo olvidar esta escuela era tan divertida y allí aprendí el alfabeto en inglés. Uno de mis recuerdos muy especiales fue cuando aprendí la canción "I am a little tea pot". Cantaba y bailaba esta canción cada momento que podía. En esta escuela también tuve a mi primera mejor amiga, Beatrice. Pero Beatrice no era de Washingtonville y cuando empezamos kindergarten nunca nos volvimos a ver. Pienso que no puedo recordar kindergarten porque no fue una buena experiencia. Mi profesora era tan estricta y antipática que en vez de aprender me estaba olvidando todo lo que aprendí en el pre-escolar. Solo tenía chicos de amigos. En ese año me encantaba "Dragon Ball" y "Spiderman". Yo siempre quería vestir como un chico y jugar cartas de "Pokemon". Pero todo eso cambio cuando nos mudamos otra vez. Empezar el primer nivel fue muy difícil para mí. Yo podía hablar inglés muy bien, pero como manejaba tres idiomas en casa, se me hacía muy difícil aprender a leer en inglés. Constantemente mezclaba los sonidos de las letras y muchas de éstas tenían diferentes sonidos en cada lengua. El distrito no quería que yo estuviera en esta escuela porque no tenían ESL. Recomendaban que yo fuera a una escuela en New Windsor con otros hispanos. New Windsor queda a cuarenta y cinco minutos en coche de mi casa y Montgomery Elementary está a cinco minutos andando. Mi padre trabajaba en Nueva Jersey y mi mamá tenía que cuidar a mi hermana menor entonces no era posible que yo pudiera ir a esta escuela. Mis padres tuvieron que luchar con la administración de la escuela para dejarme estar en las mismas clases. Ellos querían que yo tuviera amigos aquí y si estaban pagando los impuestos para una de las mejores escuelas de primaria, ellos querían estar seguros que yo pudiera asistir a la escuela del pueblo. Para quedarme en esta escuela tuve que ir todos los días después de clase a otra clase para practicar lectura. Estuve durante un año sola con una mujer muy vieja y estricta. Era muy difícil pero cuando terminó ese "martirio" educativo, yo era una de las mejores en mi clase. Todavía estoy muy avanzada en lectura. No me gustaba estar en la escuela y a mis padres tampoco. No había otros hispanos y si no eras parte de la asociación de padres de familia no eras importante para el profesorado de la escuela. Mis padres trabajaban y no tenían tiempo para hacer muchas cosas para la escuela. Asistían a todos mis conciertos y ceremonias pero para ir a estas reuniones no tenían tiempo porque para ellos no eran importantes. En Montgomery todos son ricos y las madres no tienen que trabajar y pueden estar en casa con los niños, sin embargo cuando mi hermana empezó la escuela mi madre no quería estar en casa haciendo quehaceres domésticos nada más. En Montgomery si eres diferente eres un extranjero. Nos parecíamos a ellos pero éramos muy diferentes. En casa hacíamos las cosas diferentes, comíamos comidas diferentes y por un tiempo hablábamos una lengua diferente. Mi tiempo en la escuela de primaria fue muy difícil pero siempre tuve buenos amigos. Aunque estudiar medicina llegó a ser muy importante para mí nunca dejé el español en la escuela secundaria. Durante mis cuatro años en Valley Central High School saqué un cien en mi examen "regent" en español, recibí una A en las dos clases universitarias y era el Presidente de la sociedad española de honor. En esta posición organicé la ceremonia de inducción del club, organicé la recaudación del día de San Valentín y diseñé y vendí camisetas con el logo del club. La profesora, Mrs. Crisa, era una de mis mejores amigas y ella me dijo que hacer esta clase de español como lengua heredada era una gran idea y que tenía el potencial para tener éxito. En los cuatro años en esta escuela fui a España tres veces y cada vez tenía más y más amigos y familia con la que yo quería mantener el contacto. Por eso también decidí continuar mi español en la universidad porque tengo mucha gente con la que quiero comunicarme. –Yarden

–Cuando yo era chiquita yo no fui a la guardería hasta el último año de la guardería, es decir como a los cuatro años. Después comencé el kínder. La única maestra que me acuerdo es de Ms. Lambert porque ella era nuestra maestra de ESL, inglés como segunda lengua. Yo me escondía debajo de la mesa para no irme a casa porque yo quería quedarme con mi maestra del kínder. Los únicos amigos que tenía eran mis dos primos que siempre me hacían burla porque no tenían el mismo apellido de ellos que era "González." De allí empecé a tener amigos americanos porque los niños Hispanos se burlaban de mí por no hablar el español bien. Los niños americanos me ayudaban para poder hablar el inglés mejor. En mi escuela no había nadie que me ayudara a hablar o practicar mi español solamente en mi casa pero mi papá me hablaba en inglés mientras mi mamá me hablaba en español. Yo entendía a mi mamá pero no sabía cómo responderle correctamente. En mi escuela los únicos niños que hablaban español eran unos mexicanos y nada más eran como unos 5 niños y ellos no hablaban mucho. Mi familia y yo lo hablábamos, pero también era rara la vez hasta cuando mi mamá nos dijo que nos íbamos a ir a México entonces practicábamos el español más y más cada día. En mi high school la mayoría eran blancos o americanos y la minoría eran hispanos. Yo no me llevaba con los hispanos porque ellos me hacían burla por el acento que tengo cuando hablo entonces yo los hacía a un lado y tenía amigas que eran americanas o blancas. Ellas no me trataban mal pero si había otras muchachas que eran muy racistas contra mí pero nunca les hacía caso. Si yo pudiera cambiar mi historia sería las peleas y las escapadas de la escuela, también las locuras que hice cuando estaba en la escuela, pero por alguna razón eso me pasó para que yo aprendiera mi lección. – Jennifer

–Nada más vivíamos mis primos y yo en la casa, pues yo iba a una escuela diferente. Desde el kindergarten asistí a la escuela católica. Siendo hija única, mis papás trabajaron muy duro para darme una buena educación, no confiaban en la escuela pública especialmente en una ciudad muy grande. Era un estudiante promedia y muy floja. Mi mamá me regalaba juguetes si sacaba notas altas y eso me daba ánimo para continuar los estudios. Para no hacer la tarea, yo me dormía para que mi mamá la hiciera. Mi mejor amiga Jessica era una motivación en la escuela porque me daba retos y como mi ego era muy fuerte yo los hacía. Nuestra maestra Sra. Mirella nos hacía copiar párrafos del libro y hacíamos competencia, la que terminara primero ganaba. Yo quería ser una autora y quería escribir sobre mis aventuras sobre el mundo. Mis papás me apoyaban pero sabía que no era lo suficiente. Ellos querían que eligiera algo más importante como una abogada o una doctora. Desde entonces mi objetivo era ganar su orgullo y hacer lo que fuera necesario para lograrlo. Cuando era niña, mis amigas Jessica, Jana y Patricia hablábamos del futuro. Imaginábamos un mundo sin reglas. Hablábamos de tonterías, como sería nuestro primer beso, que pasaba en la televisión, hacíamos burla de los maestros especialmente nuestro maestro del tercer grado! Señor Arten tenía problemas psicológicos! No sabíamos de discriminación porque nuestra escuela era muy diversa. Nunca nos maltrataron y siempre nos decían: "trata a los demás como te gustaría ser tratado". En la escuela católica usábamos uniforme y estudiábamos lo básico y la religión. Rezábamos en la mañana, antes de comer y cuando terminaban las clases. –Adriana

–Las actividades frecuentes en las que me involucraba también se fueron transformando. Una actividad que empecé hacer era jugar al futbol. Comencé a jugar en el octavo grado con mi hermano. No éramos muy buenos al comienzo pero mejoramos mucho a medida que pasaba el tiempo y asistíamos a la práctica. Después de ese año empecé a jugar con el equipo de mi escuela. Allí hacía ejercicio y también noté diferentes organizaciones que tenía la escuela. Entonces hice parte de diferentes organizaciones. Una organización en la cual me inscribí fue la del club de español. Hacíamos diferentes cosas como servicio comunitario, eventos culturales y ayudábamos con eventos en la escuela. Estuve en la organización por dos años. Otra organización en la que entre fue en "National Business and Marketing Honor Society." Esta organización era para los estudiantes que se habían inscrito y pasado tres clases de negocio. La organización me ayudó a ganar una beca de la escuela. El futbol y las organizaciones me ayudaron a hacer amigos y en el fútbol es donde encontré a mi mejor amigo. No teníamos nada en común pero cuando jugábamos se nos olvidaban nuestras diferencias. Él no tenía que trabajar, o cuidar a sus hermanos. El me ayudó a convertirme en el adolescente que ahorita soy; él me presentó a otros muchachos y eso me ayudó a interactuar con diferentes personas. También comencé a hablarles a personas del sexo opuesto. Allí conocí a diferentes personas y me dieron la oportunidad para aprender sobre diferentes culturas y diferentes lugares donde no podía ir. Pasaba más tiempo fuera de la escuela paseando con amigos y haciendo diferentes actividades. Cuando iba a la escuela veía que tenían ropa diferente a la mía y quería usar lo mismo que ellos y otro aspecto que cambió fue la manera como me vestía. En la primaria me gustaba usar ropa de cualquier marca y no me importaba lo que pensaran de mi ropa, pero cuando llegué a la secundaria tenía que usar ropa de marca. Me importaba lo que dijeran mis amigos de lo que llevaba puesto. Las otras personas influían mi comportamiento, desde el vestuario, hasta mis selecciones de actividades y comportamientos en general, eso es precisamente la adolescencia y yo era un muchacho como cualquier otro. Aunque algunos de mis comportamientos cambiaron cuando me sentía como un adolescente, mi mentalidad no cambió. Desde que cumplí once años mis padres me decían que tenía que seguir mis estudios para poder tener una vida más fácil a la de ellos. La mentalidad de ir más lejos en mis estudios que mis padres se mantuvo conmigo desde la primaria y secundaria. En la secundaria pensaba más sobre mi carrera y lo que podría escoger y seguir para así poder ayudarles a mis padres. De tal manera que desde muy temprano me inscribí en clases universitarias mientras terminaba la secundaria. Cuando me inscribía en esas clases siempre pensaba que lo estaba haciendo para que tuviera una vida mucho mejor a la que tenían mis padres. Entonces cuando cumplí dieciséis años averigüe sobre las universidades a las que quería inscribirme. –Adolfo

–Mientras ayudaba en la casa, yo también asistía al bachillerato llamado "Ichabod Crane". Mis padres siempre me decían que la escuela era lo primero que lo demás. Recuerdo que me quedaba cada martes y jueves en la escuela para que los maestros me ayudaran un poco más. Yo estuve en el equipo de fútbol de la escuela. Yo jugaba la posición de defensa porque no me gustaba correr mucho. Todos los días después de las clases teníamos que correr y practicar para los juegos. Aparte de estar en el equipo también participaba en otras actividades por ejemplo: el club de español y el club de reciclaje. En el club de español hacíamos ofrendas para navidad para las familias más necesitadas. A mí me gustaba forrar los regalos. En el club de reciclaje todos los viernes recolectábamos botellas de cada clase. Me gustaba hacer esto porque salíamos temprano de la clase para juntar los botes. A mí siempre me ha gustado hacer servicios de caridad. No todo era trabajo y clases, los fines de semana salía con una de mis mejores amigas llamada Kayla. Ella y yo hemos sido amigas desde niñas. Su madre tenía una tienda Mexicana donde yo vivía. Nosotras a veces nos quedábamos en la tienda cuando su mamá no estaba. Otra cosa que nos gustaba a las dos era jugar fútbol en el parque o ir al cine. Las dos estábamos en el equipo de fútbol de la escuela. Mi escuela jugaba contra su escuela y siempre le ganábamos. Kayla ha sido mi amiga confidente, nos contamos nuestros secretos. La considero como otra hermana. –Jasmine

–En el tiempo que tenía trece años empecé a jugar fútbol con el club del pueblo donde vivía. Mis amigas en ese tiempo Marcela, Kate y Jamie me convencieron para que postulara para el equipo. En ese tiempo yo no sabía nada de futbol. Ese verano del dos mil ocho mis primos de México me enseñaron a jugar. Mis primos Carlos y Enrique llegaron de México en la primavera del dos mil ocho para trabajar. Logré hacer parte del equipo ese año. De las cuatro de nosotras, mis amigas y yo, nada más dos logramos estar en el equipo. Irónicamente, yo que no quería jugar fútbol, logré pertenecer al equipo y las demás no. Siempre había sido una fanática del voleibol porque eso era lo que se jugaba en mi familia durante mi niñez. Sin embargo desde el momento que comencé a jugar fútbol, ese fue el más importante de todos los deportes para mí. A medida que jugaba, mejoraba en el futbol. Empecé a jugar en la defensa, después hubo un tiempo donde la portera no quiso jugar en la portería entonces yo le dije al entrenador que yo podía jugar si él quisiera dejarme jugar. Me dio una oportunidad y lo logré, en un torneo de fútbol allí fue donde jugué en la portería por la primera vez. Me recuerdo de ese día muy bien pues ganamos el partido y como Jugamos dentro de un gimnasio y el espacio era un poco pequeño. Tuve que patear la pelota de futbol, lo hice y metí un gol en la otra portería. Al siguiente año hice lo mismo en el mismo lugar. Estos primeros años de fútbol fueron el comienzo de mi carrera de futbol en la secundaria. Además de jugar fútbol durante estos años, hice muchos amigos que tenían intereses similares a los míos. –Daniela

–Mi deporte favorito siempre ha sido el futbol. Juego otros deportes como el tenis, baloncesto, volibol, bádminton y un poco futbol americano, pero estos deportes no se pueden comparar al futbol. Aunque la mayoría del tiempo ni jugábamos de la forma correcta. Siempre hacíamos payasadas y tonterías. Sin embargo, nos heríamos por las tonterías que hacíamos. A pesar de todo, siempre nos divertíamos. Como todo deporte, estas actividades son muy riesgosas y se deben tomar con precaución. Estos tipos de deportes tienen un efecto muy negativo sobre mí. Juego tantos deportes que suelo ser muy competitivo. Tenía amigos en la secundaria que eran muy competitivos. La conclusión es muy simple, si no gano, me enojo. Muchos de mis amigos decían que debía controlar este aspecto de mi porque enojarse no es la forma de actuar sobre deportes que supuestamente deben que ser divertidos. Tampoco debía preocuparme de estar lejos de mis padres, de cuidarme solo y de tener que trabajar para conseguir dinero. Yo pienso que nunca nadie madura cuando tiene diez años. La única excepción son mis padres y sus hermanos, porque tuvieron que trabajar desde que tenían cinco o seis años. Una de las cosas que temo más es crecer. Mucho de lo que tenía cuando era pequeño ya no lo tengo. Lo único que queda de esos tiempos son puros recuerdos. Además a medida que se crece, todo lo que era divertido antes ya no lo es. Mi vida en la escuela ha sido como una montaña rusa, llena de giros, subidas, bajadas, y vueltas. Estuve en la escuela intermedia de Liberty por dos anos y medio. Cuando llegué a la intermedia, la única gente que conocía eran mis primos. Después de un año de estar en esa escuela se mudaron a otro lugar y ellos empezaron a ir a otra escuela. Estaba muy perdido por que no conocía a nadie. Durante las horas del almuerzo siempre me sentaba solo. No conocía a ninguno de los maestros y no sabía de lo que iban a enseñar. Pero mientras pasaron los años, todo eso empezó a cambiar. Hice amistades con los maestros, sacaba mejores notas y terminé haciendo muchos amigos. Afortunadamente durante el segundo año de la intermedia conocí a la persona a la que llamo buen amigo hoy. Todas estas cosas cambiaron cuando hice la transición a la secundaria. Yo tenía ventaja porque en ese tiempo ya tenía muchos amigos.

Pero todavía estaba muy nervioso. Estaba nervioso porque era una etapa diferente. Sabía que iba a conocer mucha más gente. Durante la secundaria tuve muchas dificultades. Descubrí mucho de mí mismo y los tipos de amigos con quienes me quiero juntar. Este fue un tiempo donde empecé a notar que muchos de los estudiantes tenían novia. Me sentí un poco solo porque la verdad nunca he tenido una novia en serio. Las niñas no me habían gustado antes de llegar a mis años de adolescente, pero con tiempo, me empezaron a gustar más. Siempre les he tenido miedo. Era muy difícil hablarles a las chicas porque siempre he sido una persona tímida. Cuando estaba cerca de una niña bonita, me ponía muy nervioso. Me estoy adaptando más a estos tipos de situaciones. Mis padres me dijeron que tuviera mucha precaución. Me dieron consejo porque muchas muchachas podían ser muy espantosas. Durante mis dos años en la universidad no he ido a ningún tipo de fiesta para evitar este tipo de muchachas y aunque ya no soy un adolescente joven, aun no tengo mucha experiencia. La gente se sorprende mucho cuando les digo que no yo no he tenido mi primer beso. Desafortunadamente nunca he tenido ninguna novia hasta este momento. Las únicas mujeres que respeto mucho, las cuales me han dado besos en los cachetes son mis abuelas, mis tías y mi madre. –José

–Estas lecciones sobre la vida que observaba en mi casa, se quedaron conmigo a medida que crecía, especialmente cuando iba a la escuela. Cuando apenas había empezado la primaria, pase por un tiempo muy difícil porque no sabía hablar el inglés. Durante mi primer año de la escuela, me presentaron a una señora que después de un tiempo, llegó a ser mi maestra de inglés como segundo idioma. La maestra era parte de un programa donde ayudan a muchos niños quienes tienen problemas para hablar o escribir en inglés. Yo estuve en este programa por cuatro años. Me daba pena porque sentía que era la única que tenía problemas al hablar el inglés. Todos los niños en mi clase sabían hablar el inglés perfectamente y yo apenas estaba aprendiendo. Tuve que asistir a reuniones con la maestra para que pudiera ayudarme a repasar el material que yo no entendía. Como era una niña tímida, me daban nervios estar a solas con ella. A veces tardaba mucho tiempo hasta que le dijera una sola palabra. Hasta sentí que me estaba retrasando comparándome con el material que los demás estudiantes estaban aprendiendo. Con el tiempo, me di cuenta que estas reuniones me estaban ayudando bastante. Mientras que asistía a estas reuniones a través de cada nivel, fui mejorando en mis habilidades orales y de escritura en inglés. Cuando empecé el cuarto año, ya no necesité más a la maestra de inglés. Los profesores que me tocaban cada año eran muy sinceros y me ayudaban cuando necesitaba ayuda. Aunque todavía tenía mucho que aprender, ya no me sentía tan auto-consciente de mi misma. Tenía amigos y amigas que no me juzgaban por mi manera de ser. Me miraban y trataban como cualquier otra niña que conocían. Como algunos de mis compañeros no eran niños hispanos, se emocionaban al tener una amiga con una cultura y costumbres diferentes. Si no asistía a la escuela por unos días, me preguntaban que si me había ido de viaje a México, pero en realidad estaba en casa por estar enferma. Sus preguntas y emoción me hicieron sentir muy feliz y me ayudó a estar mucho más orgullosa de mi misma. –Sandra

–La escuela secundaria fue una etapa muy confusa para mí, pero eso es de esperarse para muchos adolescentes. Este es el momento cuando los adolescentes tratamos de descubrir realmente quienes somos, que queremos ser cuando seamos adultos y nos graduemos de la secundaria. Puedo decir honestamente que no me gustó mi colegio. Mi colegio no era tan diverso como yo quería que fuera. Pero había un par de hispanos y gente de color. En el colegio las personas estaban separadas en sus propios grupos, eso fue lo que nunca me gustó de mi colegio. A mí personalmente no me importaba de qué raza la persona fuera, yo siempre compartía con todos. Mientras yo fui a mi colegio yo aprendí mucho y tenía más conocimiento. Lo que realmente me gustó de este tiempo fue mi año de graduación. Mi baile de graduación me encantó. Mi vestido era rojo, costó mucho dinero pero valió la pena. Mi compañero y yo fuimos a un hermoso palacio con una playa y nos fuimos a la Ciudad de Nueva York después para seguir divirtiéndonos. Lo que también me gustó de mi último año es que hice un internado en un colegio en moda. Esto me encantó mucho y ahí fue que me di cuenta que yo quería estudiar moda en la universidad. En mi internado yo le ayudaba mucho a mi mentora a escoger ropa para sus clientes en su blog. Tuve un montón de experiencia en publicidad. Otro momento memorable fue cuando me enteré de que me aceptaron en la universidad de mi sueño, SUNY Oneonta. Era todo lo que quería; aunque sabía que iba a tener mucho trabajo, yo estaba muy orgullosa de mi misma. Por fin pasé todas mis clases con calificaciones altas y me gradué este verano pasado en junio del 2014. Mi familia me organizó una fiesta de graduación. Me regalaron mucho dinero y regalos para cuando me mudara para la universidad. Esta fue la última vez que tuve la oportunidad de ver a toda la familia. Fue un momento muy triste porque me encanta estar con ellos. Pero he comprendido que las cosas cambian. Este fue un gran momento para mí, porque he pasado por muchas experiencias hasta llegar al punto que estoy. –Stefany

–Yo asistí a una escuela secundaria que se llama San Juan Bautista que queda en West Islip, Nueva York. La única razón que escogí esa escuela es porque recibí una beca de ahí. Estoy contento que esto pasó porque hice muchos recuerdos bonitos de San Juan Bautista. Tengo varios amigos con los que todavía hablo qué conocí durante mi tiempo en la escuela secundaria. Sorprendentemente, también hay profesores con los cuales todavía hablo por correo electrónico. Por ejemplo, la Sra. Smith fue mi profesora de historia en décimo grado. Ella me ayudó mucho como mentora porque se interesaba en mis problemas y trataba de ayudarme a encontrar soluciones. Me acuerdo una vez que yo estaba teniendo problemas de transporte porque mi madre estaba en el hospital. El bus escolar no iba hasta mi casa porque yo vivía bastante lejos de la escuela. Yo tenía solo 15 años y no podía manejar. Como un muchacho joven no tenía manera de llegar al colegio, me sentía impotente; no había nada que yo pudiera hacer. Yo le mencioné esto a la Sra. Smith una vez e inmediatamente ella ofreció llevarme. No podía creer la reacción de ella. En mi opinión, los profesores tienen que tratar de no tener contacto con los estudiantes fuera de la escuela o si no pueden haber consecuencias. Empiezan rumores, verdaderos o falsos, y pueden perder su trabajo. A la Sra. Smith no le importó. Ella vio que yo verdaderamente necesitaba ayuda y actuó. Sin ella yo creo que a mí no me importaría la educación tanto como me importa ahora. Es posible que me hubiera desilusionado del colegio con tantos problemas de transportación. La razón mayor por cual asistí a un colegio privado es porque vivo en un barrio más bien pobre. La gente que vive en este barrio son gamines y muchos ni se gradúan de la escuela secundaria. Para mis padres, la educación es muy importante y ellos no querían que yo estuviera en un ambiente que no fuera seguro y donde hay mucho crimen. Yo habría ido a Brentwood High School si no me hubiera salido la beca para ir a San Juan Bautista. Mi primo Jorge fue a Brentwood y tuvo una experiencia muy mala. Él se metió con una gente muy rara y lo arrestaron por robar partes de carros. Él cambió como persona durante su tiempo en esa escuela y hoy en día está trabajando en una lavandería y no tiene ninguna meta y es básicamente un vago. Por esta misma razón mis padres no querían que yo fuera a Brentwood. Estoy contento que mis padres no me dieron la opción de ir a Brentwood. Cuando oyeron que me salió una beca, me compraron el uniforme mandatorio del colegio el próximo día. No me dieron la posibilidad de fallar y por eso estoy muy agradecido. –Roberto

–Yo fui a Barker High School que estaba a unos 15 minutos en coche de donde yo vivo y siempre tomé el autobús. Barker es un pueblo diferente que tiene una biblioteca, gasolinera, tiendas y un restaurante cerca. En la escuela secundaria, yo no tenía muchos amigos. A veces yo era la persona que se sentaba sola en la cafería, pero de vez en cuando me invitaban a la mesa de alguien, no eran tantos amigos porque yo rara vez hablaba con alguno de ellos fuera de la cafería. En mi primer año de la escuela secundaria, mi primer deporte que yo hice era "Track & Field". Era mi primer año haciendo un deporte, entonces no era muy rápido en el equipo. Yo era uno de los corredores lentos. A medida que pasaron los años en la escuela secundaria me puse mejor. En mi segundo año de la escuela secundaria, Yo empecé "Cross country" más porque mi primo me influyó para hacerlo con él y yo no era demasiado malo como para no participar. El equipo fue capaz de ganar todas las ligas, seccionales y el segundo lugar en las competencias estatales. En mi tercer año de la escuela secundaria pudimos ganar todos la liga, además de las competencias a nivel regional y estatal, incluso estuvimos capacitados para completar la carrera en la federación. En mi último año de la escuela secundaria, el equipo no compitió tan bien como en el año anterior, pero aun así tuvimos una buena temporada, obtuvimos el segundo lugar en toda la liga, el primer lugar en las seccionales y en segundo lugar en los estatales. En mi último año, yo fui más flexible hacia experiencias nuevas porque era mi último año. Yo hacía la natación y me di cuenta que este deporte era más divertido que correr. Mi entrenador de natación siempre me puso en la carrera de 500 metros que era la carrera más larga y pasé de odiarla a amarla. Al final de la temporada, gané el premio al jugador de mayor progreso y yo estaba muy contento de cuánto había mejorado. Mis únicas actividades intensas eran la escuela o los deportes, no hacía mucho en casa. Cuando llegaba a casa comía la cena y hacía la tarea. Mi familia y yo siempre comemos juntos y hablamos de temas como el trabajo, la escuela, o lo que vamos hacer y la vida. Mis padres me han enseñado a respetar a mis tías, tíos y mis abuelos, cualquier persona que sea mayor que yo. Cuando mis padres y yo discutimos, no es nada muy serio, casi siempre es un poco por los deportes y la escuela. –Ramón

–Ahora mi familia vive una vida mejor. Mis padres han hecho todo lo posible para darnos una buena crianza. Por ejemplo cuando empezamos a ir a la primaria, ellos miraron que era difícil para mi hermano y yo seguir mudándonos por nuestra educación. Mi familia y yo nos mudamos varias veces de Nueva York a Florida y luego a Nueva York de nuevo y seguía la rutina. Cada año mi hermano y yo teníamos que ir a una nueva escuela, hacer nuevos amigos, aprender información de la historia de Nueva York y Florida y las culturas eran tan diferentes que yo me sentía que tenía que cambiar mi forma de ser cada vez que nos mudábamos. Recuerdo que un día en Nueva York tuvimos un día de jugar a fuera todo el día y mi madre me hizo trenzas en mi cabello. Yo empecé a llorar y no quería ir a la escuela así. Mi madre se enojó y me hizo que fuera a la escuela. En la escuela todos me dijeron que mi cabello estaba lindo pero siempre empezaba a llorar cuando alguien me decía esto. No sé por qué pero pensaba que me veía fea porque ninguna de las otras chicas tenía trenzas." –Liliana

–Nos mudamos en ese año en diciembre, a un pueblito llamado Margaretville. Para ese entonces ya había empezado la escuela. Cuando yo entré por primera vez todos me miraban feo. Porque ya ellos habían tenido tiempo para conocerse y hacer amigos. Nada más había una persona que era muy buena conmigo. Después pasó el tiempo y me hice amiga de todos. En el segundo año de la primaria, me acuerdo que nos sacaban de la clase, pero después me di cuenta que nada más eran los niños hispanos de la clase. Me acuerdo que nos llevaban a una clase para mejorar nuestro inglés. En realidad no era mucha ayuda pero como somos bilingües era obligatorio. Yo no salí de esa clase hasta el último año de la primaria, pero en realidad no me molestaba ir porque cuando yo era niña me juntaba más con los otros niños hispanos. – Carmen

–Entrar a la etapa de la adolescencia me dio un poco de miedo ya que la etapa de la adolescencia siempre ha sido notoria por ser una de la etapas más difíciles de la vida de una persona, sin embargo yo encontré que mi experiencia en la adolescencia fue fácil, tranquila y muy divertida. Creo que mi adolescencia empezó a los doce años, cuando entré a la secundaria. En ese entonces fue cuando mi mamá empezó a dejarme ir y venir caminando sola de la escuela. Yo sentía que ya era grande porque podía hacer más cosas yo sola. En la escuela yo tenía muchos amigos. Ellos y yo siempre estábamos juntos. Yo recuerdo que a ellos les gustaba ir mucho a mi casa y casi siempre después de la escuela ellos se iban conmigo a pasar tiempo. A mi mamá no le importaba que siempre los llevara a la casa, al contrario ella siempre me decía que prefería tenernos todos ahí en la casa a que anduviéramos en la calle haciendo travesuras. Una de las cosas que más me gustaba era que mi mejor amiga era mi vecina del otro lado. Ella siempre estaba en mi casa. También como estábamos en las mismas clases siempre hacíamos las tareas juntas y su mamá era una maestra así que siempre había alguien que nos ayudara con lo que no entendíamos en la escuela. Aunque mi mejor amiga no hablaba español, siempre se juntaba conmigo y con todos mis amigos hispanos. En el grupo solo era ella quien no hablaba español, pero como nosotros siempre hablábamos español en frente de ella, ella empezó aprenderlo y ahora lo habla muy bien. Mis amigos y yo teníamos muchas cosas en común, nos gustaba jugar futbol, nos gustaban las mismas novelas, las mismas clases de la escuela y sobretodo la misma música. Cuando estábamos en la secundaria y entramos a la preparatoria mis amigos y yo estábamos enloquecidos por la famosa novela "Rebelde". La novela se trataba sobre un grupo de amigos que iban a un colegio privado. La historia seguía en especial la vida de seis personajes, que aunque cuando se conocieron se odiaban, eventualmente se convirtieron en muy buenos amigos y hasta formaron un grupo musical. Mis amigos y yo siempre nos poníamos a platicar horas sobre la novela y la música de ésta, ni se diga. Cada que salía un disco de RBD, el cual era el grupo de los seis adolescentes que se formó a partir de la novela, a la venta éramos los primeros en tenerlo. Nos encantaba el grupo. Uno de los recuerdos más bonitos que tengo con mis amigos es cuando RBD vino a Nueva York y todos fuimos al concierto. El concierto fue en el Madison Square Garden en la Ciudad de Nueva York. Nuestros padres nos dejaron ir solos, así que tomamos un tren y nos fuimos. ¡Nos la pasamos increíble! Cuando entramos a la preparatoria, la mayoría de las cosas se quedaron igual entre nosotros. Mis amigos y yo todavía pasábamos mucho tiempo juntos y también seguíamos en la misma escuela. Nos gustaba hacer fiestas pequeñas entre nosotros y no éramos del tipo de muchachos que se metían en problemas. Nos gustaba tener viernes de películas y reunirnos a hacer tareas en las tardes. Cuando todos cumplieron los dieciséis años, todos empezaron a conducir, excepto yo. Yo creo que esto fue una de las cosas que más me desilusionó de mi adolescencia. Desde que yo era chica yo sabía que no tenía documentos y que no era legal en los Estados Unidos, pero nunca me había afectado directamente, pero cuando todos sacaron su licencia de conducir y yo no pude si me sentí un poco mal y sentí que no tenía libertad como todos mis amigos. Cuando salíamos todos juntos, siempre tomaban turnos en quien conducía sin embargo yo nunca podía conducir y me daba pena. Yo les preguntaba a mis padres sobre nuestra situación pero ellos me explicaron que nuestros documentos ya estaban en proceso y lo único que había que hacer era esperar a recibir información de inmigración. –Ana María

Lo que más me gustaba hacer durante mi adolescencia era estar con mis amigos, mirar películas y escuchar música. Mi música favorita durante este tiempo fue hip hop, r&b, rap y música de mi país como el "dembow," bachata, reggaetón y merengue. Me gustaba mucho bailar, yo estaba en el grupo de danza y bailaba en los partidos de baloncesto en mi colegio. El grupo de danza fue muy divertido; tuve muchas amigas en el equipo. Yo dejé de estar en el equipo mi último año de la secundaria porque yo tenía mucho trabajo que hacer en la escuela. En la escuela secundaria, también participé en el club español; yo fui una de los miembros oficiales que ayudaba a organizar eventos. Ocasiones especiales como el mes de la herencia hispana se celebraban y otras actividades que tenían que ver con la escuela, tales como recaudación de fondos. Este club fue importante para mí, porque quería participar en algo que significara mucho para mí. Mi lengua materna es el español y yo quería mantenerla y ser capaz de participar y mostrar que estaba orgullosa de mi cultura. –Stefany

LA QUINCEAÑERA

La celebración de los quince años se hace especial en las familias hispanas. Representa un gran día para soñar despiertas en vestidos largos de princesas y acompañadas de todos sus amigos. Los padres hacen lo posible para que este día sea especial y se preparan para la ocasión con gran anticipación. El día marca una transición en sus vidas de adolescentes.

–Para mí, mi época de adolescente comenzó cuando cumplí mis quince años. En México es una celebración muy grande cuando una muchacha cumple quince años porque es el paso de niña a mujer. Es bonito tener una fiesta grande con un vestido y chambelanes. En mis quince años tuve que ensayar varios valses y bailes para la fiesta. Todos los días, después que mi mamá venía de trabajar me llevaba a la cancha de básquet con mis amigos para practicar. Los ensayos eran difíciles porque había muchos pasos que tenía que memorizar. Al final de tantos ensayos llegó el gran día de mis quince años. Recuerdo que mi mamá y mis tías se levantaron temprano para hacer mole poblano. El mole poblano es una comida popular en el estado de Puebla. El mole es salsa de chocolate con pollo y arroz. Es uno de mis platillos favoritos. Mi hermana me ayudó a poner el vestido. Mi vestido era rosa y esponjado como un vestido de princesa. Fue un día inolvidable. Gracias a mis padres pude celebrar un día importante para cada mujer

133

de México: "sus quince años". A pesar que reconozco mis quince años como el momento de cambio definitivo a mí ser mujer, ya llevaba un par de años asumiendo responsabilidades de una niña grande. –Jasmine

–Hasta cumplir los quince años me di cuenta que ya no era una niña. Mis padres me hicieron una fiesta de quince años. Los quince años significan la edad de cuando una niña se convierte en mujer. Durante estos años había muchos cambios que estaban pasando. Mi mente ya estaba cambiando. Por ejemplo, lo que los demás se les hacía gracia, para mí no era algo de que reírse; como cuando las personas decían las palabras "gay" o "retardado", cuando mis amigos decían eso antes, yo también me reía pero poco a poco fui cambiando. Hasta hoy en día las personas ignorantes todavía lo dicen y me molesta mucho. Para mí, yo no tengo muchos amigos. Después durante este tiempo de mi niñez a mi adolescencia, empecé a perder amistades porque yo maduré más temprano que los demás. –Daniela

–Cuando cumplí mis quince, no teníamos suficiente para tener una fiesta mágica como las que veía por televisión. Sin embargo invité a un grupo de amigas a un sitio de diversión; comimos hamburguesas y la pasamos el resto de la noche viendo películas. Aunque mi papá no jugó un papel determinante durante mi adolescencia, él me visitaba y estaba presente en la mayoría de mis cumpleaños. Siempre soñaba con el día que bailáramos el vals en mis quince. Esto no sucedió, sin embargo todavía sueño ir de su brazo en mi boda en un futuro. Mi familia hizo lo que podía para hacer mi día especial y sí lo pudieron lograr. Hasta me sorprendieron con una torta de zanahoria, mi favorita; la torta tenía una gran muñeca de dulce de vestido rosado y cabello rizado castaño. Esta muñeca aún permanece exhibida en lo alto de la cocina de mi casa. –Vanesa

–Cuando yo regresé a los Estados Unidos los compadres de mi mamá estaban planeando mis quince años y yo no quería quince años pero todos me decían que necesitaba tenerlos porque era el último deseo de mi papá. Empecé a escoger los muchachos para bailar en mi fiesta y ya tenía 5 pero me faltaba uno y no sabía a quién más escoger. Cuando un día mi ex-novio había llegado al campeonato de fútbol de mi pueblo y lo vi jugando. Le pregunté a mi mamá si lo que estaba mirando era él. Mi mamá me dijo que sí y cuando terminó el partido mi tía me hizo que fuera a dejarles agua a mis tíos y primos. Cuando fui, él me miró y yo me di la vuelta y me fui caminando muy rápido para que él no se diera cuenta que era yo. Pero él se levantó y grito mi nombre y par giré hacia él, cuando él me miró corrió a abrazarme y lo abracé también. Él me dijo que no creía lo que todos le habían dicho que yo había regresado, pero que era cierto. Le vi su muñeca y tenía la pulsera, también yo tenía puesta la cadena que él me había dado. Nunca me la había quitado y él me dijo: "veo que todavía tienes la cadena." Y yo le dije, "sí y veo que todavía tienes la pulsera." Los dos sonreímos y yo le pregunté si él quería ser mi chambelán para mis quince y él aceptó. Yo quedé en avisarle cuando empezaban los ensayos. Cuando llegaron mis quince me di cuenta que lo que él y yo teníamos era un amor de "niños" porque a mi prima le gustaba él y yo le dije que yo no lo quería. Él también me dijo que le gustaba mi prima y yo le dije "adelante". Yo sé que eso está mal pero yo quería verlo feliz y eso fue lo que hice. Ahora él y yo somos muy buenos amigos y yo le puedo contar lo que sea y siempre me escucha y me da consejos. –Jennifer

–Una de las cosas más importantes fue la celebración de mi quinceañera. Ese día fue cuando todo cambió completamente para mí. Fue mi día y siempre lo recordaré. Eso me ayudó mucho a hablar más y con diferentes personas. Me sentí por la primera vez en mi vida bonita. Desde entonces he cambiado mucho, veo a las personas de diferente manera, es decir no les temo, no pienso que me van a criticar o a juzgar y me siento mucho más cómoda con ellos. –Mariana

HISTORIAS DE AMOR

La narración requerida en clase mientras elaboraban el trabajo autobiográfico dio como resultado algunas historias de amor de adolescentes vividas por ellos mismos o por sus padres, las cuales vale la pena recrear.

–La historia de James y Marleny Ramírez empezó cuando se comprometieron a una edad muy joven, que era típico en la cultura mexicana. Ellos se conocían desde niños pequeños y vivían en el mismo pueblo. James y Marleny se conocieron cuando fueron enviados a "El Molino", temprano en la mañana antes de que saliera el sol. Este lugar era donde normalmente se encontraban, el molino era un lugar donde el maíz se podía moler con una máquina para hacer masa y luego tortillas. A medida que se conocieron más, ellos se hicieron novios. Tuvieron una relación de dos años y en una noche de octubre, James le propuso a Marleny. La respuesta de mi madre fue "sí" porque ella lo quería mucho. Mi mamá y mi papá de chicos en realidad no tuvieron una buena educación debido a los factores sociales de la pobreza. Mi papá sólo terminó el sexto grado, mientras que mi mamá terminó octavo. Ellos siempre tenían que faltar a la escuela para ayudarles a sus padres con la agricultura. Con lo que mi padre había ahorrado, compró terreno y comenzó a construir poco a poco su propia casa. La pequeña casa de cemento que había construido consistía de una cocina, una sala, un baño y tres habitaciones. Los tiempos eran muy difíciles en México más en el estado de Hidalgo en donde vivían debido a la falta de puestos de trabajo y por no poder alimentar adecuadamente a sus familias. Debido a esto muchos hombres decidieron hacer un cambio drástico a buscar el sueño americano con la esperanza de darles a sus familias un futuro mejor, sin embargo, ellos no sabían los peligros que pasarían para llegar a su destino. Muchos hombres se exponen a este viaje, muchos fallecen debido a las duras condiciones de cruzar ilegalmente la frontera, pero lo que mis padres veían era esperanza. –Juan

–Pedro, estaba allí desde aquel día en kindergarten a la hora del almuerzo cuando me paré a tirar mi bandeja. En ese momento vi a un niño tan hermoso tomando su leche de chocolate sin paja, me quedé paralizada instantáneamente. Desde ese día todos los días en la hora del almuerzo me aseguraba que tuviera una buena vista de él. El año siguiente nos tocó la misma maestra y yo estuve más que feliz. El todavía no me conocía, pero hubo un tiempo para que él me conociera. Lo que más me acuerdo de ese año es cuando al fin de cada día a mí y a Pedro siempre nos tocaba juntos en la línea. Yo siempre le decía: "Quieres saber un secreto?" y él me decía que sí, entonces yo le decía que se acercara a mí y él lo hacía. Yo le plantaba un beso en su cachete y me iba corriendo lo más rápido que yo podía; siempre se lo hacía. De allí siempre fuimos amigos y él siempre era muy bueno conmigo. En la secundaria cuando yo tenía problemas con otros amigos o con cosas de casa, Pedro siempre estuvo allí para mí. En el verano del octavo año, Pedro y yo nos acercamos mucho. Pasábamos ratos largos juntos en el parque, jugando futbol, nadando y por supuesto con otra gente también. Cuando mi hermana Julia nos llevaba a nadar en la piscina del trabajo de mi mamá, yo siempre invitaba a Pedro; para ese tiempo yo ya había dejado de juntarme con malas influencias. Mi hermana me había invitado a "Great Escape" y le pedí si podía invitar a Pedro y ella dijo que sí, ese día nos la pasamos muy bien y nos divertimos mucho. Pero allí cambió todo; Pedro me dejó saber que él me quería mucho cuando me tomó la mano. Desafortunadamente yo había reprobado el octavo año y no pude estar con Pedro como antes. El día 19 de septiembre del 2006 Pedro me pidió que fuera su novia. Yo por supuesto le dije que sí. Desde ese día han pasado cinco años que hemos estado juntos; han habido veces que no estamos de acuerdo en cosas y discutimos y otras veces que nos llevamos tan bien que es increíble. Ahora creo que nuestra relación ha llegado a un nivel maduro y respetuoso, nos podemos decir lo que sea con toda confianza sin que el uno juzgue al otro. –Carmen

–Mi primer novio me trataba de hacer reír y siempre que lo miraba me ponía una sonrisa. Cada vez que lo miraba era como si nadie más existiera y nada más éramos nosotros dos. El me hacía olvidar todo lo malo en la vida. Al año él y yo ya no éramos novios, a mí me dolió mucho pero tenía que continuar. Pensé que en ese año no me lo iba a encontrar en los rezos que le ofrecíamos a mi papá cada año. Había llegado la hora y no lo vi y comenzaron los rezos y mi primo Juancho llegó donde estaba sentada y me dijo que yo necesitaba ver algo. Fui con él y era una trampa allí estaba mi ex-novio. Le pregunté qué estaba haciendo en mi casa. Él me dijo que necesitaba venir porque él todavía me quería y dejarme sola en estos días era de cobardes. Lo abracé y le dije gracias. Mi mamá nos había visto pero no dijo nada y nos dejó sentarnos juntos; sin embargo a todos mis tíos no les gustó la idea de que estuviéramos juntos. Para los 11 días de los rezos él siempre llegaba con anticipación para preguntarle a mi mamá si estaba bien que nos sentáramos juntos y mi mamá decía que sí. Para el último día de los rezos él llegó muy temprano y me dijo que él necesitaba hablar conmigo y él le pidió permiso a mi mamá para poder hablar a solas y él me dijo que me seguía queriendo pero que necesitaba irse. Él me dijo que se iba a ir a los Estados Unidos y me preguntó si todavía lo quería y yo le dije que sí lo seguía queriendo, pero si él se iba entonces no tendríamos una segunda oportunidad. Él me abrazó muy cerca de su corazón y yo escuchaba su latido y yo le agarré su mano y sentía su calor contra el mío. Sentí mis lágrimas resbalando mi mejilla y él levantó mi cara y limpió mis lágrimas y yo limpié las de él. Después él me besó y fue un beso muy sincero, eso me dijo mi mamá porque lo había visto todo pero no dijo nada porque era el beso de la despedida. Mi mamá sabía que él se iba para los

Estados Unidos porque él se lo había dicho antes y que él me quería decir en persona y por eso ella nos dejó estar juntos por once días. La noche cuando los rezos se habían acabado él se quedó a ayudar a levantar las sillas y a limpiar. Cuando era la hora de que él se fuera mi mamá me dijo que caminara con él hasta la carretera. Él se despidió de toda mi familia y le dijo a mis hermanos que cuidaran a mi mamá y a mí. Mis hermanos lo querían mucho y ellos le dieron un abrazo y él les dijo que iba a regresar. Cuando él y yo íbamos caminando él me agarró mi mano y seguimos caminando y platicando. Llegamos a la carretera era como si el dolor se hubiera aumentado y él me agarró de la cintura y me abrazó muy fuerte y lo único que escuché fue su latido y empecé a sentir mi cabello mojado porque él estaba llorando al igual yo. Le dije que todo estaba bien y que muy pronto nos volveríamos a ver. Él me dijo que a lo mejor nos veríamos dentro de unos años y que él no quería irse porque él apenas me había recuperado. Yo le dije que no lo iba a esperar por muchos años y él me dijo que él no quería eso. Él quería que yo consiguiera un novio y tratara de ser feliz otra vez, aunque él y yo éramos muy jóvenes. Se estaba haciendo de noche y era hora que él se fuera y me dio el último beso y abrazo; cuando él se iba le agarré su mano y le di mi pulsera y el me dio su cadena. Cuando él se fue me sentía como si alguien me hubiera arrancado el corazón. No lo volví a ver hasta cuando yo me regresé a los Estados Unidos y regresé a la edad de catorce años. Yo no pensé que lo iba a volver a ver. –Jennifer

–Mi vida amorosa tuvo una gran influencia en mi adolescencia. Mi vida cambio totalmente cuando conocí a mi novia Claudia Lita. Yo estaba en el grado once cuando empezamos andar de novios. Nos conocimos en una clase de educación física. Todo empezó cuando estábamos jugando futbol y ella me empujó tratando de quitarme la pelota. Yo de repente la miré y ella mi dijo "hola como estas, hace tiempo que no hablamos". Yo la había conocido desde hacía 3 años pero de repente nos alejamos por ese tiempo hasta ese día.

Después de ese día hablamos más y más, nos conocimos más personalmente. Poco a Poco yo empecé a sentir emociones por ella que nunca había sentido por alguien antes. Un día decidí preguntarle si quería ser mi novia. Cuando yo le pregunté ella me dijo que "no sabía", hasta que llegamos a su casa y me dijo que sí. Ella me dijo que "no sabía" para ver mi reacción, pero ella no más estaba jugando conmigo. Ella me ayudó a enfocarme más en la escuela y a no meterme en problemas. En la secundaria ella y yo éramos inseparables, todos los profesores nos conocían como los "love birds". Antes de ser novio de Claudia mis notas no eran tan buenas y yo me juntaba con estudiantes que preferían jugar en clase y no ponían atención. Yo también tenía diferentes novias casi cada mes. Yo cambié de una manera positiva y hasta este día no lamento nada con ella. –Juan

EL TRABAJO

Las historias sobre el comienzo de su madurez están llenas de valentía y sobrevivencia. Trabajar a una temprana edad les hace aprender el balance que deben tener entre el estudio y la obligación. Tanto en el hogar como en los empleos había deberes muy específicos. A veces le tocaba al mayor y otras al menor. Para algunos, sus primeros trabajos les sirvieron de puente a sus padres ante la comunidad anglosajona. Uno de los valores y enseñanzas más importantes descritas en sus historias ha sido: el trabajo.

–Mis últimos años en la secundaria me los pasé balanceando entre el trabajo y los trámites en mandar solicitudes a la universidad. Mi primer trabajo fue como mesera en un restaurante japonés cuando tuve dieciséis años hasta que me fui para la universidad. En invierno trabajaba solo cuatro días a la semana y en el verano todos los días. Empezaba a las cinco de la tarde y salía a las diez u once después de haber limpiado las mesas. Cuando tenía libre me iba de compras, al cine, o a comer afuera con mi mamá o Kayla mi mejor amiga. Mis días libres para compartir con ellas estaban llegando a su fin. Cuando entré a mi último año escolar, llegó el tiempo para pensar en mis planes para el futuro. Si yo iba a ir a la universidad sería la primera en mi familia. –Vanesa

–Después de todo, me puse a trabajar y mi primer trabajo fue en un campo de verduras a la edad de quince porque necesitaba trabajar. Al principio el patrón me pagaba muy poco pero cuando él me miro echándole ganas, me aumentó el sueldo a nueve la hora y después a diez. Ganaba bien pero el trabajo era muy difícil. –Jennifer

–Sabía que mi niñez había terminado cuando tenía once años. Mis padres me llevaron a trabajar en la finca de uvas y en ese momento supe que ya no era un niño. Las responsabilidades que tenía ya eran más grandes ahora que ya era mayor. Las actividades que me gustaban cambiaron; la manera de vestirme y mi actitud sobre las prioridades también se trasformaron. Sin embargo hubo algo que se mantuvo y esto era mi comportamiento disciplinado hacia el estudio. Primero noté que había cambiado antes de entrar al sexto grado. En ese verano empecé a trabajar con mis padres en una finca. Un día ellos decidieron que era bueno que fuera a ayudarles. Me levantaron a las seis de la mañana para ir con ellos. No querían pagar a un traductor para que fuera con ellos a encontrar trabajo y entonces allí empecé a traducir para mis padres y trabajar. Cada fin de semana iba a trabajar con mis padres y mis hermanos menores se quedaban con una niñera. Empezamos a trabajar en las uvas y poquito a poquito empezamos a hacer diferentes trabajos con el patrón. En ese verano estaba remodelando la bodega y nos dio trabajo cortando uvas. Después que terminamos el patrón nos dio trabajo de jardín en frente de la tienda de vino. Ese día me di cuenta que esto era trabajo duro y que yo iba a tener que hacerlo para ayudar a mis padres. El patrón no me pagaba pero les pagaba a mis padres. Trabajábamos por contrato, lo cual quiere decir que nos pagaba por cuanto hacíamos cada semana. Y cuando no iba al trabajo mi responsabilidad era quedarme en la casa a cuidar a mis hermanos. Al cuidar a mis hermanos los fines de semana, cuando no iba a trabajar, me dejaban con nuevas responsabilidades. El hermano más pequeño tenía cuatro años y no sabía mucho. Le preparaba huevos para comer porque era todo lo que sabía hacer en ese entonces. Mi hermano del medio no le gustaba comer el huevo entonces le preparaba comida empaquetada como el burrito, hot pocket y chicken nuggets. A él le gustaba todo eso y era todo lo que comíamos hasta que mis padres regresaban del trabajo. Pero al medio día, mis padres me llamaban por teléfono y me decían que preparara frijoles para que comieran cuando llegaran del trabajo. Esa fue otra de mis responsabilidades que se me añadió y entonces aprendí a cocinar. También tenía la labor de traductor no solo para mis padres sino también para otras personas. Después de que mi tío oyó que estaba traduciendo para mis padres él también quería que le ayudara a encontrar trabajo siendo su traductor. No me gustaba porque no me pagaban y quería ayudar a mis padres y a nadie más. –Adolfo

–Cuando salíamos de vacaciones en el verano yo tenía que ir con mi mamá a trabajar. En este tiempo ella trabajaba en una finca y yo iba con ella. Yo me sentaba en la sombra y comía arándanos mientras ella los recogía. Una amiga de mi mamá que trabajaba con ella tenía un hijo de mi edad y también se lo llevaba a trabajar con ella. Giovanni y yo nos parábamos al frente de una montaña para que nos pitara cada camión que pasara. Desde los doce años, ya tenía responsabilidades. Mientras mis padres trabajaban, yo tenía que cuidar a mis hermanos y tener la casa limpia. Entre más crecía, venían más responsabilidades como cocinar, asistir a las citas de mis hermanos como ir al doctor o la escuela cuando mis padres no podían salir del trabajo porque el patrón se enojaba. Al patrón de mis padres no le gusta que ellos pidan permiso para faltar al trabajo. En México, niñas de diez años ya saben cocinar y muchos jóvenes ya están trabajando porque sus padres no ganan suficiente. En mi caso, mis padres prefirieron que yo me quedara en la casa haciendo el quehacer y la comida porque ellos venían tarde de trabajar para tener que cocinar. En los Estados Unidos, los jóvenes empiezan a trabajar en una edad más tarde. Comenzar a trabajar a los dieciséis años es muy común en los Estados Unidos. Esto demuestra que los hispanos desarrollamos la responsabilidad en una edad más temprana que los Estadounidenses, generalmente por falta de recursos y la necesidad de sobrevivir. –Jasmine

–A mí me encanta trabajar porque sé que en el futuro el trabajo que hago ahora, va a traer muchos beneficios. Mis padres han trabajado en la pizca de naranja y manzanas. Pero además de eso han trabajado en una compañía de plantas, limpiando casas y en granjas agrícolas. Ellos me dijeron que aunque el trabajo no era muy difícil, el trabajo era pesado para ellos. Hasta hoy en día mi mamá y papá siempre andan buscando cosas que hacer cuando han terminado su trabajo, pues son personas muy laboriosas. Otro trabajo que hace mi mamá es que sale a vender comida a los trabajadores en lecherías. Mi madre siempre ha preparado y vendido los tamales. A todos les gustan y hasta los americanos le compran de dos o más docenas de tamales. A mi papá le han ofrecido diferentes trabajos donde se gana más dinero pero como los trabajos son para ser contratista, el no quiso porque en el pueblo de donde somos, los contratistas no tienen una buena reputación. Entonces mi papá decidió trabajar más envés de aprovecharse de la gente. Desde niña mis padres siempre me llevaban a trabajar con ellos porque no había nadie para que nos cuidara en casa. No solamente fui yo, sino que también iban mis hermanos entonces nos poníamos a jugar y trabajar para que el tiempo se pasara. Recuerdo que mi papá una vez nos llevó a trabajar afuera en el invierno y llegamos a la casa y me daba comezón por todo mi cuerpo por haber andado en el frío por mucho tiempo. Por lo menos cada verano me iba a trabajar sola en el rancho de un señor que cuando había trabajo me llamaba. Pizqué las fresas y aunque se ve como si fuera un trabajo fácil, no lo es. Pues se tiene que estar agachado buscando las fresas y durante este tiempo hacía mucho calor por el sol. El trabajo más reciente fue cuando me fui a cortar y arreglar las moras. Cuando corté la rama de la mora me corte el dedo pero seguí trabajando porque el trabajo se tenía que terminar. Aunque se ganaba un buen dinero tuve que estar en el sol por muchas horas. Cuando entré a la secundaria me conseguí mi primer trabajo sin la ayuda de mis padres. El trabajo era en la granja de mi amiga. Solo me dejaban trabajar cinco horas cada día. Lo malo fue que nada más me ganaba $5.50 la hora. No era mucho pero era mejor que no tener nada. Como yo conocía a dos agricultores, me iba a trabajar en la mañana por cinco horas y después me iba a trabajar por otras tres, o más horas, en la otra granja y ganaba un poco más de dinero. Cuando cumplí dieciocho años, metí una solicitud en una gasolinera que me quedaba a un minuto de mi casa, caminando. Nunca pensé que me iban a dar trabajo porque era mexicana. Esto es porque no es común que un hispano trabaje en lugares públicos como una tienda. Hay una estereotipo en varios lugares que los hispanos solamente trabajan en la agricultura. Pero luego recibí una llamada que había conseguido el trabajo. Este trabajo lo considero como mi "primer trabajo como una Mexicana Americana" porque donde vivo no se ven muchos mexicanos trabajando en tiendas. Aquí me empezaron a pagar a ocho dólares la hora. Lo menos que me daban eran 23 horas, pero hubo muchas veces donde me daban cuarenta horas para trabajar. Es muy difícil estar en un lugar donde se debe estar parado por ocho horas. Entraba mucha gente y aprendí mucho de la gente del pueblo. Me di cuenta que la mayoría de la gente bebe alcohol y fuma cigarros. Antes de trabajar en la gasolinera, siempre pensé que era un trabajo difícil. Pero así no fue. Sí hay mucho que hacer, limpiar los trastes, los baños, fijarse que no haya productos vencidos, fijarse que nadie se robe nada, llenar los estantes que estén vacíos y hacer pizzas para vender. Todo esto se hace cuando nada más hay dos personas trabajando en la gasolinera. Luego hay que tener mucho cuidado cuando vendo alcohol y productos de tabaco porque muchos que no tienen la edad entran con una identificación falsa. Por eso es que la compañía de todas las gasolineras de "Express Mart" tiene personas que se hacen pasar por clientes. Ellos entran y tratan de comprar alcohol y si haces todo bien, como preguntarles por su identificación antes de venderles, te dan una carta verde, pero si no lo haces bien te dan una carta roja y te suspenden por tres días de trabajo. A mí ya me paso esto, nunca sabes quién podrá ser la persona que va tener las cartas, hice todo bien y me dieron la carta verde. Cuando estuve en la secundaria me quedaba trabajando hasta las once o doce de la noche y a veces me salía temprano de la escuela para ir a trabajar. Lo más tedioso de ese trabajo es estar parada por ocho o más horas es difícil porque el piso es duro pero por eso se trabaja para ganar experiencia. –Daniela

–Cuando llegaron mis padres a los Estados Unidos, comenzaron a buscar trabajo inmediatamente. Mi mamá me dijo que su primer trabajo fue en una fábrica donde construían estuches de gafas. Después de un tiempo, dejó ese trabajo y empezó a trabajar en una fábrica donde hacían tortillas. Trabajó en esa fábrica por mucho tiempo hasta que encontró otro trabajo en una lavandería. Ahora, mi mamá trabaja empaquetando pantimedias. Cuando era más chica, yo acompañaba a mi mamá a su trabajo y miraba como trabajaba; Incluso, a veces la ayudaba. Me acuerdo que el jefe de la fábrica le dejaba una caja de trabajo asignado el cual mi mamá tenía que completar durante el día. Yo solo tenía 7 años, entonces yo la ayudaba haciendo el trabajo fácil. Mi mamá se sentaba en una máquina y ponía las pantimedias en la máquina para que se cocieran. La máquina daba vueltas y del otro lado, sacaba las medias y las echaba en una caja vacía. Lo que yo hacía era sacar las medias de la caja y las extendía de una forma ordenada. Aunque solo ayudaba a mi mamá un poco, me gustaba ir todos los días porque así, terminaba a lo menos un poco temprano y llegaba a casa a descansar. Por el contrario, a mi padre nunca lo pude ayudar en sus trabajos porque como apenas era una niña, necesitaba un ritmo más rápido. Mi papá me contó que el primer trabajo que consiguió cuando llego a los Estados Unidos fue en un restaurante. Trabajaba de noche y después de unos meses, consiguió otro trabajo durante el día. Entonces, durante el día mi padre trabajó en una fábrica donde hacían comida para aviones, mientras en la noche trabajaba en el restaurante lavando platos. Las cosas se mantuvieron así hasta que mi papá encontró otro trabajo en una granja de vacas. Me acuerdo de su trabajo en la granja porque mi papá estuvo ahí por varios años. Como ambos de mis padres estaban trabajando mientras mis hermanos y yo estudiábamos en la escuela, el bus escolar nos pasaba a dejar en el trabajo de mi papá. Nosotros esperábamos en una oficina pequeña mientras mi papá terminaba su trabajo. Veía cuando entraba o salía para tomar un vaso de agua y a veces lo miraba a través de la ventana. Trabajaba con un traje y unas botas y siempre llegaba cubierto en barro al final del día. Se cambiaba y después nos íbamos a recoger a mi mamá de su trabajo. Ahora, mi papá lleva cinco años trabajando en una refinería. Yo pienso que está muy contento con este trabajo porque a pesar de que es un trabajo pesado, ha estado mucho mejor económicamente desde que empezó a trabajar en esta refinería. Ya que no tuvieron oportunidad de ir a la universidad, mis padres les echaron muchas ganas a sus trabajos para poder tener una vida mejor. –Sandra

–Desde niño, mis padres siempre me dijeron que no toda mi vida ellos me iban a comprar cosas materiales y que un día tenía que encontrar un trabajo. Ellos me dijeron eso porque en total éramos seis hijos e hijas y no tenían tanto dinero para comprarles a todos. A los trece años empecé mi propio trabajo en una empacadora de manzanas. El patrón de la empacadora me dio trabajo durante los fines de semana limpiando las maquinas que regulan las manzanas. Mi cheque era de cuarenta dólares. Este dinero era suficiente para pagar mi desayuno y almuerzo cada día en la escuela. Trabaje allí por dos años y después de allí decidí dejar ese trabajo porque recibía poco dinero, mi amigo y yo decidimos ir a buscar un trabajo. Al fin de cuenta dimos con un granjero que nos empleó por todo el año. Unas labores que hacía era pizcar manzana, fresas, moras, uvas, duraznos y cerezas en el verano. Durante el invierno recortaba árboles de manzana. Estos trabajos eran muy difíciles y a veces se sufre mucho debido al calor intenso, picaduras de gusanos, frío y sed intensa. Cada día cuando daban las cinco de la tarde yo decía entre mí mismo que yo iba a ser alguien porque trabajando en esas condiciones toda mi vida no iba ser una opción. –Juan

–El primer trabajo que tuve fue cuando tenía diecisiete años en una lavandería de judíos, planchaba y doblaba ropa. Trabajé por dos años en esa lavandería. Me pagaban a ocho la hora. Trabajaba de domingo a viernes casi 50 horas. Yo llegué a ganar diez dólares la hora porque trabajé más de dos años. Estos recuerdos sí que todavía los tengo en mí pero si pudiera cambiar algo de mis años de adolescencia sería trabajar a una temprana edad, conocer a mi ex novia antes para estar más tiempo con ella, ayudarles más a mis padres con dinero y buscar más becas para la universidad. –Manuel

–En mi adolescencia yo hice trabajo voluntario en un hospital llamado "Putnam Hospital Center" como una escolta. Yo ayudaba a las personas mayores a llegar a los lugares que necesitaban por silla de ruedas y camas del hospital. También ayudaba a los doctores con sus papeles y ayudaba en la farmacia. Esta fue una experiencia increíble para mí. Yo aprendí un montón con la gente que yo trabajaba y todos los que conocí siempre me daban consejos para los próximos años de la vida. Me gustó mucho esta oportunidad. Yo también he cuidado niños para dos familias diferentes. La primera familia tenía dos niñas y un niño y un perro. En la segunda familia había tres niñas y un perro. Yo solo los cuidaba cuando me necesitaban, así que trabajaba durante los fines de semana generalmente. Me encantan los niños y el dinero era lo mejor.

Nunca me complicaron la vida, fue muy divertido estar con ellos. – Stefany

–Hubo un tiempo en que me di cuenta que ya no era un niñito. Este descubrimiento vino a mi cuando empecé a trabajar y ayudar a mi madre con mis hermanos. Yo empecé a trabajar en una granja y era necesario porque vivía allí. No trabajaba solamente porque mi familia necesitara el dinero sino también porque quería aprender lo que ellos hacían en la granja. El paso final que termino la niñez fue cuando empecé a trabajar; mis prioridades cambiaron de jugar video juegos, o pasar el tiempo con mis amigos, a hacer dinero para comprarme lo que quisiera. Siempre he querido ser independiente porque odio pedirle dinero a alguien. Mi primer trabajo lo conseguí cuando tenía catorce años y me pagaban lo mínimo que era siete dólares en ese tiempo. Esta ocupación consistía darles de comer a los animales por las mañanas y por las noches. Además de eso tuve que cuidar los animales recién nacidos. La mayoría de animales eran vacas pero había unos cuantos caballos. No era una labor muy demandante pero me hubiera gustado tener las noches libres para salir con mis amigos. El trabajo demandaba que yo trabajara por las noches muchas veces y no me dejaba salir. Por la razón que mi empleo requería mucho de mí, mi vida en la secundaria era caótica. Estaba tomando clases de nivel universitario y encima de eso decidí graduarme un año temprano. No lo voy a negar, sí sentía que me iba a derrumbar y no iba poder continuar pero de alguna manera logré sobrepasar todos los obstáculos. –Kyle

–Mi adolescencia no fue solo amor y futbol, cuando yo tenía quince años, mi papá se retiró del trabajo porque ya había cumplido los sesenta y cinco años. Días después de mi fiesta de quince años, mi mamá cayó enferma y ya no pudo trabajar. Mi papá intentó buscar empleo pero como ya se había retirado, no pudo conseguir más que unas horas de trabajo. Al ver la angustia de mis padres, empecé a buscar empleo. Afortunadamente, encontré trabajo en un restaurante llamado

"La cabaña". El restaurante pertenecía a un primo mío que se llamaba Raúl. Él me dio empleo limpiando las mesas, después me ascendieron a mesera y me encantó. Yo era muy buena atendiendo la gente que hasta cuando algunos clientes entraban pedían que yo fuera su mesera. Trabajaba todos los fines de semana, saliendo de la escuela el viernes y durante la temporada de fútbol, entraba a las cinco de la tarde después del entrenamiento, hasta las diez de la noche que salía. Los sábados y domingos entraba a las tres de la tarde y salía a las diez de la noche. Conforme fui creciendo me sentía más responsable porque cada domingo que me daban mi cheque de pago, no me lo iba a gastar en mi misma sin antes asegurarme que el cobro de la luz, ya había sido pagado, al igual que el cobro de la tele, el teléfono y que hubiera compra. Si era la temporada de invierno, que hubiera suficiente aceite para que la calefacción trabajara; solo después de todo esto me guardaba mi dinero. Cuando salíamos a un evento familiar yo tenía que pagar el gasto de la gasolina y la comida. Yo trabajé allí por cuatro años seguidos y aprendí a hacer todo: el bar, cómo atender las mesas, cómo hacer los platillos, qué ingredientes llevan las salsas, todo lo que uno debe saber cuándo trabaja en un restaurante. Mi jefe me dijo que yo era una de sus mejores meseras que había empleado. Tomé su cumplido con mucha honradez. –Carmen

La clase social y raza

Las narraciones a continuación describen escenarios y luchas que los podrían categorizar como pertenecientes a la clase social baja. Sin embargo, según ellos estas carencias no significan pobreza sino las circunstancias usuales que vive un inmigrante. Muchos describen la vida llevada por sus padres en latino América como pobreza y al ser comparada con "la abundancia" limitada que ellos han experimentado a lado de sus padres, entonces se consideran pertenecientes a una clase social más alta a la que sus padres han vivido. Frecuentemente asocian el factor educativo como primordial para

149

escalar la clase social y creen firmemente que estar asistiendo a la universidad los hará subir el nivel socioeconómico y continuar el trabajo que hicieron sus padres al tomar la decisión de inmigrar a los Estados Unidos. El estatus legal de las familias es analizado como un gran obstáculo para escalar económicamente. Muchos reconocen que habiendo solucionado lo de "los documentos", significó para sus padres gran progreso y un acercamiento al gran "sueño americano". En las siguientes elaboraciones surgen otros temas conectados al poder adquisitivo de una comunidad como la hispana. Algunos son la raza y como esta marca la visión que tienen otros miembros externos a su comunidad generando estereotipos que pueden convertirse en obstáculos para avanzar educativamente y económicamente.

–Para mi clase social me defino como clase baja. Me defino así porque mi padre es el único que trabaja en la casa y mantiene a toda mi familia. El no gana tanto dinero como otras personas porque su educación es muy baja. También recibimos ayuda del gobierno porque el dinero que entra en mi casa está por debajo de lo requerido para los miembros de mi familia. Excepto que para nosotros, el dinero no nos define necesariamente nuestra clase social sino como nos identificamos como hispanos. Racialmente me defino como mexicano. Me defino como mexicano aunque vivo en los Estados Unidos porque nací en México y porque no me siento estadounidense. Celebramos todas las tradiciones mexicanas y casi ninguna de los Estados Unidos. También me defino como hispano. Un hispano es alguien que tiene raíces de Centroamérica, Sudamérica y Puerto Rico. Alguien que tiene una cultura muy rica de música en español y comida con mucho sabor. Esto define a un latino; sin embargo, un estereotipo que veo mucho sobre los hispanos es que muchas veces a los centroamericanos les dicen que se ven como mexicanos y eso les molesta mucho porque creen que todos los latinos son mexicanos. Otro estereotipo que he visto es el que todos los mexicanos se conocen o que son familia. Asumen que todos somos familia porque somos mexicanos. Eso es un poco racista diciendo que todos se ven iguales. He tenido experiencia con ese estereotipo de parte de mis compañeros de clase. Decidí que era hora de explicar ese estereotipo: me levanté, hablé en público y les dije a mis compañeros de la secundaria que todos los mexicanos no somos familia, ese es un estereotipo creado por personas que no saben lo que dicen. Esto ocurrió en una clase de inglés y más de un cuarto de los estudiantes eran estadounidenses. Otra ocasión fue cuando un estudiante en mi clase de matemáticas, que no voy a nombrar, dijo algo racista. Cuando regresé de México en abril de este año me dijeron que alguna persona les había comentado que me iba a quedar en México para terminar la secundaria allá y el estudiante les preguntó a los otros estudiantes que por qué iba terminar allá si después de eso no hay nada. No hay universidades en México. En ese momento pude ver que él no ha ido fuera de Nueva York. –Adolfo

–Quiero salir de la pobreza y ser alguien mejor. Mis hermanos me ven a mi como una persona que puede salir y que he mejorado, pero en realidad no sé si he mejorado pero a la misma vez trato de mejorar y trato de ser alguien más positiva. Quiero ser una psicóloga porque quiero ayudar a los niños que han pasado por lo que yo he pasado en perder un padre o madre. A la misma vez quiero ser una antropóloga forense porque quiero devolver a las familias a sus seres queridos que han estado perdidos por muchos años. Mi mamá llegó a estudiar hasta segundo año de primaria y mi papá a quinto año de primaria. Los dos no tenían mucho dinero en sus familias y tenían que ayudar a sus familias con los animales y plantaciones. Mi mamá viene de una familia tan grande que ella no pudo seguir adelante. Mi prima Gloria, primo Javier y yo somos las primeras generaciones en ir a la universidad. La mayoría de mi familia piensa que con conseguir un marido y saber cómo hacer los deberes de la casa, vas a estar bien. Yo no pienso así porque yo pienso que una educación es la mejor respuesta para seguir adelante. –Jennifer

–Yo me identifico con la clase obrera. Aunque mis padres tengan una pizzería trabajan muchas horas. La clase mediana suponemos es para la gente que esta cómoda y que a lo mejor no trabajan más de cuarenta horas a la semana y todavía tienen suficiente dinero. Soy chicana entonces me identifico como mexicana y americana. Mis padres nacieron en México y yo nací en los Estados Unidos. Yo vivía en un área urbana y nunca experimenté el racismo, pero cuando me mudé a un lugar rural experimenté el racismo desafortunadamente. Algunas veces mis amigos bromeaban y decían cosas racistas siguiendo el estereotipo, que todos los hombres mexicanos trabajan afuera cortando el césped y las mujeres tienen muchos hijos y los mantienen con dinero del gobierno. No es justo, ya que lo pienso. Mis maestros no daban la misma oportunidad que les daban a otros estudiantes anglosajones. En mi escuela las clases de honores eran de blancos y en ocasión rara tres o dos latinos o afroamericanos. Es difícil pensar en alternativas para ayudar a mi grupo social. La experiencia que uno experimenta no es algo que se lo deseo a nadie. Yo creo que dar a los estudiantes de mi grupo social la educación apropiada sería una buena manera de crear esperanza. No me interesa subir de clase social pero si tuviera la oportunidad ayudaría a mi gente Latina dándole el mensaje "si puedo hacerlo, tú también lo lograras". –Adriana

–Mi padre es José Hernández Romero y es de Puebla, México. Mi padre es el tercer hijo de mis abuelos. Él creció en un pueblo muy pequeño llamado Las Sidras. Las Sidras es un pueblito chico con una iglesia, una escuela primaria y una tienda. Es un lugar seco y con mucho sécate de maíz pero a pesar que el pueblo es pequeño es bonito. Mi padre me ha contado que cuando era niño, él no tuvo las oportunidades que ellos me han dado. Mi padre sufrió porque a veces no tenía que comer porque mis abuelos no tenían comida para darles de comer a sus hijos. Él solo estudió hasta el grado seis porque no tenían dinero para comprar sus materiales para la escuela.

Mi papá decidió venirse los Estados Unidos a los 16 años con mi abuelo para ayudar a la familia. Mi papá no quiso que mi abuelo se viniera solo y por esa razón se vinieron los dos juntos. Él tomó una decisión muy grande porque él tuvo que estar lejos de mi abuela por un largo tiempo pero lo hizo para tener una vida más prospera. Mi madre se llama María Torres de Romero. Ella es la hija mayor de mis abuelos. Ella también sufrió como mi padre porque ella no tuvo las mismas oportunidades como las que yo tengo ahora en los Estados Unidos. Ella también es de puebla, México. Su pueblo se llama "Chila de las flores". Chila de las flores es un poco más grande que el pueblo de mi papá. Chila tiene una iglesia, primaria, secundaria, bachillerato, farmacia y su presidencia. Chila y Las Sidras son dos pueblos que están a dos minutos de distancia. Mi madre solo estudió hasta el grado sexto igual que mi papá. Ella también se salió por la misma razón que mi papá, no había dinero para seguir estudiando. Ella tenía que ayudar a sus padres en la finca sembrando verduras. Mi mamá tenía quince años cuando comenzó a trabajar en un restaurante como mesera. El restaurante quedaba a cinco minutos de Chila. A mi papá le gustaba comer en ese restaurante donde allí conoció a mi mamá. Después de conocerse se hicieron novios. Más adelante mi padre decidió pedir la mano de mi mamá. En México hay una tradición que cuando el novio pide la mano de la novia, él tiene que regalar algo material a los padres de la novia por ejemplo animales o frutas. Mi papá les regaló a mis abuelos gallinas y canastas de fruta. Ellos se casaron en el año 1994 y después de casados nací yo en el año 1995 en México. Mis padres estuvieron separados porque mi papá se tenía que venir a los Estados Unidos para mandarnos dinero. Después de tantos meses de estar separados ellos decidieron que los dos vendrían a vivir en los Estados Unidos para tener una mejor vida y cumplir "el sueño americano". Fue difícil llegar a los Estados Unidos porque mi mamá, mi hermana y yo éramos indocumentadas. Mis padres decidieron arriesgarse y cruzar la frontera. Mis padres me contaron que para llegar a los Estados Unidos, ellos tuvieron que irse por diferentes caminos. Mi mamá tenía que irse por el monte sin ningún familiar y tuvo que estar por varios días ahí, hasta que viniera el coyote, la persona que dirige el camino del monte. Mi papá, hermana y yo pasamos por autobús en la frontera, mi papá tuvo suerte de que el agente de inmigración no le preguntó por las actas de nosotras solo le pidió sus papeles de mi papá. La suerte nos ayudó a llegar a los Estados Unidos. Después de horas en el autobús logramos llegar a los Estados Unidos. Lo único que estábamos esperando era la llamada de mi mamá diciendo que ya estaba en los Estados Unidos. Ya cuando mi mamá habló tomamos un avión a Nueva York. Mis padres me dijeron que en esos tiempos era fácil subirse a un avión porque no pedían identificación. Mi mamá me platicó que fue horrible estar en el monte porque hay muchas culebras y espinas. Lo peor de todo es que hace calor y no hay agua para beber. Es muy peligroso estar en el monte sin tener alimentos para sobrevivir. Finalmente llegó una semana después. Ahora ya todos estábamos juntos como una familia. Nosotros llegamos en el año 1998 a Nueva York. Mis padres me llevaron a vivir en un pueblo llamado "Valatie" en Nueva York. Pasé toda mi vida en este lugar hasta que vine a estudiar a la universidad en un pueblo llamado Oneonta. Los primeros meses tuvimos que vivir con mi tío Albino y su familia porque mi papá no tenía una casa en donde vivir. El apartamento solo tenía dos cuartos, una sala y un baño. Era un lugar muy pequeño para dos familias pero estábamos muy agradecidos que nuestra familia nos hubiera ayudado. Mis vecinos también eran familiares de mi padre y gente de nuestro pueblo en México. Durante ese tiempo no había muchos hispanos en la vecindad, solo había cinco familias que vivían allí. Con el tiempo, más hispanos se mudaron a vivir en Valatie. A llegar aquí mi papá hizo averiguaciones para obtener nuestra residencia. Mi padre tuvo la oportunidad de obtener la residencia porque el presidente Reagan en el año 1986 creo la amnistía, que les daba la oportunidad a los trabajadores extranjeros de tener residencia Americana. Por esta razón mi papá tuvo la ventaja de solicitar residencias permanentes para nuestra familia. Mis padres, estando aquí en los Estados Unidos, pasaban miedo de que fueran deportados o de manejar sin licencia. Otra situación negativa que vivían era el racismo. Mis padres me han contado que los primeros meses fueron difíciles al no saber inglés y sin tener transporté para ir a trabajar la vida era complicada. El primer trabajo de mi padre fue en una finca de verduras y fruta. Él tenía que trabajar todos los días bajo el sol pizcando tomates, cebollas, calabazas, naranjas y manzanas. Después de trabajar en una finca, el decidió buscar un trabajo mejor. Él tuvo la oportunidad de trabajar de jardinero en una casa privada en Connecticut. El primer trabajo de mi mamá fue en una factoría empacando manzanas. Ella empacó manzanas por un tiempo pero después se encontró otro trabajo en una compañía de bolsas. Ella tenía que coser bolsas y arreglarlas. En el verano ella trabajaba en una finca de frutas llamada "Berry Farm". Mi mamá y su amiga pizcaban arándanos, frambuesas, fresas, tomates, calabazadas y hacían arreglos de flores. Mi padre le pregunto a su patrón que si necesitaban ayuda en la casa. Su patrón le dijo que sí necesitaba ayuda porque la casa era grande. Ahora mi mamá trabaja con mi papá en Connecticut, en la misma casa haciendo limpieza; aparte de la limpieza ella tiene que cuidar a Don Thomas, el dueño de la casa. Don Thomas es mayor y ya no se puede cuidar solo. Él también tiene una enfermedad llamada Alzheimer y tiene que tener mucha observación y cuidado. La casa donde mis padres trabajan es grandísima, porque tiene tres pisos, varios cuartos y muchos baños. Mis padres ya tienen varios años trabajando en la casa en Connecticut y siguen trabajando allá. Mis padres trabajan todos los días hasta los festivos. Cuando éramos niños, ellos venían como a las 7 de la noche de trabajar. Después de que mi mamá hacía la cena, todos cenábamos en la mesa y nuestros padres nos preguntaban acerca de la escuela. Después de cenar todos nos íbamos a ver las novelas. A todos en mi casa nos gustaba ver las novelas o partidos de futbol. La sociedad tiene un gran impacto en la forma en que la gente te ve y el estilo de vida que vives. Hay muchos estilos de vida y niveles de clases sociales en el mundo; por ejemplo existen los pobres y personas de clase media o clase alta. Cada nivel tiene sus aspectos positivos y negativos. Aunque la gente se separa y se identifica por sus niveles sociales, todos deberíamos tratarnos con igualdad. Desafortunadamente, no toda la gente tiene la misma capacidad u oportunidades que otras. Cuando yo emigré a los Estados Unidos, mi familia y yo encajábamos en una clase de bajos ingresos. En ese momento, mis padres no tenían un trabajo que les pagara bien. A medida del tiempo, mis padres fueron capaces de ascender en la escala social y obtener mejores trabajos. Hoy en día pienso que pertenezco a una clase media. –Jasmine

–Ser la hija de inmigrantes me ayudó a ser la persona que soy hoy en día. Cuando era niña, recuerdo que yo siempre era un poco diferente a los demás de los niños en la escuela. No nada más por el color de mi piel o por las prácticas culturales mexicanas, sino también por las cosas materiales que tenía comparándome con los otros niños. Cuando miraba que algunas de mis amigas tenían un juguete nuevo que yo quería, llegaba a casa y se lo pedía a mis padres. De vez en cuando mis papás me consentían cuando estaban en condiciones de hacerlo. Mientras pasaban los años, me fui dando cuenta de esta diferencia más y más. A veces mis compañeros entraban con ropa nueva después de las vacaciones primaverales o llegaban con lo más nuevo de electrónicos. Por otra parte, mis padres solo me compraban unas cuantas mudas de ropa cuando algo ya no me encajaba y los electrónicos siempre estaban fuera de mi alcance. Después supe que era por el estatus social de mi familia. Al entrar al país, mis papás empezaron con muy poco. Mientras trabajaban en diferentes puestos durante los años, se trataron de mantener en el estatus social de la clase media. Fue difícil mantenerse en esta posición por convertirse en padres a una edad muy joven pero siempre hicieron todo lo posible para darnos lo mejor que podían. A la vez, su condición migratoria también les presentó una gran dificultad porque tuvieron que acudir a las citas de inmigración con mucha frecuencia, las cuales eran muy costosas. Cuando tenía quince años, mis padres finalmente lograron obtener su residencia. Estuvieron entre los primeros de la familia en alcanzar esta gran meta que muchos inmigrantes tienen al entrar a los Estados Unidos. Desafortunadamente, mucha gente que emigra de México y trabajan para mejorar sus vidas terminan enfrentando discriminación y estereotipos; además de circunstancias económicas y legales que les hace muy difícil alcanzar su documento de residencia en los Estados Unidos. Al obtener su documento de residencia, mis padres se abrieron las puertas para poder hacer mucho más que anteriormente no tuvieron la oportunidad de hacer. Por ejemplo, pudieron encontrar un mejor trabajo sin tener que preocuparse por no tener documentos. Fue un beneficio para ellos porque entonces fueron capaces de obtener un mejor salario. A la vez, sus documentos de residencia les dieron la oportunidad de viajar a México para poder ver a mis abuelitos; algo que no habían hecho en más de quince años. Su residencia representó un avance socioeconómico porque al conseguirlo, se convirtieron en un ejemplo de los inmigrantes que lograron alcanzar el "sueño americano". En otras palabras, tienen el poder de hacer lo mismo que cualquier ciudadano americano. Aunque las cosas cambiaron de una manera positiva, mis papás todavía tenían que enfrentar la discriminación y los estereotipos. Racialmente, yo me identifico como una hispana específica-mente Mexicana- Americana. Cuando otra gente simplemente ven el color de la piel de nosotros los hispanos, nos caracterizan como gente de una clase social baja y sin mucho poder. Al transcurrir de los años, esta presunción y discriminación ha disminuido claramente pero todavía se puede encontrar en varias ocasiones. Siendo niña, no recuerdo ningún momento en que alguien haya hecho un comentario racial sobre mí. A lo largo de mis años en la escuela secundaria, de vez en cuando si escuchaba comentarios sobre mi grupo social. Cuando la gente hacía estas observaciones, ellos básicamente se burlaban de nuestra forma de ser, por razones que en mi opinión no eran graciosas. Por ejemplo, hay muchos mexicanos que vienen a los Estados Unidos para mejorar su vida pero había gente que buscaba algo en eso para burlarse. No recuerdo exactamente lo que decían pero sé que mencionaban la forma en que los mexicanos cruzaban la frontera. Aunque a veces mis compañeros decían cosas así por broma, había otra gente que realmente lo significaba. No les gustaba el hecho de que tanta gente emigrara de otro país porque decían que les quitaban trabajo y solo causaban problemas. A la vez, no era solo los mexicanos que estaban inmigrando a los Estados Unidos, había muchos latinos de varios países. Desgraciadamente, parecía que los mexicanos siempre tuvieran que ocuparse de las cuestiones discriminatorias. Por esa razón, cuando alguien suponía que yo era mexicana, a veces me molestaba porque con hacer un comentario así, sentía que la gente me clasificaba y juzgaba sin saber de mí. En mi opinión, era mejor preguntar antes de suponer. Como yo vivía en las afueras del pueblo, no me enfrente a un problema tan grande con estos comentarios. Mi familia bajaba al centro del pueblo muy frecuentemente y ahí el problema era más grande. El área era más urbana y se podía encontrar mucha violencia y gente de clase baja o media. La gente constantemente expresaba sus opiniones sobre cualquier cosa, a lo menos donde yo vivía. Por ejemplo, gente inmadura que nos llegaba a mirar por la calle hacían puras habladurías. Opinaban sobre nuestra apariencia y forma de ser cuando en realidad, no tenían razón para hacerlo. A veces opinaban sobre la reforma migratoria y lo que ellos piensan que debe pasar con nosotros. A mi sorpresa estos comentarios no les molestaban a mis primos tanto como a mí. La mayoría de ellos crecieron con estas actitudes negativas. A lo contrario, como mis padres siempre se mantuvieron alejados de esta parte del pueblo, yo crecí con niños fuera de mi clase social y creo que es por eso que siempre estaba tan fácilmente irritada por comentarios negativos de otras personas. En conjunto, también noté que estas actitudes causaban problemas entre diferentes grupos sociales. Por ejemplo, en el centro de mi pueblo hay mucha gente latina y afro americana. Mientras crecía, me di cuenta que había mucha tensión entre los dos grupos raciales. Nunca pude entender porque había tanta tensión si los dos grupos minoritarios tuvieron que pasar por mucho para tener los mismos derechos que los americanos blancos. Al contrario, pensaría que se hubieran comprendido mucho más. Cuando yo andaba con cualquier pariente, pude notar que ellos también tuvieron que ocuparse de situaciones como éstas. Interacciones diarias, como pagar en un registro donde la cajera que era afro americana, creaba tensión entre las diferentes razas y este sentimiento se pasaba de una persona a otra. Básicamente se sentía como si los dos grupos se odiaran pero nunca pude entender por qué. En general, esto afecta mi vida de ciudadana estadounidense en un nivel emocional y mental. Es difícil porque la mayoría de los hispanos solo vienen para tener una vida mejor, no para que los estén juzgando. De mala suerte, mis propios parientes terminaron por estereotipar a mi familia, pero de una manera completamente diferente a como lo hacía la otra gente. Cuando mis padres lograron sacar su residencia en el país, mis otros familiares empezaron a pedirle ayuda a mi papá, pero en mi opinión, no de una forma sincera. Pedían su ayuda muy constantemente y me molestaba porque mi padre a veces se estresaba por ayudarlos. Por ejemplo, era muy rara la vez que nos venían a visitar algunos de mis tías o tíos porque cuando lo hacían, era solo para pedirle algo a mi papá. La mayoría de las veces que lo venían a buscar era para que les prestara dinero. Sentí que nunca lo dejaban respirar y que se estaban empezando a aprovechar de él. Incluso, mi padre tuvo que trabajar horas extras para que le alcanzara el dinero para sus propios gastos y facturas. Lo buscaban con más frecuencia cada vez y después me di cuenta que nos trataban como si fuéramos gente de clase alta, aunque realmente no lo éramos. Comencé a darme cuenta de esto cuando mis primos aquí en la universidad empezaron a hacer comentarios sobre la casa en donde vivo o el coche que tiene mi padre. Decían que era "rica" entonces no me tenía que preocupar de cualquier gasto que hiciera. Eso me molestó mucho y supe que si ellos piensan de esa manera, entonces mis parientes deben pensar igual. Mis padres siempre han trabajado duro para tener una buena vida y para obtener lo que querían y por esa razón es que pudieron conseguir todo lo que hoy en día tienen. Por suerte, aprendí a ignorar la gente que actuaba de esta manera y en lugar, enfocarme en mi misma y en mis estudios. De esta manera, espero poder ser exitosa en el futuro y lograr obtener una buena vida como mis padres lo hicieron. –Sandra

–Yo nací en Hidalgo, México en 1995; de mi vida en México recuerdo muy poco. Mi memoria de niño empieza cuando llegué a Nueva York por primera vez y tenía cinco años. Llegamos a un pueblo chico que se llama "Sodus". En una semana encontramos un apartamento donde vivir. Todavía recuerdo cuando entré al apartamento y estaba en malas condiciones; se veía viejo y sucio. La cocina estaba hecha un desastre porque en unos lugares el piso se había despegado y la pared tenía un papel decorativo que ya estaba antiguo y roto. A medida que pasaron las semanas, poco a poco todos mis familiares ayudaron a limpiar, componer el piso y la pared. Al fin de cuenta le pusimos un piso nuevo que era negro con un diseño que se veía como un diamante y un papel decorativo color azul con flores. Además que el apartamento era chico, teníamos unos vecinos bien ruidosos. Siempre ponían una música que era muy rara para toda mi familia porque no la entendíamos y se escuchaba desde arriba de su apartamento. Mi mamá a veces decía jugando que ojala que sus bocinas se quemaran. Como yo iba a la escuela me dormía a las nueve de la noche y no podía dormir por el ruido y el calor que hacía. Mi cama consistía de un colchón en el piso. A medida que pasaban las semanas me fui acostumbrando más y más a vivir en estas condiciones. Cuando estaba en el apartamento a veces iba afuera y jugaba futbol solo contra la pared atrás del edifico. Esa era la manera que yo me distraía, pues no podía ir a jugar con mis amigos porque no vivían cerca. –Juan

–Yo me pasaba el tiempo con mis hermanos y primos. Ellos eran mis amigos cuando yo era un niño. Nosotros siempre jugábamos juntos y nos metíamos en problemas a la misma vez. Como no teníamos mucho dinero, solo jugábamos juegos que solo se usaban palitos y rocas. Alunas veces nos gustaba jugar futbol y las escondidas con mis primos y hermanos. No teníamos mucho dinero cuando era yo un niño entonces no tenía muchos juguetes. Mi familia y yo vivíamos en un apartamento. Era un apartamento que nunca voy olvidar porque ahí viví muchos momentos y tiene mucha historia de mi pasado. Yo no tenía un cuarto. Éramos muy pobres entonces teníamos que dormir en el piso mis hermanos y yo. No me gustaba dormir en el piso pero ahora que soy adulto entiendo y agradezco a mis padres por darnos lo más que pudieron. Mi hermana y mis padres nos cuidaban cuando era un niño. Los dos de mis padres trabajaban, mi mamá en la noche y mi papá durante el día. Eso se significaba que uno siempre estaba con nosotros. Mi mamá especialmente me cuidaba. Ella siempre nos cuidaba cuando estábamos enfermos. Mi padre cocinaba y nos mandaba a limpiar la casa. Mi hermana cocinaba, limpiaba y nosotros la ayudamos. Siempre nos peleábamos con nuestra hermana pero al fin de día nos divertíamos con juegos y viendo la televisión. –Pepe

–Mis padres en esta vida siempre han luchado por todo. Ellos han tenido una vida muy dura para que sus hijos vivieran cómodos y para que tuviéramos un buen futuro. Ellos se divorciaron después que yo nací, ahora tengo una madrastra llamada Antonia López. Los tres han hecho todo para que yo esté feliz y han hecho un gran trabajo. Mi mamá vive en un pueblo llamado Azua, con mi hermano pequeño. Ella tiene dos trabajos, suficiente para que ellos vivan cómodos. Pero son pobres y todavía viven en el campo. Mi papá vivió en Santo Domingo y después vino a Nueva York. El quince de octubre del 1983, mi papá vino a los Estados Unidos por razones económicas, en búsqueda de una mejor vida financiera ya que en Santo Domingo la economía y el desempleo estaban muy mal. Mi padre trabajó en limpieza de oficinas y luego fue chofer de taxi. Mi madrastra es mejicana y ella también vino a los Estados Unidos en busca de un buen trabajo. Mi padre y mi madrastra se conocieron en Nueva York. Mi madrastra brinda cuidados a personas de tercera edad en sus domicilios. Los dos no tuvieron muchas experiencias en el colegio. Mi madrastra solo fue a la escuela en el primer grado como ella es la mayor tuvo que quedarse en casa a cuidar a los otros hermanos menores. Para mi papá, sus padres le dijeron que no podía a ir a la escuela porque tenía que ir al campo a trabajar y al escondido de ellos se inscribió a la escuela hasta que aprendió a leer y escribir. Luego ingresó al ejército nacional y ya en este país nunca asistieron a la escuela. Ellos siempre han trabajado duro. La época durante mi adolescencia fue muy importante para mis padres porque nos mudamos de un apartamento a una casa. Yo vivía con mi madrastra, mi papá y hermanastra. Mi familia estaba muy feliz porque éramos los primeros de mi familia que tenían una casa y mis padres la compraron sin ayuda. Yo en mi vida me había mudado mucho y esta era la primera vez que yo sabía que iba a vivir ahí por mucho tiempo y tener nuevos amigos. Mi nueva casa tenía dos cuartos entonces mi hermana y yo compartimos un cuarto pero me gustaba mucho porque estaba en el ático y teníamos mucho espacio. El resto de mi casa tenía todo lo demás: sala, cocina, dos baños, sótano y garaje. El barrio era muy pequeño y tranquilo. Es un ambiente muy amable, hay muchos niños y perros alrededor. Lo que más me gustó es que afuera teníamos una piscina y una bañera de hidromasaje. Me encantaba esta casa y gracias a Dios que en ese momento mi familia se lo podía permitir. –Stefany

–Un sin número de veces la educación recibida define la clase social que uno tendrá. La clase social con la que yo me identifico es la media. Mi madre labora en una compañía como la cabeza de recursos humanos y de seguridad; a ella le costó mucho adquirir esta posición pero con determinación lo hizo.

El hombre con quien ella está compartiendo su vida ahorita también es jefe de manufacturas en la misma compañía. Los dos tienen trabajos estables dejándonos comprar a nuestro gusto sin estar muy limitados en cuanto podemos gastar; por esta razón me clasifico con la media clase. Esto no es la única cosa con la que yo me identifico; me identifico como un peruano-americano. Toda mi familia es peruana y hacen una variedad de cosas de la misma manera que allá en Perú; ellos cocinan, celebran y tienen las mismas creencias; todo es igual. Al hacer esto, mi familia involuntariamente me hizo identificarme como un peruano primero antes que un americano. Yo no sé de la cultura americana mucho y por esa razón no pensé poder clasificarme como un americano totalmente. Afortunadamente no he tenido problemas por mi raza o sufrido discriminación; de por si, donde vivo es un lugar muy calmado y lleno de personas amables. Lo que si he visto es a personas sin papeles legales no poder asistir a una universidad. Yo pienso que para una educación no debería importar documentos si no la inteligencia; mi grupo social varias veces son inteligentes pero para el gobierno eso no significa algo; el gobierno debería darse cuenta de la oportunidad que les está quitando a mi grupo social y a varios más. –Kyle

–Considero que la clase social de mi familia es la clase obrera porque mis padres trabajan en el campo con las frutas y verduras y no paga mucho. Mi familia es mexicana y nos definimos como hispanos. No creo que haya sido discriminado o en la escuela, pero hoy hay tantos estereotipos sobre los hispanos/latinos. El estereotipo que todos los hispanos/latinos tienen el mismo aspecto y que todos ellos son iguales, pero no es siempre la verdad. La gente ve los hispanos/latinos como que ellos tienen piel y pelo oscuro, tienen ojos marrones y ellos son bajos, pero hay hispanos/latinos que pueden parecerse a los europeos blancos y algunos que pueden parecerse a la gente negra. No todos los hispanos/latinos son pobres, hay algunas gentes que tienen éxito en temas como negocios y la

163

enseñanza. Yo creo que puedo subir de la clase social después de graduarme de la universidad y consiguiendo un trabajo que me encante y pague bien. No tengo un problema de interacción con la gente de una clase social o raza diferente especialmente si son una minoría, porque hay una buena probabilidad que tengamos experiencias similares y nos entendamos mejor. Si yo hablara con alguien de una clase social más alta, lo más probable es que yo sea diferente de ellos, pero podría encontrar que también tienen intereses similares. –Ramón

–En los Estados Unidos a los hispanos se les consideran la clase social más baja. Yo en cambio me considero media baja porque sí tenemos una casa, carro, comida y trabajo. Pero a veces sufrimos al no tener dinero para la calefacción en invierno o dinero para hacer un poco de compra. Al ver estos sufrimientos que pasaban mis padres, me ha motivado a aspirar por un trabajo más alto, al igual que darles el gusto de verme ser doctora. Pienso que al ser doctora también estoy escalando de la manera que la sociedad en general espera de los hispanos del futuro. Nosotros somos los líderes y ejemplo para esos muchachos que no piensan en la universidad como una opción; porque solo así se puede subir de clase social. Quiero ser modelo para otros jóvenes hispanos. Mi familia siempre será mi motivación al igual que mi clase social dado que no soy rica. Pienso que si no tuviera esto, no estaría en la universidad. Mis padres me han enseñado a trabajar por obtener lo que yo quiero en la vida. Sé que a ellos les causa una pena muy grande no haber podido darme lo que yo quería cuando era niña y hasta el momento, pero la verdad es que me dieron algo más valioso que un juguete o una muñeca. Me dieron mis valores y mis principios a través de sus sufrimientos y eso siempre lo voy a valorar y agradecer. Sé que a mis padres les causó mucha tristeza que mis hermanos no pudieron ir a la universidad y por eso es que yo me voy a encargar de hacerlos felices al cumplir otro deseo, solo espero que algún día yo pueda mostrarles lo agradecida que estoy de

164

ellos y que estoy muy orgullosa de que sean mis padres. – Carmen

–La clase que me definiría seria la clase media. Tengo los recursos necesarios gracias al trabajo que mi papi hace. También por la cantidad de dinero que mi padre hace al año. Yo me definiría como una hispana que es americana ecuatoriana. Me defino así porque como nací en los EE.UU soy americana pero mis raíces ecuatorianas también forman parte de mi identidad. Se podría decir que la sociedad siempre tiene el estereotipo de que los hispanos no tenemos una buena educación y que no somos muchos los que triunfan porque no tenemos los mismos recursos a los que las personas blancas acceden. Las personas blancas pueden pensar que a nosotros nos dan ciertos privilegios por el color de nuestra piel y porque la sociedad piensa que no estamos al nivel de los blancos. Para poder cambiar estos estereotipos se trata de que la sociedad pueda aceptar todas las diferencias que hay al rededor del mundo entero. Que unos a los otros dejáramos de señalarlos en ciertas categorías que nos perjudican. Se trata de poder convivir con los diferentes grupos y apreciar la diversidad. Aunque en la primaria y en la secundaria siempre he estado rodeada de gente hispana y morena, siempre me ha gustado interactuar con personas diferentes. El venir a Oneonta, me hizo conocer a gente que es diferente a mí en lo religioso y racialmente. Pude aprender de otras culturas y ver que nuestras diferencias es lo que hace a cada persona única y hermosa. Siempre va a haber discriminación pero en vez de quedarnos callados sobre eso hay que hacer algo. Hay que enseñar a la gente ignorante para que entiendan que ser distinto a los demás es valioso. –Ana

–A veces me imaginó como fuera mi vida si yo hubiera cruzado la frontera de Estados Unidos. Yo sé que vivir en Estados Unidos no es fácil para un inmigrante que viene de Latinoamérica. El inmigrante deja a su familia, su cultura y su vida atrás. Muchos hispanos que viven en Estados Unidos quieren progresar, mientras otros no hacen nada para avanzar en sus nuevas vidas. Los inmigrantes que quieren progresar aprenden a hablar inglés, trabajan mucho para darles a sus hijos o familia una mejor vida y educación. Aunque ellos no tuvieron la oportunidad de ir a la universidad esos hispanos quieren que sus hijos si tengan un buen trabajo y una buena educación. Sin embargo, los hispanos que no quieren mejorar sus vidas no hacen nada para progresar. Los inmigrantes que no quiere progresar tampoco quieren que su familia, hijos, o amigos progresen. Ellos hacen comentarios que insultan a otra gente o hacen sentir que la educación no importa. He escuchado cuando unos amigos de mis papás que dicen "Ay no para que van tus hijas a la universidad, eso es mucho dinero", "No mis hijas no van a ir a la universidad, que terminen la preparatoria y que se encuentren un esposo" o "yo no tengo dinero para que vayan a la universidad y si quieren ir que ellas se lo paguen, yo no"; lo peor que he escuchado fue cuando mi tía dijo "no mis hijas no van a estudiar a ver si se las roban o se embarazan". Mucha gente hispana como los amigos de mis padres y mi tía no ha progresado y no quieren que sus hijos progresen en esta vida. Ellos piensan que ir a la universidad es una pérdida de tiempo y que no es importante. Por este tipo de apreciaciones ignorantes, ellos y sus familias se quedan atrás y no hacen nada para triunfar. Por esa razón hay hispanos que se encargan de poner obstáculos en sus vidas. Algunas personas tienen un "pero" para todo. Lo que es más triste es que los hijos de estos inmigrantes que son americanos, no toman la oportunidad de ir a la universidad o de buscar un buen trabajó, mientras trabajan en fábricas donde no van a superarse. Entonces el fracaso de muchos inmigrantes hispanos es debido a sus propios padres que no apoyan a sus hijos en cualquier decisión que tomen para progresar. Yo tengo que decir que soy muy afortunada de tener a mis padres porque ellos me han apoyado en todas mis decisiones de progresar en esta vida. Sin embargo, mis padres no fueron a la universidad y ellos no quisieron el mismo futuro para mi hermana y para mí. Por esa razón mi papá planeó mi futuro para que yo pudiera ir a la universidad desdé que yo estaba en mi segundo año de la preparatoria. Aunque mis papás vinieron a Estados Unidos como inmigrantes ellos sí progresaron en este país. Al principio éramos muy pobres, después mis padres consiguieron trabajos y empezamos a vivir solos sin ayuda de nadie. Ahora vivimos muy bien, no somos ricos pero mis padres son gente trabajadora. En mi opinión yo creo que vivimos bien pero mis padres no quieren que mi hermana y yo pertenezcamos a esa clase trabajadora sino que podamos lograr más que ellos y vivir cómodamente dentro de una clase media y con estabilidad laboral. A veces me pregunto por qué aunque mis padres quieran que mi hermana y yo tengamos una vida mejor siempre vamos a pasar discriminaciones y humillaciones. A mí nunca me habían humillado y discriminado hasta que vine a la universidad. Una profesora del departamento de inglés me faltó al respeto cuando la vi para que me ayudara en mi trabajo. Ella dijo que hice un horrible trabajo y me dijo que no creía que me iba a superar en esta vida. Lo peor que me dijo, que nunca voy a olvidar fue "y a qué edad llegaste a este país, porque tu inglés no es bueno y no sabes escribir". En ese momento estaba enojada porque ella pensó que era inmigrante. Yo le dije que nací en este país pero que mis padres eran inmigrantes. Yo no me avergüenzo de dónde vengo, al contrario yo estoy orgullosa de mis raíces. Pero lo que me hizo enojar fue que me ofendió y me dijo que para que estaba en la universidad. Ella no sabe nada de mi vida y para que me discriminara de esa manera y lo peor fue que era en público. Estaba en el café a las dos de la tarde después de clases, cuando había mucha gente. Estaba muy enojada y empecé a llorar. Después de escuchar lo que dijo me fui y empecé a llorar más. Yo nunca voy a olvidar eso. Fue la peor experiencia que he pasado en mi vida. Aunque eso me ocurrió el año pasado, lo tomé como una lección. Lo que me ocurrió con esa profesora era horrible, porque como una profesora ella no debía de haber actuado de esa manera. Sin embargo hay gente como ella con tan poca educación y no les importa sentirse mejor que otra gente. Lo que me da risa es que hay inmigrantes que discriminan a otros inmigrantes. Se sienten mejor porque hablan mejor inglés y porque tienen un mejor trabajo. A mi mamá la ha discriminado una de sus compañeras de trabajo, pero como mi mamá si sabe inglés, ella se defendió y no se dejó que la compañera la hiciera sentir menos. La compañera del trabajo de mi mamá le gritó en frente de la gente porqué a ella no le gustó como mi mamá hacia el trabajo, la humilló. Entonces mi mamá le contestó a la señora y se fue del trabajo. Como mi mamá, mi familia tiene un carácter fuerte que no se deja que nadie los discrimine. Aunque mi familia tiene un fuerte carácter, otra gente no lo tiene y se dejan hacer sentir menos. Ser hispano en Estados Unidos es muy difícil porque hay odio hacia los hispanos. Hay muchas razones sin fundamento que usan para discriminarnos: "Los hispanos les quitan los trabajos a los blancos, los hispanos son perezosos y son delincuentes." Yo no entiendo porque dicen eso, porque si uno piensa así entonces los italianos, los franceses y los británicos son los inmigrantes. Ellos fueron los que les destruyeron la vida a la comunidad indígena que vivía aquí antes de la llegada de los europeos. Los hispanos no vienen a quitarle el trabajo a nadie sino a trabajar duro y a hacer los trabajos que otros ciudadanos americanos no quieren. Pero no toda la gente piensa como yo. Yo sé que soy muy diferente a la persona que era antes, pero ahora veo cambios en mí que antes no veía. Cuando tenía doce años mis padres me mandaron a México con mi familia. Es ese momento pensaba que era una experiencia horrible. Pero ahora que tengo veinte años me he dado cuenta que fue una experiencia maravillosa. Ahora que he madurado me interesa más mi origen. Lo que me hace estar más orgullosa de mi origen es que mi mamá viene de ascendencia maya. No me avergüenzo o pienso cosas inmaduras como antes. –Betzabe

LAS COMUNIDADES URBANAS Y RURALES

Los ambientes donde han crecido las segundas generaciones de hispanos varían según el lugar de establecimiento que hayan hecho sus padres; por lo tanto las experiencias marcan la diferencia en el proceso de adaptación en zonas urbanas o rurales. De los ventinueve jóvenes incluidos en este trabajo, se encuentran una gran mayoría de residentes de las zonas rurales de "upstate NY". Entre las experiencias es importante notar que estos muchachos educados en los pueblos pequeños empiezan a trabajar a una temprana edad al lado de sus padres. En el campo la vida doméstica se confunde con la vida laboral. Las familias viven en el campo, lo trabajan y a cambio sus patrones les ofrecen casas que están ubicadas en las mismas fincas donde laboran. Entonces es común ver a toda la familia asumiendo responsabilidades para el sustento de todos. La ruralidad presenta aspectos muy positivos en la crianza de los hijos. Los espacios son más seguros para que los niños tengan libertades, la carencia de objetos materiales tal como juguetes o videojuegos es reemplazada por la exploración a la naturaleza, el disfrute de los lagos, los ríos y los campos donde tan solo con una pelota de futbol se puede lograr la integración familiar y vecinal; las residencias son más amplias y el hecho de cultivar frutas y vegetales siempre les pondrá algo saludable sobre la mesa. El inglés predomina en estas comunidades y es visto como un aspecto positivo por sus padres pues garantiza que sus hijos lo aprenderán y tendrán la oportunidad de integración a la sociedad dominante que ellos no tuvieron. Las tradiciones lingüísticas y culturales hispanas son reforzadas por los padres en las zonas rurales como garantías para la unión familiar y de sobrevivencia. La privacidad del hogar, la familia, los compadres, adultos inmigrantes que llegan y se les brinda una ayuda temporal, resultan ser circunstancias fundamentales para el mantenimiento de la herencia cultural y la fluidez bilingüe que estos jóvenes conservan en las zonas rurales. Por el contrario, aquellos que se han establecido en los espacios de aglomeración urbana en los condados de la ciudad, o en la parte sur del estado, han vivido espacios más estrechos, encierro por la inseguridad de las calles y experimentado condiciones sociales difíciles debido a la ausencia de sus padres que laboran horarios extendidos para poder mantener un hogar donde el costo de vida es mucho más alto. Algunos, por su mayor poder adquisitivo han logrado residencia en comunidades más prosperas; no obstante, los problemas que aquí se presentan radican en la integración a una sociedad que no los acoge porque racial y étnicamente no se les parece. Tanto estos jóvenes como sus padres viven entre varias localidades trasnacionales, reales o imaginarias basadas en recuerdos y apegos a una tierra que abandonaron y la otra donde tienen que sobrevivir.

–Algo único y curioso sobre mí es que no nací en un hospital, sino en una tina porque no había dinero para pagar el hospital. Viví en "La Batea" por tres años y mis padres me enseñaron mixteco. Cuando tenía tres años me inscribieron en el prescolar para que aprendiera el español pero no pude porque fue demasiado difícil de distinguir el mixteco del español. Después, mis padres decidieron irse a otra ciudad más grande porque mi hermano iba a nacer. En ese momento nos fuimos a San Juan Mixtepec y allí vivimos hasta que tenía siete años. Sin embargo mis padres se fueron a los Estados Unidos para que mi segundo hermano fuera ciudadano americano. Se regresaron a Mixtepec, pero unos meses antes de que fuera a cumplir siete años, mis padres decidieron que era mejor que nos fuéramos a los Estados Unidos. Este proceso fue difícil para mi familia. Mi hermano que tenía cinco años y yo tuvimos que cruzar la frontera de California ilegalmente con los documentos legales de nuestros primos, quienes son ciudadanos americanos. Mis padres ya tenían residencia y entonces pasaron más fácil con mi hermano pequeño. Cruzamos sin obstáculos y fuimos directamente a Bakersfield, California. Allí vivimos con el hermano de mi padre y su familia y en total éramos diez personas viviendo en una casa durante aproximadamente siete meses vivíamos en California y asistía la escuela primaria. No me gustaba ir a la escuela porque los maestros me enseñaron español y yo quería aprender inglés. Razón por la cual decidimos mudarnos a

Dunkirk, Nueva York. Aquí aprendí más español y el inglés en menos de un año y medio. –Adolfo

–Hasta este día sigo viviendo en la casa donde crecí. La casa es grande, es de un color verde tan claro que parece ser blanca. Tiene cuatro dormitorios, una sala, un baño, una cocina, un sótano, comedor y otros cuartos que se usan para guardar cosas. Afuera de la casa hay un patio, que durante mi niñez fue muy importante porque allí salía a jugar mucho. También mi papá tiene su jardín, aquí sembramos moras, tomatillos, tomates y chiles. En nuestro patio hay muchos recuerdos que se han hecho. Por ejemplo, durante el mes de agosto del dos mil diez tuvimos las prácticas para del vals para mi fiesta de quince años. Aquí jugamos fútbol los muchachos y yo en el pasto. Aunque a mi papá no le gustaba para nada la idea que yo anduviera jugando futbol con los chicos. –Daniela

–Yo trabajo con el uso diferentes tipos de máquinas como grúas, una máquina de aserrín y un autobús donde mi padre transporta su herramienta de un lado al otro. Otra cosa que hace ruido son los camiones grandes que transportan miles de gallinas. Hay gente que transporta los camiones llenos de gallinas a la ciudad donde venden la gallina. Lo que transportan lo vacían y todos esos pollos los venden a la gente. La máquina de aserrín es una maquina muy poderosa. Esta máquina es la máquina que hace más ruido que alguna otra máquina que yo haya visto. Esta máquina corta troncos gigantescos de árbol y los convierte en aserrín. El aserrín es usado para pollitos pequeños recién salidos de los huevitos. El trabajo de mi padre es que estos pollitos sean saludables y que puedan crecer para que cuando estén grandes puedan vendérselos a la gente. Las alarmas que suenan como resultado de una emergencia también son muy ruidosas. Esto significa que los edificios donde están las gallinas necesitan atención. Mi padre está a cargo que todo funcione alrededor de la granja. Si hay un problema, él lo debe que resolver. Es muy difícil para él, pero él se ha adaptado con facilidad al trabajo, no importando que tan difícil sea. –José Marte

–Ahora, vivo en una casa de dos pisos en un pueblo que se llama Appleton, al otro lado de nuestra casa es el granero donde mis padres empaquetan las frutas y verduras que escogen. A la izquierda de nosotros hay una vía de tren, un tren que generalmente pasa un par de veces al mes. A la derecha y a la izquierda de nosotros, también viven mis tías, tíos, primos y más a la izquierda se encuentra el lago Ontario. También alrededor de Appleton hay campos de manzanos, tomates, coles y un poco de maíz. Mi vecindario es agradable, muy tranquilo y no hay mucha actividad por allí, solamente el trabajo de la granja. Me gusta vivir rodeado de toda mi familia y el apoyo que me dan. Yo soy uno de los deportistas de la familia: corro en competencias, nado y gané varios premios durante mis años en la secundaria. Otros deportes que me gustan son jugar futbol y tenis. Siempre juego futbol con los trabajadores de la granja adonde yo trabajo y siempre jugamos un juego con la otra granja que se llama Singer Farms. Los trabajadores con los que yo juego futbol son de Texas. Ellos solo vienen en Nueva York en el verano para trabajar; también hay muchachos de la misma edad que yo y unos más jóvenes. Nosotros trabajamos con las manzanas, los tomates y las coles. Ponemos estacas en la tierra para plantar los tomates, también plantamos coles. Después pizcamos las manzanas, tomates y coles cuando están listos y también trabajamos en la bodega para ponerlas en las cajas. Ahora estoy en la universidad y solo hago este trabajo cuando regreso a casa para las vacaciones. – Ramón

–En este momento vivo en Montgomery. Es un pueblo muy pequeño donde no hay nada para hacer. Es muy calmado y toda la gente tiene sus "narices por el cielo". La gente piensa que si no eres como ellos, si no te vistes como ellos o hablas como ellos, no eres importante. Sólo se preocupan por ellos mismos. Quisiera que nos mudáramos pero eso no va a pasar y no me importa mucho porque ahora estoy viviendo aquí en Oneonta. Claro que tengo amigos, pero solo hay dos que me entristece no estar con ellos. Si no fuera por ellos no tendría ningún problema en mudarme al otro lado del planeta. Conocí a las dos, Ashley y Lauren, en la primaria y todavía somos mejores amigas.–Yarden

–Yo vivo en Poughkeepsie, Nueva York en una casa pequeña. Poughkeepsie está entre medio de la ciudad de Nueva York y Albany. Vivimos en un área calmada pero Poughkeepsie se está volviendo muy peligroso. Tenemos cuatro pisos en la casa: un sótano, dos pisos principales y un ático. Mi tía y su familia viven en el primer piso y mis padres y yo vivimos en el segundo. Tenemos dos cuartos, un baño, una cocina una sala y un cuarto huéspedes. Mis padres no viven conmigo, ellos viven en el Bronx porque ellos tienen una pizzería ahí. Cuando yo llego a casa para las vacaciones ellos vienen a verme y se quedan ahí. Es muy difícil vivir en dos lugares a la misma vez, mi vida está en Poughkeepsie pero el dinero está en el Bronx, sé que los corazones de mis padres pertenecen a México. Mis padres hicieron el sacrificio de estar aquí por mí y el dinero. –Adriana

–Los primeros años de mi vida los viví en California y luego me mudé a Nueva York. Yo pienso que viví toda mi niñez en el Bronx, pues la verdad no me acuerdo nada del tiempo cuando viví en california. Toda mi vida he convivido con mis padres y mis tres hermanos. Cuando estábamos en el Bronx, nuestro apartamento era de un cuarto y la mitad de la sala era mi cuarto. Mis hermanos y yo compartíamos una litera. El apartamento era muy pequeño, mis hermanos y yo teníamos que aprender como compartir. Mis padres no nos compraban juguetes que tomaran mucho espacio en la sala o del armario. Cuando me mudé al Bronx lo único que hablaba era español. El español es mi primer lenguaje porque es el único lenguaje que mis padres me enseñaron de pequeña. Vivir en el Bronx me ayudó a practicar mi español más que

173

cuando me mudé a Highland. Al empezar el primer grado, mi mamá no quiso ponerme en clases de inglés. Ella siempre le ha gustado que practiquemos el español para poder comunicarnos con nuestros familiares. Hay momentos ahora que no puedo traducir cosas del inglés al español. Eso es lo que no me gusta, siempre pienso que si mi madre no hubiera decidido mudarse a Highland, el español no sería tan difícil para mí. Desde que nos mudamos a Highland todo lo que he hablado es inglés. En la comunidad donde vivimos no hay hispanos con quien poder convivir. Me gustaría vivir en una comunidad hispana para poder celebrar con todos. Cuando vivía en el Bronx, mi madre invitaba todos los vecinos para celebrar mis cumpleaños. A mi familia le encanta celebrar y hacer fiestas. No es que me encante mucho estar en fiestas, sino estar con toda la familia en los días especiales para celebrar. –Tania

LOS CONFLICTOS Y LAS TRANSFORMACIONES

Entre todas las problemáticas que implica vivir la experiencia como inmigrantes y procesos de integración ante una sociedad diferente a la propia, los estudiantes de segunda generación remontan sus historias a las vidas de sus padres en sus lugares de orígenes. Las condiciones de pobreza se describen como circunstancias vividas en México o en República dominicana. Ya en los Estados Unidos plantean que los estereotipos y los problemas raciales los afectan por encima de sus limitaciones económicas. Es en estos planteamientos que se encuentra un análisis comparativo entre las culturas Latinas, Afroamericanas y Anglosajonas y los obstáculos de convivencia experimentados en las escuelas y las calles de sus barrios. La adolescencia es una etapa de cambios y a estos muchachos se les añade la obligación de asumir responsabilidades a muy temprana edad, impidiéndoles en algunos casos vivir su años de cambio hormonal de una manera similar al resto de sus amigos. Algunos tienen la suerte de encontrar escape en el deporte, o contar con una persona que los apoya en la escuela y los entiende; otros viven, desde muy niños, desprendimientos y rupturas familiares que

174

los obligan a madurar y dolorosamente mirar hacia el futuro como única opción de sobrevivencia.

–Mis papás crecieron en unos países donde en ese tiempo había mucha pobreza y muchas familias vivían con hambre. La mayoría no tenían suficiente dinero para mandar a sus hijos a la escuela. Mis papás eran parte de esta etapa en México y Guatemala. Más de una vez, ellos se dormían con hambre. Crecieron en un tiempo muy difícil. Mi mamá se llama Karina Corriente Treo y nació en El Salto, Tecozautla, Hidalgo, México en el año 1971. Mis abuelitos se llaman María Treo Marillo y Luis Corriente Fernández. Tuvieron cinco hijos y mi mamá fue la única mujer. El más grande tiene 45 y el más chico tiene 20 años. Su familia era muy pobre y trabajaban en la agricultura sembrando y vendiendo maíz. No les iba muy bien, porque México es muy seco y es muy difícil cultivar comida para todo el año. Mi mamá era la segunda de los hijos y tenía la responsabilidad del quehacer doméstico y ayudar a mi abuelita. Mi mamá hacía todo en casa desde que cumplió los siete años. Ayudaba a mi abuelita con sus hermanos. Los cuidaba y para ellos era su segunda mamá. Mi mamá fue a la escuela pero solo hasta el sexto grado. No le gustaba la escuela y no era muy buena. Los maestros maltrataban a los niños y les pegaban por cualquier cosa, hasta si no tenían las uñas cortadas. Mi mamá se metía en muchas peleas en la escuela y su hermano mayor, Mario, siempre le ayudaba defenderse. Ella nunca se dejaba de nadie. Le robaban sus libros y el único lápiz que tenía. Cuando llegaba a casa, tenía hambre, pero no había tiempo para pensar en ella, su obligación era con sus hermanos. Sus papás nunca estaban, por el trabajo, o si no se iban con sus amigos. Mi abuelito era un alcohólico. Tomaba demasiado y cuando se emborrachaba se enojaba bien feo. Golpeaba a su esposa y hasta una vez ya la iba matar. También le pegaba a mi mamá con su cinturón y a su hermano mayor por cualquier cosa. Nunca dejaba a mi mamá que se fuera a jugar con los muchachos o tan siquiera que se montara en una bicicleta porque era muy machista. –Mariana

–Todos cambian y cuando lo hacemos nunca nos damos cuenta y pensamos que seguimos siendo los mismos. Eso me pasa a mí porque muchos me dicen que he cambiado pero no lo noto y eso me da miedo porque me veo en el espejo y veo a la misma horrible persona que pensaba que no vale la pena seguir luchando. Este es mi miedo: que pueda regresar esa persona otra vez y que esta vez no pueda hacer nada. Me acuerdo viéndome en el espejo y preguntándome quién es esa persona en el espejo. Cuando otra persona está gritando por ayuda pero no puede salir y esa persona soy yo. Yo gritaba que quería salir y ayudarme pero nunca pude salir hasta que agarré a la horrible desprevenida. Hasta ahora veo que pude recupérame y poder ayudar a los demás. Mucha gente me ve y me dice que he cambiado demasiado pero lo único que veo es la misma persona, pero más escondida. Vivía un conflicto interno muy profundo durante mi adolescencia, yo estaba segura que ya no quería vivir. Para mi seguir viva era un "delito" porque se había ido mi papá y casi la mayoría de las personas que yo quería. Viví de esta manera conflictiva hasta que regresé a los Estados Unidos. Al principio tuve una adolescencia medio difícil hasta cuando una persona me enseñó que la vida no era todo negro y triste. Me pregunto si es verdad que he crecido o solamente miro hacia atrás y creo que he vivido. –Jennifer

–Empecé a cambiar cuando me daba cuenta que lo más importante de mi vida eran el internet y mis amigos. Mis primos menores me daban mucha lata, me daba mucha ansiedad estar con ellos y siempre quería estar con mis amigos en lugar de mi familia. Me gustaba estar sola. La música era mi escape. Me vestía todo de negro, los pantalones, la camisa y mis tenis. Me gustaba ir a conciertos en un club que es nombrado *"The Chance"*. Mi pelo estaba cortado de una manera muy extraña. Era corto y no tenía definición. Tenía dos tipos de amigos, unos a los que les gustaba el rock y otros que eran "mainstream". *"Mainstream"* quiere decir algo popular en la sociedad. A ellos les gustaba la música popular y se vestían con ropa de compañías populares en los EEUU. A medida que el tiempo pasaba, la mayoría de mis amigos cambiaron y nunca era lo mismo. Vivíamos en diferentes mundos y estábamos en el proceso del desarrollo. Elegí los deportes porque quería estar saludable y quería conocer gente nueva. Siempre me ha gustado jugar el futbol con mi familia cuando era niña. En el grado ocho empecé el futbol y me divertí. Ahí hice muchas amigas que me ayudaron a balancear el deporte y la escuela. Desde el grado ocho hasta la secundaria jugué el futbol pero no fue el único deporte que hice. En el primer año de secundaria empecé a remar. Me enamoré de este deporte me ayudaba en muchas maneras que no puedo explicar. Cuando remé conocí mucha gente maravillosa y organizaba mi tiempo muy bien. Mi entrenador me inspiraba a ser alguien en la vida y nunca vio un límite en mí. Por sus lesiones de vida cambie a ser muy espiritual. Sin Embargo, en la adolescencia aprendí mucho de la discriminación; por ejemplo en los deportes he visto el racismo y el sexismo. Recuerdo que un día en un juego de futbol, una chica dijo que no quería jugar con el "ghetto" porque en mi equipo la mayoría éramos mexicanas y afroamericanas. Sentí tristeza y rabia nunca entendí el racismo y no sabía cómo reaccionar. También me daba cuenta de la discriminación hacia las mujeres cuando jugaba futbol con mis primos y sus amigos, nunca entendía pero sabía que así era la vida. Nunca querían jugar con la niña porque las mujeres no saben jugar y no aguantan el dolor. En la casa tenemos que hacer limpieza y saber cocinar porque si no sabemos nadie se va casar con nosotras. –Adriana

–El evento que ha marcado y marcará por siempre mi adolescencia y vida es la muerte de mi hermano mayor, mi ñaño Javier, cuando tenía 17 años justo antes de terminar la secundaria y comenzar la universidad. Él era el mayor de nosotros cuatro que tenían la misma madre y padre. También era el mayor de los hermanos medianos por parte de madre y padre. Con la muerte de él por primera vez supe que era perder a alguien que amabas mucho y era tu todo. Él siempre había sido como mi padre, amigo y hermano. Con él yo siempre salía al cine desde que era chiquita porque a los dos nos gustaba ir al cine. Como yo era su hermana chiquita él me consentía y me cuidaba siempre. Aunque ya han pasado dos años desde su muerte siempre habrá un vacío en mí. Con su muerte aprendí que puedo ser fuerte en situaciones que tienen que ver con mi familia y que me puedo sostener. Mi ñaña y yo éramos la que estábamos fuertes siempre y tratábamos de contener a nuestra familia cuando tuvimos que irnos al Ecuador para enterrarlo en El Naranjal y para que nuestra familia se pudiera despedir de él. Mi ñaño Javier al ser el hermano mayor fue el que se tuvo que preocupar sobre todos los papeles de su muerte en Nueva York pero como él no estaba emocionalmente bien, no se pudo contener para ayudar con todos los papeles y mi ñaña se tuvo que encargar. Yo traté de ser fuerte y ayudarla en lo que podía. Cuando estábamos en Ecuador teníamos que estar fuertes para poder contener a mi madre. Me di cuenta cuando estuve en Ecuador que no me salían las lágrimas. Era como que en Nueva York ya lo había despedido en el velorio que hicimos para sus amigos antes que lo trajéramos a Ecuador. Ya había llorado todo desde su muerte en Nueva York. Aunque hay veces que me acuerdo de él más de lo usual y quisiera que todo fuera un sueño pero no es así. Pero bueno la muerte es parte de la vida y no se le debe tener miedo. Su muerte fue lo que hizo que yo volviera al Ecuador después de 12 años y que volviera a ver a mi madre. El regresar a El Naranjal fue una experiencia que me abrió los ojos. Vi como mis tíos, tías y primos no tenían las mismas comodidades que yo había tenido toda mi vida en los EE.UU. Ellos vivían en casas humildes y podía ver que ellos no tenían los recursos para darse los gustos que yo me daba aquí. Al verlos así hizo que quisiera ayudar a mis primos comprándoles zapatos ya que lo necesitaban y me salió del corazón hacerlo. Ir a Ecuador fue ir a un lugar al que yo no estaba acostumbrada; esto hizo que apreciara aún más todas las oportunidades y cosas que yo tenía. En mi adolescencia he tenido cosas duras que me han pasado pero se trata de aprender de ellas. Uno no puede ir en la vida con una actitud pesimista sino positiva. – Ana

–Durante mi adolescencia, pasé por muchos cambios en mi vida que me afectaron en una manera muy personal. En otras palabras, estos cambios me hicieron madurar no nada más por fuera, sino por dentro también. Esta etapa de mi vida fue muy difícil para mí, pero a la vez muy importante. Durante esta etapa me convertí de una niña, a una mujer. La primera vez que noté este cambio de mi vida fue cuando entré a la secundaria. Me empecé a dar cuenta que ya nada era lo mismo. Ya casi no veía a los amigos de la primaria. El trabajo que nos daban en la secundaria era mucho más difícil y los maestros que tenía eran mucho más estrictos que los que tenía anteriormente. Observé a mis otros compañeros de clase y me di cuenta que muchos de ellos estaban cambiando su forma de ser. Después me di cuenta que todos cambiábamos, incluso yo. Me di cuenta que era un poco más alta. Mi voz cambió ya no tenía ese tono pueril y en cambio, sonaba más profunda, más madura. A la vez, me empezaron a salir barritos en la cara y mi mamá me dijo que eran signos de estrés. Hace unos meses atrás, me había dicho mi doctor que si llegara a pasar esto, era una señal de que mi cuerpo iba a comenzar a pasar por cambios también. Ahí es cuando todo tuvo sentido para mí. Por eso mi voz sonaba más profunda. Incluso, note cambios en mi cuerpo de los cuales no me había dado cuenta antes. Mi pecho, las piernas y mis brazos parecían haber crecido durante la noche. Era un poco vergonzoso porque sentí que todo era muy notable. Después de un tiempo lo acepté y no le di mucha importancia a los cambios que sucedían en mi cuerpo. En lugar, me empezaron a gustar cosas diferentes. Ya no disfrutaba de lo mismo que cuando tenía ocho o diez años. Me vestí diferente, escogía mi propia ropa, empecé a peinarme yo sola. Mis preferencias cambiaron poco a poco y mi comportamiento también. Lo malo es que me convertí en una joven muy rebelde. Recuerdo que mis papás me mandaban a hacer algo y yo les respondía diciendo que no. Tenía trece años cuando empecé a portarme así. Reaccionaba de esta manera porque sentía que mis padres siempre me mandaban a mí en vez de pedirle a mi hermano o hermana. Mis padres no soportaban mi nueva forma de ser y me castigaban por mi mal comportamiento. Después de un tiempo, se me quitó la rebeldía un poco y empecé a obedecer a mis padres nuevamente. Pasó un tiempo cuando mis papás creían que eran mis amigos quienes me influían a comportarme de una manera muy grosera. Por ejemplo, hubo un día donde me porté de muy mala manera con mis padres. Le rezongué fuerte a mi madre y cuando llegó de trabajar mi papá, tuvo una plática muy fuerte conmigo. Durante la plática, mi papá mencionó que seguro me empecé a portar de esa manera porque algunos de mis amigos en la escuela me influyeron a actuar de cierta manera. Creo que eso es lo que me hizo cambiar y reflexionar sobre mi actitud. No quise que mis papás pensaran que mis amigos eran malas personas. Ellos también estaban pasando por una etapa muy difícil, pero en general, eran muy sinceros y maduros para su edad. Tenía muchas amigas quienes eran muy responsables pero solo tenía una mejor amiga la cual se llamaba Olga. Ella no era para nada una mala influencia, de lo contrario, ella me ayudó mucho a comprender a los demás y sacarme de mi rebeldía. Mi amiga era una persona mucho más madura que yo. Eso es lo que me ayudó a dejar mis comportamientos sin sentido.

En cuanto a amigos, yo casi no tenía amigos barones cuando estaba en la secundaria. No tenía nada en contra de ellos y sí platicaba con algunos, es solo que era un poco más tímida cuando me acercaba a los chicos. En general, pensé que todos los chicos hablaban muy fuerte y que todos podían ser desagradables y por eso no me gustaba andar con ellos. Solo hacía un esfuerzo para hablar con ellos si teníamos un proyecto de clase asignado para hacer. A medida que fui creciendo, algunos chicos me parecían muy guapos, pero sabía que mis padres no me iban a dar permiso de tener novio a una edad muy joven. Por esa razón no tuve novios mientras estaba en la secundaria. Lo bueno de eso es que mis padres no me pudieron decir que fue algún novio quien me había convertido en una chica rebelde. Aunque mis padres eran un poco estrictos durante mi adolescencia, como en lo de los noviazgos, eran muy comprensivos a la vez. Cuando me ponía de malas, ellos siempre estaban allí para ayudarme en lo que fuera. A pesar de que a veces me enojaba con ellos por razón ninguna, siempre me entendieron y me ayudaron cuando los necesitaba. La mayoría del tiempo ellos me dejaban aprender cosas nuevas por mi propia cuenta y eso se los agradezco. Cuando era niña, pensaba que si pedía algo, me lo daban y ya, asunto arreglado. Cuando pasé por mi adolescencia, me di cuenta que las cosas no eran así de fáciles. Tuve que luchar y trabajar duro para ganarme lo que quería o más importante lo que necesitaba, especialmente cuando estaba en la escuela. En la escuela, no tuve a mis padres para ayudarme cuando necesitaba algo. Si algo me parecía imposible, me recordaba a mí misma que mis padres siempre me apoyaban y me daban fuerzas para lo que me proponía. Con el tiempo, aprendí a ser una chica más independiente y madura y agradezco a mis padres por eso. Ellos nunca me presionaban a estudiar algo que ellos querían que estudiara o a hacer lo que ellos quisieran. Yo era una joven muy indecisa y siempre les pedía su opinión; sin embargo ellos siempre me respondían diciendo que era mi decisión. Recuerdo que a veces me enojaba porque pensaba que no me querían ayudar. Por tratarme de esa manera, aprendí lo que era la responsabilidad. Ya era tiempo de que hiciera algunas cosas por mi propia cuenta, sin la ayuda de mis padres. Y si algo no me salía bien, no les podía echar la culpa a los demás. Sin embargo, tuve que aprender de mis acciones. Después supe que mis padres solo me estaban enseñando a hacer una joven independiente. –Sandra

–La mera verdad, no me gusta hablar de mi adolescencia. Mi apariencia afectó muchas cosas. Antes, tenía frenos y usaba lentes. Tenía mi fleco. Mis amigas me decían de broma "Ugly Betty". No me gustaba para nada, pero era muy callada y no

181

decía mi opinión en muchas cosas. Una vez, mis papás sacaron unas fotos mías para enseñárselas a mi amigo, quien me gustaba para novio. Sentí mucha vergüenza que viera las fotos. También hoy no me gusta que mi novio vea las fotos. Eso afectaba mucho mi personalidad y me hacía insegura. Era muy callada y no me inscribía en muchas actividades extra curriculares como clubs y deportes. Siempre quería jugar fútbol, pero nunca lo hice hasta que las otras muchachas más grandes se fueron a la high school y dejaron el espacio libre. Cuando iba en el octavo grado, ya empecé a jugar fútbol y siento que me cambio un poco. Sentí que tenía un poquito más de confianza en mí misma. Todo cambió en el momento que pasé a la high school. Nunca participaba en las clases porque tenía miedo de que lo que todos iban a pensar de mí. Ese año me quitaron los lentes y empecé a utilizar lentes de contacto y me quitaron los frenos de los dientes. Dejé crecer mi pelo para que ya no tuviera fleco y me sentía un poco mejor. Lo que si odiaba era mi acné, todavía sufro de esto diariamente pero antes era mucho peor. Me hacían burla y yo intentaba de todo para quitármelo. Solo empeoraba y finalmente me di cuenta que no era lo único que notaba la gente en mí. Mis amigos eran bromistas y todos eran gringos. Casi no había hispanos en mi escuela. Por eso, los gringos no tenían respeto a ninguna otra cultura. No sabían cómo tratar a los demás y hacían sus bromas todo el tiempo y sentí que no podía decir nada, si no pensaban que era mala onda. –Mariana

–Aunque yo tenía que ir con la señora que me cuidaba, yo cuidaba a mi hermana a la misma vez. Cuando mi mamá llegaba del trabajo nos recogía y nos íbamos a la casa. La rutina de mi vida por siete años era ir a la escuela, después ir con la señora que me cuidaba y después a la casa. Cuando tenía seis años me di cuenta que mi vida era muy diferente comparada a los de mis compañeros. Ellos no tenían que ir con gente que los cuidaba y yo sí, ellos jugaban deportes y yo no porque mis padres no tenían tiempo y siempre trabajan. Siempre me enoja con mi mamá pero ella me decía que tenía que trabajar para darme a mí y a mi hermana una vida mejor. A los seis años había momentos en que yo les reprochaba a mis padres por no llevarme a deportes o por ir con la señora que me cuidaba pero lo nunca me falto era el cariño de mi padres. Siempre nos sentábamos juntos para comer y jugábamos juntos. Mi mamá, hermana y yo jugábamos a que mi hermana y yo trabajábamos y mi mamá nos cuidaba los bebés, jugábamos al escondite y nos leía libros antes de dormir. Mis padres también nos llevaban al parque, jugábamos en las resbaladillas y en los columpios. Mi papá casi no jugaba con nosotras solo a veces. Los momentos en qué él jugaba con nosotras era divertido. Él nos llevaba a jugar en la nieve y nos llevaba al cine. Casi siempre estaba con mi mamá pero lo que no me gustaba era cuando ella nos regañaba. Una vez me enoje mucho con ella porque me regañaron y me fui de la casa. Durante ese momento tenía siete años. Me llevé mi mochila y me fui de la casa. Cuando mi mamá se dio cuenta ya estaba a punto de cruzar la carretera. Mi mamá corrió hacia mí y me abrazo. – Betzabe

–Al tener mucha responsabilidad no pude salir con mis amigas. A la misma vez mi papá no me dejaba salir ni tener novio. Me enojaba mucho porque todas mis amigas podían salir y yo no. No podía ir al cine ni a las fiestas que había en la escuela. Pero antes de pedirle permiso a mi padre primero le decía a mí mamá para que me diera permiso. Ella siempre decía que sí pero si no me daba permiso me iba a escondidas. Mis padres no se daban cuenta cuando salía porque ellos estaban trabajando. Ese año era rebelde. Una vez mi papá me iba a pegar porque le grité. Me puse enfrente de él y le dije: "Pégame, pégame y vas a ver que te va a pasar". Él se enojó mucho y me castigó por una semana. Esa vez fue la primera y última vez que le hablé a mi papá así. Ese año que era rebelde tuve un novio a escondidas de mis padres. Ellos nunca se dieron cuenta. Si se hubieran dado cuenta me hubieran regañado mucho. Ahora que estoy grande me pongo a pensar que era bien atrevida porque ahora yo no podría hacer eso. No me arrepiento nada de lo que hice porque todo lo que hice me ayudó a madurar y a aprender de mis errores. Cuando cumplí los dieciocho años empecé a madurar. Yo supe que tenía que prestarle más atención a la preparatoria porque era mi último año. Tenía que sacar buenas calificaciones para ir a la universidad. Empecé a solicitar admisión para la universidad. Mi manera de pensar ya no era la misma. Ya no actuaba ni pensaba como una adolecente en ese momento empezaba a pensar como una adulta. Lo que siempre me decían y dicen mis papás es que ellos no quieren que mi hermana y yo tengamos una vida como la de ellos. Mi papá dice "Mira mis manos, están todas rasposas y mira a tu mamá tiene que pasar por humillaciones de otra gente" y mi mamá siempre me dice "Nosotros no queremos que trabajen en el frio o que se preocupen por el dinero en el futuro. Nosotros vinimos a este país para que ustedes tuvieran una vida mejor y una buena educación." Ellos siempre nos recuerdan de donde vinimos. A mí no se me olvida que yo crucé la frontera en el vientre de mi madre. No tuve todos los juguetes o la vida como otros niños pero mis papás hicieron y siguen haciendo lo mejor para nosotros. –Betzabe

–Mi adolescencia era muy difícil para mí. Había muchos problemas en la casa, escuela y afuera en las calles. Pero también había buenos tiempos que me gustaban mucho y cosas que me encantaban hacer. La música era muy importante para mí porque me sacaba del mundo de afuera. Me gustaba escuchar música de Tupac y Biggie Smalls unos raperos. Su música de ellos era de las calles y los tiempos duros que ellos pasaban. Siempre me ha gustado la música. Me hace sentir muy feliz y me tranquiliza la mente. Yo era muy gordo y muy tímido. No era popular en la escuela pero si era chistoso con mi familia y amigos. Había unos chicos que me hacían burla y me molestaban mucho. Me sentí como un muchacho grande a la edad de 15. Yo maduré y mi cuerpo cambió. Yo era más diferente y empecé a perder amigos pero encontré nuevos. Los niños que me molestaban pararon de molestarme. Pararon porque yo era más fuerte y empecé a comportarme más malo. Mis amigos estaban en pandillas también y siempre se metían en peleas y problemas. Yo en el tiempo que tenía amigos así tenía que tener mucho cuidado. En las calles había mucho racismo y violencia. Después de que las clases terminaban me iba para mi casa caminando y algunas veces cuando iba para mi casa unos chicos se peleaban por problemas del color de su piel. Como yo siempre me pasaba el tiempo con amigos de pandillas, yo algunas veces me metía en problemas con otros chicos. Pero mis padres me querían en la casa después que saliera de la escuela entonces no todas las veces me metía en problemas. En la escuela me sentía tratado injustamente todos los días. Los estudiantes en mi escuela no eran buenas personas. Siempre había problemas con los chicos morenos y los mexicanos. Yo no sé por qué había tanto odio solo sabía que no nos llevábamos bien. En mi familia me enseñaron a respetar y ser buena persona con todos. Mis padres me enseñaron a respetar a los mayores que yo. Pero un día le dije a mi madre que no voy a respetar a personas de mayor de edad. Yo le dije que yo respetaré a las personas que me respetaran a mí, no importa si tienen cinco, catorce, veinte, o setenta años. Pero mis padres me respetaban a mí y escuchaban lo que tenía que decir. Algunas veces no me escuchaban porque yo solamente hablaba tonterías y creía que era más inteligente que los demás. Yo no tenía problemas con personas de otras razas solo que no confiaba mucho en los que no conocía. Pero al mismo tiempo si alguien me enseñaba respeto yo se lo enseñaba también. Yo era y sigo siendo católico. Trato a la gente muy bien porque es como Dios quiere que yo sea. Las personas que no son de mi religión los dejo expresar su propia religión. A la edad que yo estaba pensé que yo era mejor que todos. Yo pensaba esto porque sabía que otros no hacían nada y no estaban estudiando. Mientras yo estaba estudiando mis amigos estaban haciendo drogas, tomando, y peleándose. Yo creía que mi vida iba ser fácil si solamente estudiaba pero ahora veo que no era así. No me preocupaba mucho del dinero. Sé que estaba estudiando para darles un mejor futuro a mis padres y para mí.

Lo que quiero cambiar de mi adolescencia es que habría estudiado más y que habría perdido peso. También que habría encontrado un trabajo más temprano para ayudar a mis padres con los gastos de la casa y renta. Mi primer trabajo era en lugar donde limpiaba y planchaba la ropa de judíos. No me pagaban mucho y era un trabajo duro para mí. Hacía mucho calor especialmente era en el verano. No me gusto trabajar ahí pero lo hacía para ganar dinero para los materiales que necesitaba para la escuela. Después de que salí del trabajo para seguir estudiando sabía que yo no quería hacer eso por el resto de mi vida. Odiaba que el dinero controlara toda mi vida. Yo no supe cómo iba a poder pagar para la universidad. Yo quería ser un policía para ayudar a la gente de mi comunidad. Algo grave ocurrió cuando era joven que me hizo sentir que nunca iba a poder ser un policía. Me metí en un problema grande en el día de Halloween. Le tire huevos a las casas y a los carros. Me pillaron y me metí en problemas con la familia que le tiré huevos a su carro. Lo bueno fue que no le llamaron a la policía. Si le hubieran llamado me hubiera metido en problemas legales. Eso hubiera afectado mi futuro. Yo aprendí mi lección y desde ese día yo no celebro el día de Halloween. Toda mi vida sigue diferente ahora. Ya no soy tímido o feo. Durante los años encontré nuevos amigo y perdí otros. Mi familia ha tenido problemas pero todavía seguimos unidos. Había problemas conmigo porque era muy rebelde pero ahora yo respeto a mis padres y los amo mucho. Están orgullosos de mí porque estoy asistiendo a la universidad siguiendo mi sueño. El sueño Americano que yo también quiero tener. Con más estudios que tenga, más oportunidades tendré para el futuro. Voy cambiar la vida de muchos y especialmente la de mi familia. No quiero pensar en el futuro todavía porque ese no es mi trabajo. Yo pienso que Dios sabe lo que hace y lo que está preparando para mí. Lo único que me importa ahora es prepararme para el mundo real. A mí me gustaría tener una familia pequeña. Una esposa, una niña y niño y tal vez una mascota. Yo trataré a mi esposa con respeto y le daré mucho amor lo más que pueda. Voy a ser un policía y quiero una mujer que esté conmigo ayudándome con el estrés. Dicen que los policías hacen parte de la mayor categoría de personas con divorcios por tanto estrés que tienen en su trabajo lo traen a su casa. Yo no voy a ser así. Yo sé que mi familia y yo vamos a funcionar. Yo quiero que mis hijos me vean como su héroe. Los trataré con mucha disciplina pero también les daré amor. A mi esposa y mis hijos los cuidaré con mi vida y haré lo posible para que estén felices. A mis hijos les diré que cuando crezcan no sean como yo. Yo era rebelde y tenía una vida sin dinero. Como todos los padres, yo quiero que mis hijos tengan un mejor futuro que yo. Quiero que ellos estudien y que no se olviden su lengua de origen que es el español. El español les ayudará en la vida y también podrán comunicarse con sus abuelos. Espero que la tecnología se calme. Lo que quiero decir es que prefiero tener hijos disfrutando sus vidas más bien que estén encerrados en el cuarto con una computadora o celular. Cuando sea policía ayudaré a mi comunidad hispana a comprender a los policías. Que no todos son malos y andan matando a jóvenes como lo dicen en las noticias. Yo ayudaré a padres hispanos que tengan problemas, traduciéndoles en corte o en la estación de policía. En las calles espero que la comunidad me ayude para que yo también les pueda ayudar. Mi comunidad necesita más policías hispanos y yo seré uno. –Pepe

–A la vez como era mi último año de la preparatoria, tenía muchas otras cosas que me preocupaban por ejemplo la universidad y que carrera quería estudiar. Yo quería estudiar negocios internacionales cuando estaba en la preparatoria. Yo soñaba con un día llegar a ser una gran empresaria, obviamente ese sueño cambió con el tiempo. El primer semestre de mi último año en la prepa me tuve que dedicar a llenar aplicaciones para las universidades. Yo solicité admisión a varias escuelas en Connecticut y varias en Nueva York y aunque la mayoría de las escuelas me aceptaron porque tenía buenas notas no pude ir a ninguna de ellas. Las escuelas eran muy caras y como no era ciudadana yo no calificaba para préstamos ni para ayuda financiera. Eso me hizo sentir mal,

187

pero mi consejera y mis padres siempre me dijeron que no me diera por vencida y que tenía que seguir estudiando. Al momento yo pensaba "¿para qué estudiar si nunca voy a poder trabajar en mi carrera?", pero al final mi consejera me convenció de no dejar los estudios, así que me inscribí en un colegio comunitario a donde fui por tres años. Aunque esa no fue mi primera opción, yo creo que fue lo mejor para mí. Ahí aprendí cuáles clases me gustaban y pude clarificar mis preferencias e intereses. Por lo tanto, me di cuenta que los negocios no eran para mí y que si hubiera estudiado eso hubiera sido muy infeliz. Aparte de eso, yo recibí una buena educación y ahorré mucho dinero los primeros tres años de mi carrera universitaria. Vivir fuera de mi casa y vivir en la universidad definitivamente me ha enseñado muchas cosas nuevas. He aprendido a ser más responsable y a ser más independiente. Ahora que vivo lejos de mis padres no tengo quien me esté diciendo que es lo que tengo que hacer, todo lo tengo que hacer por mí misma. Cuando recién le dije a mi padre que me quería ir a estudiar lejos de casa él se opuso un poco, pero después de sentarnos y hablarlo, mi mamá y yo lo convencimos que era lo mejor para mí. Yo creo que todos nos hemos beneficiado un poco de esto. Yo obviamente porque me hice mucho más independiente y ellos porque aceptaron que yo ya no soy una niña y que puedo tomar mis propias decisiones. –Ana

–En mi niñez muchos eventos ocurrieron que recuerdo claramente y otros que se borran en mi memoria. Lo que más recuerdo es no poder hacer lo que yo quería. Siempre limpiando, lavando los trastes, cuidando a mi hermano y yendo a la escuela. En este momento de mi vida, vivía en la República Dominicana y después de un momento a otro ya estaba en los Estados Unidos, hablando un nuevo idioma y con una nueva familia. Ahora que reflexiono, me parece que yo nunca hubiera tenido una infancia. Sin embargo, ahora reconozco que todo pasó para que yo tuviera un buen futuro. Cuando niña yo vivía con mi abuela, no recuerdo mucho de mi vida con ella, pero sí tengo presente cuando ya mi mamá pudo comprar una casa y nos mudamos con mi padrastro y hermano pequeño. Mis padres se divorciaron cuando nací. Mientras mi mamá me cuidaba en Santo Domingo mi papá estaba en Nueva York trabajando y me mandaba dinero. Mi primera casa solamente tenía dos cuartos grandes. Uno mi mamá lo convirtió en la sala, cocina y salón. El salón era para el trabajo de mi mamá y el otro cuarto era el dormitorio para todos. Lo que dividía la habitación eran los armarios. Mi hermano y yo dormíamos en literas, el abajo y yo arriba. El baño estaba afuera de la casa y este era un pequeño espacio hecho de madera con un tanque de agua. Era muy incómodo y siempre trataba de bañarme en las mañanas o en las tardes porque no había luz en el baño. Aparte de tener el baño para bañarse había otro cuarto con un inodoro también sin luz. Tuvimos una televisión pero con cinco canales y había que hervir el agua para poder bañarse con agua tibia. No estaba viviendo cómoda. El vecindario era muy pobre. Cada día se iba la luz. Mi familia no les hablaba a mis vecinos porque ellos practicaban brujería y nosotros somos cristianos. Pero a veces le hablaba a una niña que vivía en esa casa. Íbamos juntas a la escuela algunas veces. Desde mi casa hasta la escuela uno se tomaba diez minutos caminando. Teníamos uniformes, era un pantalón caqui con una camisa azul y zapatos negros. Mi escuela era grande y amarilla también estaba aislada. No era un solo edificio, sino como diferentes cuartos. Dependiendo de la clase que tuviera, yo tenía que caminar afuera para ir a mi otra clase. Yo siempre fui una buena estudiante y la más avanzada en la clase. Por lo tanto también me preocupaba la educación de mi hermanito. Yo le ayudaba a mi hermano mucho y le enseñaba casi todo. Él y yo nos llevábamos bien, jugábamos mucho. En mi niñez, yo jugaba mucho con los varones que vivían al lado mío. Jugaba pelota y montaba mucho mi bicicleta. Después ya me empezaron a gustar las Barbies. Jugaba mucho con mis primas y yo sola. Después de los ochos años me fui a vivir en la ciudad con mis abuelos de parte de mi papá. Esta parte de mi vida era más dura. Amo a mis abuelos pero no me gusto para nada vivir con ellos. Estaba muy sola. Siempre estaba jugando sola y algunas veces jugaba con mi prima pero no la veía frecuentemente. Casi toda mi familia en la República Dominicana vive en Santo Domingo. Pero no vivíamos cerca. No me gustaba la escuela, era muy diferente a lo que tenía en el campo, además era privada. Solamente me quedaba en un aula llena con más de treinta niños. Lo único igual era que todavía tenía uniforme. Eran mucho más estrictos. Al vivir con mis abuelos, yo tenía mucho más porque mis abuelos eran ricos. Tenía mi propio cuarto con televisión que tenía más canales. También disfrutaba de más ropa y me mantenía limpia porque en el campo yo siempre estaba en la calle y en la ciudad estaba encerrada en mi cuatro o lavando los trastes. Sabía que mi mamá me había mandado a vivir en la ciudad para sacarme del campo, pero ni siquiera podría ir para el campo a visitarlos. Yo extrañaba a mi hermano mucho, sentí que él estaba muy solo sin mí. Mi mamá solamente vino cuando me dijeron las noticias que me iba a vivir a Nueva York con mi papá y su familia. Mi papá viajó a Santo Domingo para recogerme. Cuando yo lo vi no lo conocía porque esa era como la segunda vez que lo veía desde muy pequeña. Recuerdo estando nerviosa y muy triste por tener que irme de mi querido país y por dejar mi niñez atrás. También recuerdo a mi mamá llorando tanto cuando ya era tiempo de subirme al avión, nunca lo olvidaré. En mi mente no podía concentrarme porque estaba muy triste pero muy curiosa de lo que mi "nueva vida" iba ser sin saber hablar inglés. Además estaba nerviosa porque esa era la primera vez que iba a estar en un avión. Fue fácil pasar por seguridad, mi papá tenía todos mis documentos y mis abuelos antes de irme me llevaron a vacunarme. Cuando ya me subí al avión mi papá intentó distraerme y me dio un papel con lápiz para que le dibujara y también me hablaba mucho para que nos conociéramos más. Ya cuando era tiempo de despegar no me dio miedo, estaba tranquila y vi una película. Cuando llegué ya era más difícil pasar por seguridad porque tenía que firmar muchos papeles y estaba ansiosa por ver cómo era Nueva York. Cuando ya pasó todo, mi madrastra, hermanastra y mi tío nos estaban esperando. Ellos me dieron una bonita bienvenida con flores y un peluche. Mi madrastra me trajo un abrigo, hacía mucho muy frío. Yo estaba acostumbrada al clima de Santo Domingo. Afuera del aeropuerto me enamoré de la ciudad. Me encantaron todas las luces. Toda mi familia de parte de mi mamá pensaba que aquí en Nueva York todos éramos ricos y cuando era niña me quedé con eso en la mente. Cuando estábamos en el carro pensaba que yo iba a vivir en una mansión. Pero a esa edad me di cuenta de la realidad y cuando llegué era un apartamento y nosotros vivíamos en el sótano. Mi hermanastra y yo compartimos el cuarto, ya estaba todo puesto: mi propia cama y armario. Sin embargo, la computadora y la televisión eran compartidos y ella como ya tenía su juguetes ella me dejaba usarlos. Mi hermanastra tenía ocho años, era muy flaca y alta. Nosotros nos llevamos bien, fue mi mejor amiga. Comencé a conocer mucha gente de mi familia paterna. Casi todos viven en el Bronx, Nueva York. Nos llevamos muy bien, tengo una grande y bonita familia. Una amiga de la familia me dio tutorías en inglés para que yo avanzara. Con ella aprendí mucho y yo aprendo muy rápido. Entré a la escuela y en un año ya supe inglés. Mientras iba a la escuela, primero comencé muy tímida y nerviosa, pero después tuve muchos amigos. La escuela era muy diferente solo porque había un sistema distinto al de Santo Domingo, pero me gustó mucho. Llegue al cuarto grado en una escuela llamada Ridgeway Elementary School. Me gustó solo porque había muchos hispanos y mi maestra era excelente.

Yo descubrí que ya no era niña cuando vine a Nueva York. Ya que no estaba con mi familia en Santo domingo era como una nueva vida para mi mudarme aquí. Tenía que dejar mi niñez en Santo domingo y aprender y crecer aquí porque al principio me sentía sola. También quería aprender lo más rápido posible porque yo sabía que había llegado a los EEUU para tener un mejor futuro. –Stefany

191

–Cuando tenía 12 años mi mamá se enfermó muy mal. Yo recuerdo que llamamos la ambulancia más de cinco veces en solo una semana. No sabíamos que le pasaba a mi mamá, muchos doctores decían lo mismo "no tiene nada." Mi padre se cansó de los doctores y le preguntó a mi mamá que quería hacer. Él quiso mandar a mi mamá a México para ver si había doctores que la pudieran ayudar. Mi madre decidió dejarnos unos seis meses para visitar a mis abuelos en california. Ella todavía no nos deja de recordar que no fue porque ella quiso dejarnos solos con mi papá si no que ella tuvo miedo de morir sin ver a sus padres. Mientras mi papá trabajaba, mi hermano aprendió a cocinar a los 12 años. Él y yo aprendimos a lavar ropa, limpiar la casa y cuidar a nuestros hermanos menores. En este momento de mi vida lloraba día y noche pensando en mi madre. Pasamos el día de acción de gracias, la navidad, el cumpleaños de Fernando y Brian solitos sin mi madre. Me sentía sola y aunque ella llamaba día y noche para saber cómo estábamos, no era lo mismo. Mi padre aprendió todo lo que hacíamos en la casa cuando él estaba trabajando y mi madre aún estaba con nosotros. Cuando convivía con mi padre, sin mi madre, no me separaba de su lado. Pasar por una experiencia con mi madre y mi familia como la que pasamos cambió todo en mi casa. Honestamente mi hermano mayor se volvió rebelde y yo tenía resentimiento que mi madre nos hubiera dejado solos tanto tiempo. Pero mientras todo eso sí aprendí como hacer cosas a una edad menor. Yo siempre he pensado que cuando una niña cumple los quince años la consideran una mujer. Cuando yo cumplí mis quince años todavía me sentía niña, no porque mi mamá me dijera que todavía actuaba como niña sino porque no quería crecer. Hay días que todavía me considero como niña aunque reconozco que ya soy una mujer. Tengo miedo de madurar y considérame una mujer. Sé que voy a ser responsable con todas mis actividades y con mi trabajo, pero iré aprendiendo poco a poco de la vida y perderé el miedo. –Tania

–Durante mis años de adolescencia cambié mucho. Entré rechazando mi herencia hispana y salí reconociendo más de mi cultura. A veces sentí como era tan diferente a mis compañeros, pero a la misma vez no quería identificarme con ellos…Mis padres no me permitían salir con mis amigos para divertirme porque ellos decían que no les tenían confianza y que las costumbres de los hijos de los americanos eran muy diferentes. Por eso no tenía muchos amigos fuera de la escuela. Nunca me molestó que mis padres no me permitieran salir porque nunca quería identificarme con los americanos de mi escuela. No me gustaba ser tampoco parte de una minoría en mi escuela porque a veces algunos de mis compañeros de escuela me faltaban al respeto diciéndome cosas por ser mexicana. Yo siempre me defendía pero no me importaba mucho lo que decían. Por ser mexicana, todos creían los estereotipos de los latinos. Creían que consumía drogas y que me gustaba pelear. Yo siempre estaba enterada de lo que pensaban de los latinos en Estados Unidos y nunca les daba la oportunidad para probar que eso era cierto. Nunca me metía en problemas, siempre era una buena alumna y no seguía los estereotipos negativos. Sé que soy mexicana y que mis ancestros eran aztecas y aunque hablo más inglés, sé que mis raíces son de allá. No sé mucho de mis raíces, pero sé más que otros mexicanos. Esto no me afecta aquí en los Estados Unidos, lo que sí me afecta son los estereotipos. Sí hay estereotipos que maneja la sociedad en general sobre los mexicanos, pero no me asocio con ellos. Siempre me di cuenta de esto en la escuela porque yo era una entre casi cinco hispanos que asistían en la escuela. Creo que estos estereotipos de los mexicanos existen porque los mexicanos que vienen a veces son criminales o trabajan en el campo y en los ojos de los estadounidenses eso no es trabajo duro o es una persona ilegal. Creo que la educación para los mexicanos se podría mejorar si los padres apoyan más a sus hijos. No pienso que haya mucho en que se pueda hacer porque a veces los jóvenes no quieren estudiar. No soy la primera en mi familia en venir a la universidad pero mis hermanas y yo sí somos las primeras en llegar hasta la universidad. No hay profesionales en mi familia porque casi todos se retiraron de la escuela cuando tenían como trece o dieciséis años. Mi hermana va a ser la primera en ser una profesional en mi familia, después tal vez mi prima y luego yo. Mi familia es de una clase social media baja pero no estamos en la pobreza. Estando en la universidad me ayuda a salir adelante y conseguir un buen trabajo para mejorar mi clase social y también enseñar a los estadounidenses que los hispanos pueden llegar lejos en la vida. Espero tener una buena educación y carrera. –Guadalupe

–Poco a poco nos fuimos adaptando a nuestro nuevo ambiente. Yo cuando niño me preguntaba por qué teníamos que hacer tantos cambios en nuestras vidas. En aquel entonces yo no entendía pero ahora sí. Mis padres querían una vida mejor para mí y mis hermanos. Yo no lo veía así. En mis primeros años en Búfalo, yo era un muchacho rebelde; vivíamos en los "proyectos" en el sur de la ciudad donde la mayoría de los residentes eran africano-americanos o morenos. Mis hermanos y yo siempre encontrábamos problemas y teníamos que estar todo el tiempo peleando con los morenos. Creo que no sabían cómo asimilarse al hecho de tener una familia de otra raza viviendo en su vecindad. En la escuela elemental los salones de clase eran bilingües. Había estudiantes como yo que no sabían inglés, entonces mi misión fue aprender el nuevo idioma. Yo no quería ser catalogado como un "jíbaro" que no sabía inglés. El español para mí siempre estaba presente en mi hogar y nunca se me olvidaba lo que ya sabía, lo único malo era que no estaba por aprender más español, sino más inglés. En dos años, yo mismo fui donde mi maestra y le dije que quería todas mis clases en inglés y así fue. –Elías

–Cuando tenía nueve años no tenía que preocuparme de nada pero todo cambió cuando la señora que cuidaba a mi hermana y a mí no nos abrió la puerta. La señora nos dijo que si no encontráramos la llave que nos dio no nos iba a abrir. Al siguiente día mi hermana y no encontramos la llave que nos dio, la mamá del amigo de mi hermana nos dijo que fuéramos a su casa. La casa del amigo de mi hermana estaba en la misma vecindad que de la señora que nos cuidaba. Llamamos a mi mamá en su celular y en su trabajo pero ella no contestó. Dieron a las cinco y mi mamá había salido del trabajo. Cuando la vimos que había llegado del trabajo corrimos a ella y la abrazamos. Ella no sabía porque no estábamos en la casa de la señora que nos cuidaba. Ella se enojó mucho con esa señora y ese día mi papá y mi mamá tomaron una decisión muy importante que cambio mi vida. Esa decisión cambio mi vida porque en ese momento me di cuenta que ya no era una niña. La decisión que mis padres tomaron era que yo iba a cuidar a mi hermana. Cuando me dijeron que yo iba a cuidar a mi hermana empecé a llorar. No pude contenerme porque tenía miedo y terror. Les pregunté a mis padres "como una niña puede hacerse cargo de otra niña". Mi mamá se acercó a mí y limpio las lágrimas de mi cara mientras me abrazaba. Después mi papá me dijo que ya tenía la edad para cuidar a mi hermana. Lo único que pensaba era que yo tenía nueve años y yo no tenía que tener esa responsabilidad. En ese momento empecé a tenerles rencor porque yo no tenía que tener ninguna responsabilidad. Al contrario, yo tenía que jugar con mis muñecas, divertirme y no tenerme que preocupar de nada. Desde ese día empecé hacerme cargo de mi hermana. Nos íbamos juntas a la parada del autobús, cuando llegábamos de la escuela le calentaba la comida y aprendí a cocinar a los nueve años. Cuando todo eso sucedió yo me di cuenta que ya no era una niña porque una niña de nueve años no tenía esa clase de responsabilidades. Aunque tenía una responsabilidad muy grande desde los nueve años eso no significó que ya era una adolecente. Para mí, ni mi primer beso, ni cuando tuve mi fiesta de dieciséis años me convirtió en una adolescente. A mí me robaron un beso a los doce años. A esa edad todavía era una niña y aunque ya me habían dado mi primer beso todavía actuaba como una niña y no me convertí en una adolescente. En la cultura mexicana se dice que cuando una niña cumple quince o dieciséis años y tiene su fiesta se convierte en una mujer. Aunque tuve mi fiesta de dieciséis que fue la mejor fiesta de mi vida, eso no me convirtió en una adolescente. Estos eventos solamente fueron momentos memorables en mi vida. El momento que me convirtió en una adolescente fue cuando me empecé a dar cuenta que mis padres se preocupaban sobre el dinero. Como los dos manejaban el dinero ellos veían cuentas que tenían que pagar y cuando se pagaban. Yo veía que a veces les costaba pagar los gastos de la casa. No solo eso me convirtió en una adolescente pero cuando mi papá me compró el carro me di cuenta que ya era una adolecente. En ese momento yo sabía que tenía una responsabilidad grande. Mi responsabilidad era aprender a manejar. Donde vivía no había taxis y uno tenía que manejar para ir a las tiendas, al doctor, o a otro lugar público. Como mi mamá no sabía manejar y mi papá siempre trabaja, yo sabía que tenía que sacar mi permiso y mi licencia para manejar. Después de un tiempo saqué mi licencia y en ese momento sabía que tenía mucha responsabilidad porque manejar un carro no es un juego es una responsabilidad grande. Al tener mi licencia yo tenía que llevar a mi mamá al trabajo, llevar a mi hermana al doctor y hacer mandados. Tenía mucha responsabilidad porque cuando mi mamá no podía ir al doctor con mi hermana yo tenía que llevarla. Aunque tenía dieciséis años mis padres trabajaban demasiado y yo tuve que hacerme cargo de mi hermana. Yo ya estaba acostumbrada a cuidar a mi hermana porque lo empecé hacer desde que tenía nueve años. Cuando llegaba a mi casa después de la escuela yo tenía que calentar la comida y a veces cocinaba para ella y para mí. Le ayudaba con su tarea, la peinaba y a veces la regañaba cuando se portaba mal. A mí no me importaba tomar esa responsabilidad pero a veces sentía que era mucho para una muchacha de dieciséis años. Mi mamá se arrepiente de haberme dado esa responsabilidad porque no disfruté mi adolescencia. –Betzabe

LA UNIVERSIDAD Y EL "SUEÑO AMERICANO"

El paso a ser un joven adulto recobra un estado de tranquilidad y madurez. Los conflictos y trasformaciones experimentadas a lado de sus padres y durante sus estudios en las escuelas secundarias sirven de base para la vida independiente que tienen en la universidad. Aquí en el "college" se liberan por algunos años de las responsabilidades familiares y de las obligaciones laborales adquiridas a muy temprana edad para algunos. En el campus universitario tienen la oportunidad de cuidarse a si mismos y aprender de sus propios errores. De alguna manera viven una liberación momentánea de la tradición hispana que a través de la familia los cohíbe y los hace distintos al resto de los muchachos de su edad. Sin embargo es aquí, mientras están alejados de sus padres y hermanos que comprenden el gran sacrificio hecho por ellos y le dan un sentido futurístico a su condición de estudiantes universitarios. Admiten que solo así harán que el "sueño americano" deseado por sus padres se haga una realidad. En la universidad son ellos el centro del universo mientras alimentan el idealismo común de esta edad que los hace sentir en la capacidad de cambiar no solo el mundo propio sino el de su familia y una sociedad entera.

–El sol amanecía, la luz entraba por mis cortinas: ya llegó el día. Me acuerdo que mi mamá me levantaba para irme a la escuela; entraba a mi cuarto sin hacer ruido. Se sentaba al lado mío y me decía: "Carmencita mami, ya levántate, es hora de ir a la escuela". Cuando veía que abría los ojos se iba. Cuando yo regresaba de refrescarme en el baño, me llegaban aromas de mantequilla, pan tostado y atole de arroz. Al regresar a mi cuarto encontraba mi desayuno al lado de mi cama. Cuando ya estaba lista para irme a la escuela, salía de la puerta y mi mamá me decía: "mamita te llevo súbete al carro". ¡Cómo ha cambiado mi vida! Desde que toqué el piso de la universidad todo cambió. Se acabaron los días en que me despertaba mi mamá y los días en que encontraba mi desayuno al lado de mi

197

cama. No me pongo triste al pensar en esos días, en cambio me hace feliz tener recuerdos así. Dejar mi casa no fue difícil, estaba contenta que iba a ser independiente. Pero al despedirme de mi familia me sentí triste. Al darme su bendición, vi arrugas en la cara de mi papá que no eran de la edad sino de la sonrisa que empezaba a formarse; vi en sus ojos como se iba formando una lágrima de tristeza. Al besar su mano, me abrazó y me dijo que me quería mucho y que me cuidara. –Carmen

–A veces es muy aburrido vivir en una habitación tan pequeña pero no estoy en la universidad para pasarlo siempre bien, estoy aquí para estudiar. Decidí continuar mis estudios porque quiero tener éxito en mi futuro y quiero tener un trabajo que me guste. A mí me gusta mucho la carrera de medicina. Me interesan mucho las ciencias y espero que un día pueda ser doctora. Pero para ser eso tengo que estudiar y por eso estoy aquí en Oneonta con dos especialidades en biología y español. Específicamente quiero ser médico forense porque siento pasión con el cuerpo humano y pienso que puedo ayudar a resolver casos de asesinatos o las causas de la muerte de alguna persona. Estoy en la edad donde siempre pienso en mi futuro. Hay tantas cosas que podrían pasar como un matrimonio, hijos, carrera, dinero, oportunidades, todo esto me espera y aún desconozco el camino. En mi vida hubo muchos cambios que han influenciado mis decisiones y opiniones sobre lo que quiero hacer en mi futuro. Durante mi niñez mis padres hicieron todo por mí. Simplemente crecer fue mi mayor cambio. Ahora que soy una joven adulta, por primera vez en mi vida he tenido que hacer cosas rutinarias por mí misma. Con una madre española nunca uno se preocupa porque ella siempre va a hacer todo para sus hijos. Ella siempre preparó toda mi comida, limpió mi cuarto y lavó toda mi ropa. Vivir con una madre española es vivir en el paraíso. Conforme iba creciendo me daba cuenta que mi madre no podía estar siempre haciendo todo para mí y que tenía que aprender a vivir sin ella. Al irme de la casa a la universidad, podía sentir todas estas responsabilidades amontonándose sobre mí. Crecer fue algo que no estaba bajo mi control y que venía rápido especialmente con mi decisión de irme lejos para la universidad. –Yarden

–Ahora estoy estudiando en la universidad de Oneonta y estoy estudiando psicología y antropología. La razón que yo decidí estudiar es para que yo saque a mi familia de la pobreza y para dar un mejor futuro a mi familia. Ellos son muy importantes para mí porque sin ellos no estuviera aquí. Decidí estudiar psicología porque yo quiero ayudar a niños y mujeres que han pasado muchas desgracias. Antropología me llamó la atención porque quiero estudiar antropología forense porque le quiero dar un nombre a unos pares de huesos. Los quiero regresar a sus familias porque yo sé cuánto duele cuando no sabes qué pasó con ellos. –Jennifer

–En la universidad de Oneonta estudio psicología. Me quiero concentrar en la neurociencia porque me fascina el trabajo del cerebro. Muchos me han preguntado si quisiera ser una cirujana pero no creo que sería capaz de hacer cirugías, además no me interesa la parte físicas del cerebro. Escogí ir a Oneonta porque mis primos vinieron a esta escuela y también por un programa llamado "CAMP" *College Assistance Migrant Progam*, que significa ayuda para estudiantes migrantes. Extraño muchas cosas de mi hogar. Extraño a mi familia, la comida, mi carro, el rio y el centro comercial. Es triste vivir sin todas estas cosas pero también me ayuda apreciar mi vida en la casa. Es raro, cuando estoy en la casa algunas veces y extraño Oneonta y cuando estoy en Oneonta extraño mi casa! Pero estoy muy agradecida porque tengo dos familias, mis amigos en Oneonta y mi familia en Poughkeepsie. Sin ellos no tuviera dos lugares que considero un hogar. –Adriana

–Ahora que estoy en Oneonta, la carrera que escogí para estudiar es la economía empresarial con una concentración en comercialización. Me gusta estudiar lo que tiene que ver con dinero y también como hacen los negocios para conseguir tanto dinero. Me decidí a venir hasta Oneonta para estudiar porque quería ir lejos de casa. Entonces Oneonta está a la distancia que quería ir, ni tan lejos de casa pero tampoco tan cerca de casa. Este semestre mis clases no son tan difíciles pero ya sé que se van a poner más difíciles porque pude transferir 27 créditos de la escuela que me ayudaron. Ahorita tengo 30 créditos completados. El viernes y sábado trabajo desde las seis de la tarde hasta las ocho de la noche. Ahora pertenezco a muchos clubes y algunos son SOAL, Taekwondo, LEAD y HOLA. He asistido a muchas conferencias fuera de clases gracias a mi mentor que siempre me invita. Puedo hacer todas estas cosas en la tarde nada más porque en las mañanas tengo clases. Mis planes para el futuro son tener una carrera que me guste y que pueda viajar. Me gustaría que esta carrera me llevara a trabajar con la compañía de Nike o Adidas en el futuro. En mi vida lo único que quiero es ser feliz con mi carrera y mi vida. –Adolfo

–Encontrar una carrera aquí en la universidad ha sido algo muy frustrante. Pero estoy seguro que con tiempo encontraré lo que quiero hacer para el resto de mi vida. Pero para conseguir esto debo trabajar duro en el colegio para poder seguir adelante. En el futuro quiero ser una persona que pueda hacer una diferencia en el mundo. Estar lejos de mi familia ha sido una cosa muy difícil de sobrepasar. Extraño todo lo que todos los estudiantes extrañan de casa, la familia, la comida y las actividades que hace toda la familia. Trato de hacer muchas actividades en la universidad para que se pueda sentir como un segundo hogar. Me junto con mis amigos, tenemos fiestas, comemos juntos y jugamos muchos deportes y video juegos. A pesar de hacer todo esto, la universidad todavía no se siente como el hogar. Siempre que digo que soy mexicano, los americanos siempre creen que soy uno de ellos por el color de mi piel. A mí no me importa lo que digan ellos porque yo tengo muchos amigos que tienen el mismo color de piel como el mío y son de orígenes hispanos. –José

–Al ir a la universidad, tuve que pasar por muchos cambios que al principio fueron difíciles pero sabía que a largo plazo, estos cambios eran necesarios y me iban a ayudar mucho. Tuve la oportunidad de ir a un colegio comunitario y si hubiera tomado esa decisión, el costo de mis estudios hubiera sido mucho más barato. Aunque mis papás me apoyaban mucho, sé que en el fondo, mi padre quería que fuera a un colegio comunitario. Siempre me decía que no quería que me comprometiera con tantas deudas a una edad muy joven. La decisión era muy difícil pero al final llegué a la conclusión de irme a estudiar lejos de mi casa porque supe que iba ser mucho menos estresante para mí. Por ejemplo, como tenía dos hermanas pequeñas quienes necesitaban a alguien para cuidar de ellas, yo siempre estuve a cargo y de haberme quedado en casa seguiría con su cuidado. Sabía que si iba a estar cerca de casa, me iba a preocupar de otras cosas en vez de enfocarme en mis estudios. Cuando llegué a la universidad, supe que iba ser difícil dejar a mi familia, pero cuando llegó el tiempo, no era como yo me lo imaginaba. Al despedirme de ellos, un simple abrazo de mi mamá me hizo llorar. En ese momento me di cuenta que ya no iba a tener a nadie que me dijera que hacer. Por un parte era bueno pero por otra parte iba a extrañar los regaños de mis papás, sus platos deliciosos y las bromas que hacían. Me tomó un par de semanas acostumbrarme a vivir sin mi familia y aunque he mejorado, todavía es un trabajo en progreso. Estudiar lejos me ayudó a ser mucho más independiente de lo que ya era. Tuve que comer en mi propio tiempo, ir a clases por mi propia cuenta y tener la auto-motivación para concentrarme en mis estudios. Por ejemplo, necesito gastar el dinero que tengo en cosas que realmente necesite. En mis estudios, tengo que manejar mí tiempo más sabiamente con el fin de hacer mi trabajo. Yo diría que lo más difícil de entrar a la universidad es compartir un cuarto con alguien a quien al principio no conocía. En este momento estoy pasando por tiempos difíciles con mi compañera de cuarto pero son experiencias de la vida que en algún momento voy a tener que enfrentar. Es molesto tener una tensión así porque me distrae mucho de mis prioridades de la escuela. Por eso, si decido cambiar de compañera de cuarto, va ser una decisión que tengo que tomar yo sola, sin la aportación de mis padres. En total, aunque fue y todavía sigue siendo una experiencia difícil, pienso en mi futuro y lo feliz que haría a mis padres si logro hacer algo de mí en los próximos años que vienen. De esa manera, no solamente me estaría ayudando a mí misma, sino que también les daría un buen ejemplo a la generación que está por llegar, mis propios hijos. –Sandra

–Escogí español porque quiero ser intérprete para ayudar a las personas como mis papás quienes no hablan muy bien el inglés. Siento que me ayudaría mucho tomar las clases de comunicaciones pues no siempre se me hace muy fácil hablar con personas. Me encanta mucho la fotografía, pero no creo que pudiera hacer una buena carrera tomando fotos. Aunque he ganado muchos premios, yo siento que mejor tendría una oportunidad fotografiando, pero como no es muy seguro prefiero no arriesgarme. Cuesta mucho dinero para organizar y abrir mi propio negocio y si luego no resulta, para dejar ir todo eso a la basura, mejor no. –Mariana

–Estar en la universidad lejos de mis padres me hizo madurar a mi edad. Cuando mis padres me dejaron en la universidad yo ya sabía que un nuevo capítulo de mi vida se había abierto. Tuve que actuar diferente porque ahora dependía de mi misma. Ya no dependía de mis padres y no los quería defraudar. Mis padres no estaban junto a mí para lavar mi ropa, recordarme que hiciera mí tarea y para aconsejarme si mis decisiones eran buenas o malas. Cuando empecé a tomar mis propias decisiones, yo me empecé a sentir como una persona fuerte e independiente. Aprender a adaptarme a un pueblo dónde todo era nuevo para mí fue difícil. Al principio no sabía dónde estaban las tiendas y nunca había tomado un bus sin mi madre junto a mí. Me daba miedo tomar el bus pero aprendí a hacerlo sola. Lo que me hizo más independiente fue conocer gente extraña sin que mis padres escogieran mis amistades. Esas personas extrañas que no me caían bien ahora son mis amigas. Desde el momento que he conocido mis amigas hasta ahora, ellas dicen que mi personalidad ha cambiado. Antes era muy tranquila y penosa. Ahora dicen que ya no soy la misma "Betzabe Bautista" de antes. Ahora soy escandalosa, rara y atrevida. Antes era muy penosa, no hablaba mucho y solamente me quedaba cayada. Ahora canto en público, bailo y no me da pena hablar. Esa Betzabe de antes ya no existe y ellas tienen la razón, ya no soy penosa ni tranquila. Cuando regresé a casa mi mamá se dio cuenta que había cambiado. –Betzabe

–A mí me encanta todo sobre la ciencia y las matemáticas. Lo que me llevó a estudiar estas dos carreras fue el amor dirigido hacia estas disciplinas. Estas dos careras me enseñan a hacer programaciones en la computadora y como calcular la velocidad y el aceleramiento. Yo decidí venir a Oneonta porque el ambiente natural me recuerda mi casa. En Oneonta, mis clases este semestre son un poquito difíciles especialmente física. Yo estoy tomando diez y ocho créditos, pero yo pienso que tengo un balance sobre mis clases. Yo tengo que hacer toda mi tarea y leer los libros para rendir bien en todas mis clases. La mayoría de veces yo hago todo eso en la biblioteca. Las personas dicen que mi primer hogar es la biblioteca porque allí estoy todo el día haciendo tarea o estudiando. Lo bueno es que a mí me gustan mis profesores. Ellos son amables y muy chistosos; yo creo que con ninguno voy a tener un problema. Además de tener bastantes clases, yo voy a clubes que ayudan a la comunidad o juntan dinero para atacar el cáncer. Los miércoles yo voy a la escuela de River Side y allí yo ayudo a niños con su tarea. Siempre hago estas actividades después de mis clases durante el día porque la mayoría de mis clases son en la mañana. Todo esto lo hago porque me apasiona; yo disfruto mantenerme ocupado. En el futuro yo quiero ser un ingeniero; además creo que me llevaría muy lejos esta carrera.

Podría ganar mucho dinero y viajar a otros continentes, particularmente yo quiero ir a vivir a Europa. –Kyle

–En mi vida hasta ahora, creo que el cambio más grande que me ha ocurrido a mí es mi transición de la escuela secundaria a la universidad porque es una nueva experiencia. Yo tengo la libertad de mi familia y no hay nadie que me diga que hacer: cuando dormir, hacer mi tarea, así que todo depende de mí. Entonces yo tengo la responsabilidad de despertarme, ir a clase, hacer mi trabajo, lavar mi propia ropa y así yo tengo que aprender a manejar mi tiempo. Mi tiempo aquí ha sido emocionante y mis padres están felices de que yo esté aquí en Oneonta. Ellos saben que yo estoy persiguiendo una educación y con la esperanza de que un día voy a tener un trabajo que me encante. Soy la primera persona en mi familia para ir a la universidad, mi papá solo estudió hasta el grado 7; mi mamá hasta el grado 9, mis dos hermanas menores ahora están en el grado 12 y mi hermana mayor, con la que me gradué está en su segundo año de colegio de la comunidad. Obtener una educación superior para mi familia significa que voy a estar cumpliendo el sueño de mis padres cuando ellos vinieron aquí a los Estados Unidos, para tener una vida mejor para ellos y para sus hijos. Ahora no sé lo que quiero hacer con mi educación universitaria porque todavía estoy explorando mi opción de carrera pero ahora estoy estudiando arte de la computadora y estoy pensando hacer algo en la animación o el diseño gráfico pero no sé. –Ramón

–Fui a la universidad tres días antes que empezaran las clases para desempacar y conocer a otros estudiantes. Me reuní con mis amigos que había conocido en "Summer Academy" este fue un programa durante el verano donde nos ayudaban educativamente y con finanzas. También me reuní con Sarah, una chica que conocí durante orientación. Nosotros fuimos a Tobey Block que era una fiesta donde se supone que conoces a otros primiparos. En esta fiesta un chico nos contó que iba a haber una fiesta en el pueblo a la cual todos mis amigos querían ir. Todos fuimos y nos divertimos. Ninguno de nosotros pensó que así era la universidad. Hubo una fiesta cada día durante una semana y media. Como éramos nuevos en la universidad y sin nuestros padres, mis amigos y yo fuimos a todas esas fiestas. Íbamos cansados a nuestras clases y pensábamos que las fiestas nunca pararían. Otra vez que equivocada yo estuve. La primera semana que estuve en la universidad a mi amiga y a mí nos dieron una multa por beber siendo menores de edad. Ay que tragedia fue eso. A penas había ganado la confianza de mis padres, después se ser suspendida en la preparatoria y luego la primera semana que no estuvieron detrás de mí, hice otra tontería. Como resultado entendí que nada más porque era adulta no quería decir que pudiera hacer lo que quisiera como un adulto mayor. Llegué a esta conclusión cuando me di cuenta que todavía había reglas y personas que me hacían cumplirlas como ese policía que me dio la multa. Mis padres me regañaron cuando les tuve que suplicar pidiéndoles si podían por favor pagar mi multa de $288 dólares porque yo no tenía suficiente dinero. Yo era muy cabezona ese primer semestre en la universidad. Yo nunca pensé que mis travesuras tendrían las consecuencias que tuvieron. Qué bueno que nunca más me he metido en problemas. Lo más extraño de todo lo que pasó en mi primer semestre fue que tuve un 3.0 GPA, ni mi compañera de cuarto sacó eso y ella era "buena niña". Todos, hasta yo, estuvimos asombrados de las buenas notas que tuve cuando fui a fiestas todo el tiempo. Muchos pensaron que iba a reprobar de la universidad pero no fue así. –Liliana

–El deseo de inspirar motivación a mis compañeros, me hizo dar curiosidad sobre la migración. He concluido, que como minoría, nosotros buscamos comunidades o personas que nos acepten y entiendan el significado del sacrificio hecho en este país. Muchas familias están separadas por situaciones de deportación. Muchos hombres solteros y mujeres solteras que viven en México, centro y sur américa migran a los EEUU buscando trabajo para poder devolverles a sus familias. Sus países de origen están sufriendo por causas económicas, violencia o injusticia. Mi mamá conoció un joven muchacho, "Pepe", que se vino de México a los 25 años cruzando la frontera a pie. Él vivió en una casa con diez hombres, todos trabajaban juntos construyendo techos. Me acuerdo que una vez se había caído del segundo piso de una mansión y sin seguro le tocó pagar un poco de plata al hospital. Pero en muchos otros casos ser la minoría sin la educación apropiada, muchos trabajadores no se dan cuenta de la injusticia que están viviendo. A muchos no les pagan lo merecido, trabajan horas extras sin ninguna recompensa. Gracias a Dios, mi familia y yo hemos sido afortunados y no hemos vivido casos extremos. Sin embargo hemos tenido mucha gente que nos ha ayudado. Como el jefe de mi mamá que tuvo la compañía de limpiar oficinas siempre le estaba informando de los beneficios que teníamos como inmigrantes. Por él fue que mi mamá aprendió que por ser madre soltera con ganancias menos de la media fui elegible para tener la comida gratis en la escuela. En la escuela muchos de mis compañeros me conocían por mi mamá, la señora que les limpiaba la casa. Desde la primaria mi círculo de amistades siempre han sido hispanos. Será que para "proteger" nuestra identidad buscamos amistades que comparten intereses similares y únicos a cambio de otro tipo de personas de raza blanca o con más posibilidades económicas. Sin embargo, al ser la minoría sin la educación apropiada, podría ocurrir que muchos trabajadores no se den cuenta de la injusticia que están viviendo. A muchos no les pagan lo merecido, trabajan horas extras sin ninguna recompensa. Pero por la facilidad de obtener plata para sobrevivir en este país es un sacrificio hecho por muchos. Mi amiga, Rosa, ha sido mi inspiración para ayudar a aquellos estudiantes que están apenas empezando. Si la comunidad hispana se uniera, podríamos subir los números de la taza de retención de estudiantes exitosos en la universidad. La universidad es el sitio donde todo comienza; esta generación está a cargo del futuro de los hispanos en los EEUU y por eso que mi deber es dar los mejores consejos y recomendaciones de cómo sobrevivir en la universidad. Rosa ya se está involucrando en varios grupos que le ayudan a conocer amistades por su propia cuenta. Además ahora es una asistente residencial con su propio cuatro gratis, ahorrando más de 5,000 dólares al semestre. Tiene mucho potencial en dejar su legado aquí en SUNY Oneonta, algo que espero conseguir yo misma. –Vanesa

–Para mí ser minoría en el país donde vivo me da la responsabilidad de ayudar a la gente como yo. Tomar español en la universidad es la primera cosa que voy a hacer para ayudar a mi comunidad. Ojala que en el futuro tenga un trabajo en donde pueda trabajar con otros hispanos. Hay gente que vive en este país que no puede hablar inglés y se necesitan traductores, pero para traducir se debe tener una educación de la lengua. Somos muchísimos en este país y deberíamos tener una voz de liderazgo. Aprender en mi clase de español para hispanohablantes que hay muchos como nosotros que tienen vergüenza o miedo de mostrar y celebrar su identidad, me pone muy triste porque nadie debe sentirse así. Yo quiero ver más hispanos con trabajos buenos y con el poder de tomar decisiones importantes para sus comunidades en el gobierno, en las escuelas, en los hospitales. Tenemos que aprender inglés pero nunca olvidar el español, tenemos que enseñar a todas las otras culturas que somos igual a ellos en muchos aspectos, pero también que tenemos características que nos hacen únicos ante otras culturas. No hay nadie tan divertido como los hispanos, con familias tan cercanas, o con comida tan deliciosa y con tanto sabor. Yo estoy muy orgullosa de ser española y tenemos que hacer todo lo que podamos para que todos se sientan valorados. En el futuro mi trabajo será con la medicina pero también quisiera contribuir para que todos hispanos tengan la oportunidad de una gran educación porque para tener éxito el primer paso es una educación. Pero ahora estoy joven y solo quiero preocuparme en mi familia, fiestas y mis estudios. –Yarden

–Ahora que estoy en la universidad me he dado cuenta que la educación es lo más importante en esta vida y al graduarme de Oneonta podré lograr mis sueños. La independencia requiere ciertos sacrificios como estar lejos de mis seres queridos. En el futuro yo quiero tener una carrera. Yo no digo que trabajar en una finca sea malo pero si tengo la oportunidad de estudiar puedo conseguir un trabajo mejor. Yo quiero trabajar en una oficina en el departamento de inmigración. Yo quiero ayudar a todos los indocumentados en una forma u otra. También quisiera trabajar en un aeropuerto para conocer lugares diferentes. Después de establecer un trabajo me quiero casar. El matrimonio es algo muy importante en mi cultura mexicana. Yo pienso casarme entre los 23 y 28 años. Regularmente en culturas mexicanas las muchachas muy jóvenes se juntan y ya tienen hijos. En los Estados Unidos eso es algo que no es común. A pasar los años quiero tener tres hijos. Con mis futuros hijos quiero estar con ellos mientras crecen y enseñarles la tradición mexicana como las posadas en navidad y los quince años. En los Estados Unidos veo que se pierde el idioma español porque los padres no les enseñan el español a los hijos. Los niños hispanos no saben nada de español cuando viajan a sus países. Yo tengo un amigo que es mexicano pero no sabe español. Yo pienso que es falta de responsabilidad de los padres que no les enseñan a los hijos de donde vienen ellos. Cuando estos niños nacidos en Estados Unidos e hijos de mexicanos van a los países de sus padres no saben cómo comunicarse con su propia familia. Ojalá que un día pueda lograr mis sueños. Cuando llegue ese día no sabré como decirles gracias a mis padres y a la virgen de Guadalupe. Yo quiero ayudar a la gente necesitada y ser un miembro de la organización "Teletón". Esta organización ayuda a los niños con enfermedades de síndrome de Down y con discapacidades. Ayudar es una de mis pasiones y maneras de agradecer a mis padres y a todos los que me han brindado la oportunidad de progresar. Todos los hispanos han pasado por cosas buenas y malas. Todos tenemos que arriesgarnos para vivir mejor. Durante mi vida, yo he pasado por muchos obstáculos buenos y malos. Hoy en día estoy muy agradecida por lo que mis padres han hecho por mí. Si no fuera por ellos, la vida que tengo hoy no sería posible. Por los sacrificios de mis padres, nosotros hemos sido capaces de mejorarnos económicamente. No todo en la vida no es fácil de obtener pero con esfuerzo y dedicación, se puede lograr. –Jasmine

–En mi familia, muchos no han estudiado más allá de lo básico. Mi generación está tomando la ventaja de estar en este país muy en serio. Mis primos están estudiando para ser abogados o doctores y estoy muy orgullosa de ser parte de esto. Nuestros papás nos han enseñado que el saber español es muy importante porque es otra ventaja que podemos usar. Yo quiero ser intérprete. Mis papás me han influido mucho. He visto como han sufrido cuando sus empleadores no les han dado una oportunidad de salir adelante solo por no poder hablar inglés. Por esa razón yo quiero ayudar a mis paisanos. Quiero ayudar a quienes están humillados por una sola diferencia. He notado que solo por ser de otro color o hablar otra lengua la gente piensa menos de esa persona y no está bien. Yo voy a hacer que la gente cambié de opinión y hacer que vean lo bonito que es aceptar otras razas. –Mariana

–Yo trabajé dos años después de graduarme de la secundaria. No sabía si quería estudiar hasta que el programa de CAMP me ayudó a aplicar y asistir a la Universidad de SUNY Oneonta. También decidí estudiar porque mis padres me dijeron que tratara para ver si me gustaba y me gustó. Ahora el problema es lo que quiero estudiar. Quisiera estudiar comunicaciones pero ahora estoy estudiando Justicia Criminal. Lo que más me gusta de esta carrera es que puedo ayudar a enseñar las personas y los niños del futuro lo que es bueno y malo por ejemplo abuso de drogas, estar en pandillas, matar, robar, y mucho más, que no pasen por cosas malas y que sigan estudiando para que ellos un día puedan ser los héroes de muchas comunidades. Cuando tengo tiempo libre también me gusta ayudar a las personas y hacerlas felices. También tengo muchos sueños que quiero tener en mi futuro. Quiero ser un cantante como Romeo Santos o Enrique Iglesias porque ellos cantan con amor y dedicación por su carrera. Quiero también ser policía para ayudar a las personas en las comunidades, pero al final cualquier carrera que estudie me hará feliz en mi vida y mi familia estará orgullosa de mí. –Manuel

–En mi opinión, la razón principal por cual tengo tantos amigos es mi diversidad. Por ejemplo, yo tengo un amigo dominicano con el que jugué béisbol cuando era pequeño. El nació en la Republica Dominicana y se vino a los Estados Unidos cuando tenía siete años. Sus padres eran divorciados y su madre luchaba para pagar los gastos de cada mes. El resto de mi equipo de béisbol hablaba inglés y nadie le entendía; yo básicamente era su traductor personal. Todos veían a Alejandro como un cero a la izquierda porque no hablaba inglés. Él era el mejor jugador de nuestro equipo, pero los muchachos blancos se burlaban de él detrás de su espalda. Mi conexión con él era el béisbol y el español. Aunque hablábamos dos diferentes dialectos, nos entendíamos por lo que hablábamos la misma lengua. Otro amigo mío lo conocí en la escuela secundaria. El nació en los Estados Unidos pero sus padres eran de la India. Él no se cortaba el cabello porque era en contra de su religión. Muchos muchachos no le hablaban porque pensaban que era raro. Desde mi punto de vista, él no era raro; era diferente. Ser diferente no es una cosa mala. Hay que darle una oportunidad a cada persona antes de llegar a conclusiones. Alejandro era un muchacho demasiado cómico y cuando lo presenté a mi grupo de amigos, todos lo estimaron. Él ahora está en Harvard estudiando leyes. Lo veo como tres veces al año, pero siempre hago el esfuerzo de pasar tiempo con él durante las vacaciones de la universidad. Otro muchacho que conocí en mi primer año en Oneonta se llama Kevin. Él vivía en el mismo piso que yo y mi compañero de cuarto Phil. Irónicamente, lo conocimos porque el tocaba nuestra puerta como tres veces a la semana, usualmente por la noche. Phil y yo hacíamos mucho ruido y no nos acostábamos hasta muy tarde. Kevin nos tocaba la puerta y nos pedía que bajáramos el volumen. Era un muchacho agradable y nunca nos ponía problema si no era necesario. Después de unos meses, nosotros descubrimos que él era homosexual. Tenía un novio y a veces lo veíamos con él; a mi amigo Phil no le gustó esto. Phil tiene un poco de homofobia y nunca le volvió a hablar a Kevin. Aunque yo no soy homosexual, eso no quiere decir que voy a parar de hablarle. Yo soy muy respetuoso de las creencias y estilo de vida de los de más y no trato de imponer mis propias ideologías. Definitivamente no soy un santo; hago muchos errores y digo cosas que después quisiera no haber dicho, pero en general soy un muchacho bueno. Me importan las emociones de mis amigos y de las personas en general así no los conozca. Por ejemplo, me acuerdo que cuando pequeño, todo el mundo tenía cartas de "Yugioh." Un día los niños de mi ruta del bus estaban intercambiando tarjetas después de la escuela. Un muchacho Joe, que era menor que yo, quería hacer un cambio por una tarjeta llamada "Magical Hats" que él quería. Yo tenía mejores tarjetas que él y yo quería la misma tarjeta. El muchacho John que iba a cambiar su tarjeta aceptó mi oferta en vez de la de Joe. Joe se puso a llorar y me sentí mal. Me di cuenta que "Magical Hats" era más importante para él que para mí. Le di la tarjeta a Joe por nada en retorno. Yo no me creo mejor que nadie. Cada persona tiene valor y hay que verlos por sus cualidades buenas. Tengo similitudes con varios grupos de gente porque vengo de una situación muy compleja. Nací en un barrio pobre donde vivían muchas personas pertenecientes a lo que llaman las minorías en los Estados Unidos, es decir gente de raza negra, hispana, inmigrantes de otros países. Hoy en día aún vivo en un barrio que es predominantemente hispano. Sin embargo pude asistir a colegios privados en donde el ochenta por ciento de los alumnos eran blancos americanos. Me visto como un muchacho blanco americano y la mayoría de mis amigos son anglo-americanos, pero soy igualmente de amistoso con todo tipo de personas. Mis padres son de clase media/baja y entonces no toman nada por hecho. Siempre trabajan duro para lo que ganan y creo que he adoptado esta mentalidad también. Esto me ayuda a tener empatía con la otra gente. Me doy cuenta de cosas que otra gente de mi edad no se da cuenta. Por ejemplo, en mi clase de educación, tengo una amiga que trabaja casi cuarenta horas a la semana para poder pagar para su universidad. Jessica muchas veces no tiene tiempo para estudiar para los exámenes, entonces yo le envió guías de estudio antes del examen para ayudarla. Yo estaba en la misma situación que Jessica durante el doceavo grado de mi secundaria. Trabajaba de lunes a viernes desde las cinco de la tarde hasta las once de la noche. Nunca tenía el tiempo ni la energía de hacer tareas y esto me hizo más comprensivo de los problemas de los otros. La manera más efectiva de salir de la situación en cual se encuentra Jessica es la educación. La única fuerza más potente que la pobreza es la educación; sacrificio temporal es la clave para poder salir de un hueco. Ella ahorita está poniendo todo su esfuerzo hacia un mejor futuro. Tiene que trabajar y tomar clases a la misma vez, pero esto la está haciendo una persona fuerte. Demuestra que ella es una persona de buen carácter y aunque su familia no está en las mejores circunstancias financieramente, Jessica está siguiendo adelante. Yo siento que soy de la misma manera. Yo trabajo duro durante el verano para ahorrar dinero y para poder tener ese dinero disponible durante el semestre. Cualquier vacación pequeña que la universidad me da, la uso para trabajar; no tengo el lujo de poder tomar un viaje a otro país durante las vacaciones, pero no importa porque yo acepto mi situación. Entiendo que me toca trabajar para lo que tengo porque nada es fácil. Mi futuro es brillante por los esfuerzos que estoy poniendo hoy. Los préstamos que estoy sacando ahorita me afectarán, pero valdrán le pena cuando sea exitoso. Conozco a varios jóvenes que tienen la misma mentalidad que yo. Tengo experiencia con bastantes grupos de gente. Esto me ha hecho una persona más flexible para adaptarme a nuevas tradiciones y me ha hecho mucho menos ignorante de las situaciones de mucha gente que conozco. Por ejemplo, el otro día estaba manejando por mi barrio con mi amigo John. Pasamos por "Pollos Mario," un restaurante colombiano. Le dije que la comida colombiana era bastante rica y él me mira y me pregunta: "¿Cuál es la diferencia entre comida colombiana y comida mexicana?" Esto me molestó porque son dos culturas completamente diferentes pero el estereotipo es que todos los latinoamericanos comen arroz, frijoles y pollo. Aunque yo no puedo cambiar el mundo solo, puedo hacer mi parte. Entonces, en vez de enojarme con mi amigo John, le expliqué la diferencia entre la comida mexicana y la comida colombiana. Le hablé sobre la bandeja típica colombiana, que trae arroz blanco, carne molida, chicharrón, huevo frito, patacón, chorizo, arepas, frijoles y aguacate. También le hablé sobre comidas típicas mexicanas como la tortilla, el guacamole, las enchiladas y el pozole. Mi esperanza es que algún día alguien le comente a John que todas las comidas hispanas son iguales y que él los pueda corregir. "No se ganó Zamorra en una hora" y los estereotipos tampoco se eliminarán en una hora. Cada persona tiene que hacer su parte y yo seguiré haciendo la mía. Hay que ser respetuosos de todas las personas porque ningún individuo es mejor que otro. No todos nacen dentro de una familia con dinero. De cualquier forma, esto no es lo que define a una persona; lo que define a una persona son las acciones que toman para salir de la pobreza y la manera como tratan a otros humanos. Las experiencias que he tenido en mi vida personal me han hecho más comprensivo de las situaciones de mucha gente y me han hecho más apreciativo de mi propia cultura. Espero que mis esfuerzos y mi respeto sean notados y resulten en algo positivo algún día; por ahora continuaré trabajando duro para un mejor futuro. –Roberto

–Por mis padres aprendí a ayudar y colaborar con otros. Sé todo lo que sufrieron criándonos y siempre hubo personas que nos ayudaban en todo sentido: financiero, con transporte, salud, el nuevo idioma y otras dificultades que venían por el camino. Por eso quiero hacer trabajo social y ojalá fuera directora de una organización sin fines de lucro apoyando a los hispanos. También quisiera ser parte del cambio en contra de la injusticia hacia los hispanos en los Estados Unidos. También quisiera ir al "Peace Corp" por dos años y trabajar en un país en latino América. Yo quisiera hacer esto porque haciendo trabajo voluntario y enseñándoles a los preescolares de la Carolina del norte me ha traído mucha satisfacción y ahora quiero hacer algo más grande. –Liliana

–Después de siete años en los Estados Unidos, mi papá pudo arreglar un negocio para poder legalizarse. Una peruana le propuso que se casaran por lo civil por más de once mil dólares. Me acuerdo que un día ella, mi papá y yo estábamos desayunando en un Diner que quedaba en la esquina de la calle, en el pueblo donde vivía mi papá, Milford, Nueva Jersey. La mujer me miró y me dijo: "esto lo hago para tu futuro, quiero que corras tras de tus sueños, vas a tener muchas oportunidades en este país". Con mucho esfuerzo mi papá ahorró suficiente plata para proceder con los planes. En el año 2005 se casaron y después de dos años cumpliendo tramites y asistiendo a entrevistas, mi papá y yo fuimos légales. Lograr esta meta le causo mucha felicidad a mi papá y a mí. Al vivir en el país de oportunidades, mi mamá también tuvo la misma oferta. En el año 2006, mi mamá y Juan, un joven Colombiano en busca de vender sus papeles, negociaron los papeles por doce mil dólares. Con sus ahorros y trabajando horas extras por las noches, mi mamá se pudo casar ese mismo año y cinco años después pudo mandar su solicitud para su ciudadanía. Por fin fue legalizada. Reconociendo que nuestros padres han hecho esfuerzo para darnos una vida alegre, la educación es nuestro boleto para representar la minoría en nuestras comunidades. Mi mamá actualmente sigue limpiando baños para poder seguir adelante. Mi papá, por nuestras conversaciones por el teléfono, sé que trabaja horas extras cada semana para poder tener suficiente dinero y pagar las facturas, incluyendo la factura de mi carro. Aprecio tanto la indepen-dencia que a veces quisiera tomar la responsabilidad de pagarlo yo misma pero en el momento no puedo. Pero por esta razón, mis estudios son prioridad. Algún día mis padres no me tendrán que sostener. Sueño con tener una carrera manejando una empresa como ejecutiva o dueña; quisiera comprarle una finca a mi mamá en Colombia para que se dé sus merecidas vacaciones. Sueño con ofrecerle un terreno similar a la finca donde ella vivió toda su infancia y adolescencia. La misma finca que me recuerda de mi niñez, durante esos días cuando mi primo Juan Esteban y yo corríamos por el corredor. Asistir a una universidad de 5,000 estudiantes, hace que la competencia para sobresalir sea un gran desafío. Hoy en día me da el orgullo decir que lo logré. Como escribí en el principio de mi historia, el verano del año 2014, me identificaba como una de las diez líderes del programa de orientación en la universidad. Tuve la oportunidad de compartir mi historia con los estudiantes que apenas soñaban con ingresar a la universidad y sus padres. Con mucho orgullo cuento mi historia de inmigrante que empieza a mis cinco años cuando llegué a los EEUU desde Colombia con una madre soltera. Quise inspirar motivación y ser un ejemplo de una luchadora. También soy un ejemplo de alguien que ha tomado todas las oportunidades disponibles. Aparte de tomar la ayuda de los profesores para sobresalir en la clase, hay trabajos que la universidad ofrece, como el de supervisor de residencias o consejero académico y estos dan el beneficio de vivienda gratis y yo me he aprovechado de todos. Siendo hispana reconozco que hay muchos estudiantes que como yo, pensaban que no tenían la inteligencia o capacidad de tomar posiciones de liderazgo en nuestro campus. He tenido la oportunidad de compartir estos pensamientos con muchos de los estudiantes en su primer año. –Vanesa

–Ahora todavía soy un adolescente que está cambiando la manera de pensar. Estoy explorando quien soy y quien quiero ser. Mi mentalidad no ha cambiado. Todavía quiero seguir con mis estudios y llegar mucho más lejos profesionalmente. Todavía tengo mucho para aprender sobre mí y quien quiero

215

ser cuando cumpla dieciocho. Vivir lejos y en casa diferente es a veces difícil, salvo la educación que obtengo en la universidad es mucho más grande que cualquier dificultad. Con la educación universitaria puedo conseguir un trabajo mucho mejor del que tienen mis padres y que me pague bien. Con toda la educación universitaria no solamente me ayudaría a mí sino a mis padres y hermanos. Le ayudaría a mis padres en el futuro porque ellos también me ayudaron a terminar mis estudios. También a mis hermanos para que sepan lo mucho que se necesita trabajar para triunfar en los estudios. Yo soy el primero en mi familia en graduarme de la secundaria y empezar la universidad y me pone como un ejemplo para mis hermanos. La educación para mi familia es lo más importante porque ninguna persona en la familia de mi padre y madre pudo asistir a la universidad. Mi educación y la educación de mis hermanos fue una de las razones por las que mis padres decidieron inmigrar a los Estados Unidos. Muchos de los hispanos que van a la secundaria, donde vivo, parece que no les interesara la educación. Cuando los maestros me ven y que tan lejos ya he llegado en mi educación tienen mucha alegría porque quieren que triunfe por todas las barreras que he sobrepasado. La motivación que me contagian las personas que creen en mí me hace aspirar más y conseguir un trabajo bueno. Un trabajo que quisiera tener involucraría viajar a diferentes países y conocer diferentes personas y hacer negocios con ellos. Me gustaría un trabajo que disfrutara y pagara bien. El futuro no se puede predecir y todos queremos que sea un futuro donde seamos exitosos. Mi familia espera que me gradúe de la universidad y que tenga una vida feliz. Esperan que les agradezca a todos los que me ayudaron a cumplir mis metas. Esperan que trabaje mucho para seguir con mis estudios universitarios más allá de mi licenciatura, como mi maestría o doctorado. Espero mucho más de mí en el futuro porque no es solo para mí sino para toda mi familia y amigos. Deseo tener una carrera que pueda obtener ingresos suficientes para vivir y también para ayudarles a mis padres y familia en México. En diez años espero poder decir que he logrado mis metas y que mis padres estén orgullosos de mí. Espero tener una casa propia con una carrera exitosa. Ahora la educación es lo más importante ahora. Siempre habrá conflictos en la vida excepto que no pienso en los problemas sino el lado bueno de la vida. –Adolfo

–En el año 2010 mis padres decidieron comprar una casa porque en el lugar donde vivíamos era muy pequeño para nosotros. Comprar una casa es difícil porque necesitas varios requisitos pero lograron cumplir con lo necesario y finalmente tuvimos casa propia. En la casa donde ahora viven es más grande y cada quien tiene su cuarto. Con mucho esfuerzo, mis padres cumplieron parte del gran sueño americano que es lograr tener una casa propia. Aparte de mantener a mis hermanos y a mí, mis padres mandan dinero a México. Ellos mandan dinero porque también tienen que cuidar a mis abuelos. En México no hay mucho trabajo y mis abuelos ya están viejos y no pueden trabajar. Mis padres siempre se han dedicado a trabajar para ofrecernos una mejor vida. Ellos nos dicen a mí y a mis hermanos que estudiemos porque es la única forma de supéranos y ya que ellos no tuvieron la oportunidad que nosotros lo aprovechemos. Mis padres han estado conmigo en todos los momentos y gracias por sus esfuerzos y sacrificios estoy ahora en la universidad. Yo quiero demostrarles a ellos que con todo lo que han hecho estoy agradecida y sin ellos yo no estaría viviendo esta vida. Yo acabo de cumplir los dieciocho años el veintiocho de julio. A los dieciocho años se abren puertas a nuevas responsabilidades como votar y ser independiente. Esta edad es una época interesante porque aprendo a valorarme y a madurar. En los Estados Unidos fui capaz de asistir una mejor escuela y terminar la secundaria. Yo siempre he tenido el apoyo de mis padres para seguir estudiando. Ahora que estoy en la universidad yo quiero hacer un cambio en la comunidad hispana. Me gustaría demostrarles a todos los jóvenes hispanos que sí se puede y todo es posible si le pones empeño. Trabajé duro en mis estudios aunque a veces era difícil, lo superé. En mi último año de la secundaria, comencé a buscar un trabajo y solicitar becas para poder ir a la universidad. Yo sentí que no iba a ganar ninguna beca pero me dije si no lo intento no sabré. Solicité y escribí ensayos, también busqué cartas de recomendación. Fue un largo proceso pero lo logré. Gané tres becas y esas tres becas me ayudaron a pagar un poco la universidad. – Jasmine

Si consigo esta educación y recibo mi carrera, esto significa mucho para mi familia. Yo sería la segunda en recibir una educación superior en la universidad. Entre la comunidad hispana se vería muy bien si yo logro recibir esta educación. Muchos hispanos que trabajan en el campo ya me han dicho que le eche ganas a los estudios porque quieren ver la raza hispana lograr lo que ellos no tuvieron la oportunidad de lograr. En el futuro espero conseguir un trabajo en un lugar de hospitalidad o un restaurante, también en un trabajo donde se hacen eventos para el público. –Daniela

–Mis padres siempre nos insistieron a mis hermanos y a mí que continuáramos con nuestros estudios. Quisieron que hiciéramos algo de nosotros mismos para que no tuviéramos que sufrir de la manera en que ellos sufrieron. En otras palabras, querían que sus hijos obtuvieran una carrera para que pudieran obtener una buena posición económica en el futuro. Desafortunadamente, mis padres estaban un poco decepcionados cuando mi hermano mayor no tomo la decisión de seguir estudiando. Mi hermano era como mi padre y no le tuvo interés a la escuela, entonces cuando se graduó de la secundaria, decidió trabajar en lugar de estudiar. Yo era la próxima en graduarme de la prepa pero mis padres se empezaron a preocupar por mí porque no estaba llenando ninguna solicitud universitaria. Pensaron que no tenía ningún interés en obtener una carrera pero en realidad, estaba indecisa sobre qué carrera quería estudiar. Por lo tanto, decidí tomar un año libre y trabajar un poco. Durante ese año, mis padres constantemente me recordaban y animaban a asistir a la universidad por miedo a que se me olvidara por completo. Desde chiquita, siempre he hecho mi mejor esfuerzo para mantener buenas notas en la escuela y por eso, mis padres no querían que echara a perder una gran oportunidad. Entre mi familia, tengo muchos primos y primas con quienes yo crecí pero la mayoría de ellos no fueron a la universidad. Siento que muchos de ellos no se esforzaron tanto para seguir con sus estudios porque nunca se creyeron capaces de poder hacerlo. En mi opinión, la mayoría de los jóvenes de mi clase social piensan de esta manera. Simplemente por el color de su piel, el origen de sus padres o por crecer con muy poco, ellos piensan que la posibilidad de ir a la universidad está fuera de su alcance. Por ser así, se conforman con un trabajo, sin pensar en el bienestar de su futuro. Yo pienso que muchos jóvenes de mi clase social piensan de esta manera porque crecieron sin salir de su zona de comodidad, es decir por no arriesgarse a tomar decisiones que pasadas generaciones no tomaron y por miedo a fracasar. A la vez, creo que es diferente para cada joven dependiendo de la comunidad en la que hayan crecido. La diferencia con mis otros familiares es que ellos nunca se dieron la oportunidad de conocer a personas con diferentes culturas y costumbres. Por ser así, desarrollaron una mente cerrada y nunca pensaron en su educación o en el futuro. Ahora platico con algunos de mis primos y me dicen que ellos desearon haber tomado decisiones mejores cuando eran más jóvenes. Recientemente platiqué con mi hermano y me dijo que es bueno que esté en la universidad. Me dijo que él nunca tomó la decisión de ir porque no lo hubiera logrado. Me pongo un poco triste cuando oigo cosas así porque básicamente, las personas que piensan como mi hermano se han puesto límites y después de unos años, se arrepienten de las decisiones que tomaron. A la vez, puede ser incómodo interactuar con personas de diferentes costumbres. Sin embargo, a mí siempre me ha gustado conversar y ser amiga de personas de diferentes culturas y razas porque es bueno conocer y poder formar conexiones para el futuro. Entonces creo que las escuelas o los padres de los niños de clase social baja, deben de prestar atención para evitar que los jóvenes formen una mente cerrada y que al final permitan que un sentimiento de inferioridad les afecte de una manera negativa. –Sandra

–La educación universitaria es muy importante para desarrollar la educación que uno ya tiene saliendo de la secundaria. Yo pretendo obtener una licenciatura en ciencias de computación y también una licenciatura en física. Después pienso ir a un colegio de posgrado en Nueva York para conseguir mí maestría en ingeniería; por ahorita las únicas universidades que he contemplado son la Universidad de Syracuse o SUNY Binghamton. Aquí es donde mucha gente recomienda ir si uno desea ser ingeniero porque tienen clases que son perfectas para futuros ingenieros. Cuando yo le explico a mi familia de mis futuros procedimientos ellos se quedan asombrados; esto es debido a que ellos nunca han ido a un colegio para estudiar. Mi madre solamente ha completado su educación secundaria y mis abuelos tienen la educación que obtuvieron en Perú. Yo soy el primero de mi familia en ir a la universidad para continuar mi educación. Esto significa mucho para mi familia y de igual forma para el grupo social hispano. Tener una educación superior significa no estar sufriendo para conseguir un trabajo típico como ser un cajero en una tienda. También me abrirá muchas puertas y oportunidades que bastantes no son afortunados de tener. Hoy en día si uno no tiene un título es muy difícil adquirir un trabajo estable que pague bien. Además tener gente hispana con licenciaturas ayudará a la comunidad hispana a no verse como gente que nomás viene a "estorbar". Los Estados Unidos necesita más gente hispana que trabajé en posiciones superiores así podrán entender a gente hispana sin una educación secundaria o universitaria. –Kyle

–En fin, inmigrar a un país y comenzar de nuevo es algo muy difícil para cualquier persona. Por suerte, a través de los años yo pude comprender la dificultad de todo lo que tuvieron que pasar mis padres para obtener una vida mejor. Dependiendo de las diferentes maneras de cruzar la frontera, cada persona que haya inmigrado de su país, arriesgó su vida y su bienestar para lograr lo que se conoce como el "sueño americano". Por esa razón es que yo quiero lograr tener una buena carrera. Mis padres trabajaron duro para salir adelante entonces yo tengo que seguir su ejemplo. Siendo así, los hispanos tienen una oportunidad de seguir progresando dentro de la comunidad estadounidense. Nuestra responsabilidad como ciudadanos es ayudar a nuestra clase social a subir de nivel y los estudios ayudan mucho para obtener esa gran meta. En diez o veinte años, yo me veo trabajando en una carrera que me guste mucho y que me ayude económicamente también. Sé que estoy interesada en diversos campos profesionales. Si dentro de unos años tengo la idea de querer trabajar en algo diferente, espero trabajar duro para poder lograr mi meta sin que me importe la edad que tenga. Si puedo hacer eso, entonces sé que sería una persona muy feliz. Decidir estudiar lejos fue la parte difícil que me tocó a mí. Siendo hija de inmigrantes y la primera en la familia que sigue con sus estudios, siento como si tuviera algún tipo de presión sobre mí para seguir difundiendo el "sueño americano". A la vez, no cambiaría ninguna parte del proceso porque yo pienso que las cosas pasan por alguna razón. Este proceso incluye la posibilidad de conocerse a uno mismo al transcurrir de los años. Por ejemplo, yo sé que yo soy una joven indecisa, a veces puedo ser enojona pero también puedo ser muy sincera y simpática a la vez. Ojala cuando me llegue a encontrar con alguien en el futuro, me digan que cambié mucho pero de una buena manera. ¿Por qué? En mi opinión, si no hubiera cambiado ningún aspecto de mi vida, entonces no habría cambiado para mejorar. Eso es parte de la vida; cambiar, crecer y dejar un impacto en el mundo, sin que se nos olvide de donde vinimos y como empezamos. –Sandra

–Yo quiero estudiar una carrera que me dé un futuro feliz y que me ayude a mí y mi futura familia adelante con nuestras vidas. A mi madre mía, le prometí que le voy hacer su propia casa y su jardín. También ayudar a mi familia para que sean felices aquí en los Estados Unidos. Que ya no sufran nunca más y que se sientan libres de estar sufriendo por el trabajo o dinero. Mis padres nunca acabaron con su educación como nosotros. Mi hermana mayor acabo su educación en una universidad en México. Mi hermano y yo esperamos graduarnos de la universidad también para que mis padres se sientan orgullosos. Poder obtener una educación superior para mi familia y para nuestro grupo hispano es un orgullo. Mucha gente alrededor del mundo no tiene la oportunidad de estudiar y tener una carrera. Cuando me gradúe mis padres estarán felices y toda mi familia que tengo. También es un privilegio y honor graduarse de una universidad. Les estamos enseñado a todo el mundo que los hispanos pueden hacer lo mismo que los demás: ir a una universidad y graduarse. Los tipos de trabajos que quiero conseguir en mi futuro es ser un maestro, consejero, un técnico para un club o un equipo en el mundo del futbol. También quisiera ser abogado, cantante, o hasta el presidente de los Estados Unidos. –Manuel

–Aunque ahora mis padres dicen que viven tranquilamente, ellos me contaron de las preocupaciones que tenían cuando llegaron aquí. Muchas de las preocupaciones que tenían eran económicas. Ellos dicen que pasaban inviernos largos y difíciles porque el trabajo de mi papá paraba durante el invierno así que teníamos que vivir de los ahorros que ellos iban juntando durante el año. Todos los gastos que hacían tenían que ser mínimos y solo lo indispensable. Nunca había dinero para lujos o malgasto. Ellos ahora le dan gracias a Dios de que ya no tienen ese tipo de preocupaciones. Dicen que poco a poco han podido salir adelante y vivir una vida cómoda. Ahora la única preocupación por la que pasan es la falta de documentos en este país. Aunque ellos aplicaron para la residencia hace diez años aún no han podido arreglar nada. El proceso ha sido largo, costoso y sin éxito. A pesar de todo esto, ellos no se quejan de sus experiencias como inmigrantes.

Ellos dicen que aquí están mucho mejor y que todo el esfuerzo ha valido la pena. Llegar a la universidad fue un gran triunfo para mí porque por un tiempo pensé que no iba poder estudiar. Poder tener educación de nivel superior no solo es un triunfo para mí, sino también para mis padres. Yo sé que parte de su "sueño americano" será realizado cuando yo me gradué de la universidad. Al graduarme de la universidad yo sería la primera de mi familia en tener educación superior. Por eso para mí es tan importante terminar la escuela y en un futuro poder ser alguien exitoso en la vida. Inclusive en el futuro yo tengo planes de seguir estudiando. Quiero llegar a ser una trabajadora social y ayudar a familias latinas así como la mía. El ser bilingüe será una de las claves para poder ayudar a estas familias. No solamente quiero tener un buen trabajo en el futuro sino también una familia propia. En mí familia yo quisiera conservar muchas de las tradiciones hispanas. Quisiera que mis hijos mantuvieran el Español y aunque es difícil yo creo que sí es posible. Así como yo logré mantenerlo, también ellos podrán. Mis padres me enseñaron la importancia de mantener la familia unida y la importancia de la comunicación. Ellos siempre hacen decisiones juntos y siempre se toman en cuenta uno al otro. Me gustaría que mi familia llegara a ser así, tan unida como la mía es ahora. Me gustaría que también ellos disfrutaran de la comida hispana, no solamente de las hamburguesas y la pizza. Sin embargo hay partes de la sociedad estadounidense que también me gustaría que mi familia siguiera, por ejemplo la igualdad entre los géneros. Aunque en mi casa no hay un aspecto de machismo tan fuerte, igual mi mamá siempre está en casa. Mi papá nunca hace decisiones sin ella. Cuando hay que hacer decisiones sobre dinero o sobre nosotros los hijos ellos siempre las hacen juntos. Mi padre no es del tipo que solo porque él trae el dinero a la casa piensa que puede hacer todas las decisiones. El cree en la voz de mi mamá también pero igual mi madre todavía sigue el rol de la mujer hispana en casa. Yo no quiero eso para mi familia. Yo quiero igualdad para los dos. El machismo es uno de los aspectos que no me gustan de nuestra cultura, pero en la sociedad Estadounidense las mujeres tienen los mismos derechos y no están atadas a la casa. Él hombre y la mujer trabajan juntos para sacar a la familia adelante y él hombre también ayuda con las labores de la casa y con los niños. También me gusta la importancia que los estadounidenses ponen al estudio. Mis padres siempre me han dicho que es muy importante estudiar pero no todos los padres hispanos piensan así. En cuanto a la religión yo no creo que les voy a inculcar mucho a mis hijos una religión, en mi casa nunca fuimos muy religiosos así que no sabría de todas maneras ni cómo explicarles la religión. Cuando ellos sean grandes ellos decidirán por si mismos si quieren seguir alguna. Todo lo que ha sucedido en mi vida ha sido para hacerme una mejor persona. El ser indocumentada me ha hecho estar más agradecida con lo que tengo y por las oportunidades que yo he podido aprovechar en este país. He tenido conflictos con mis circunstancias aquí en los Estados Unidos pero siempre los he podido superar y solamente me han hecho más fuerte. En un futuro yo sé que seguiré teniendo conflictos por mi estatus legal, pero algún día lo podré arreglar, mientras tanto solo seguiré trabajando duro para poder lograr mis sueños. En mis veintidós años de vida he tenido la dicha de tener una vida llena de amor, amistades y una familia que me apoya incondicionalmente. Tengo la satisfacción de tener muchos seres queridos, una educación superior y mi salud. Yo creo que en la vida es todo lo que se necesita para ser feliz. Mientras uno ponga esfuerzo y dedicación todo lo demás vendrá a su tiempo. Yo estoy de acuerdo con el dicho "el dinero no compra la felicidad". Yo no cambiaría nada en mi vida. Mi vida no es perfecta, pero la de nadie lo es tampoco. Cada quien vive experiencias diferentes que le dan una perspectiva distinta a la vida. Lo que yo he vivido me ha enseñado a trabajar duro, ser agradecida y siempre seguir adelante.–Ana María

Segunda parte

Dos autobiografías

Las dos autobiografías a continuación se presentan de manera íntegra, de este modo permiten observar el proceso de escritura hecho en clase. Estas historias revelan similitudes con los fragmentos expuestos en la primera parte del libro; sin embargo se encuentran en estos dos testimonios enseñanzas profundas sobre la diversidad, no solo racial, étnica y económica, sino apreciaciones generadas de una sociedad que observa las relaciones entre hombre y mujer de una manera binaria sin darle cabida a la diversidad que también se podría presentar entre los hombres y mujeres criados bajo las enseñanzas de una familia latina. La primera historia expone la lucha interna vivida por un muchacho dominicano levantado con el amor usual que se observa en la gran mayoría de las autobiografías, pero que al pasar de los años vive el rechazo de su propia madre que no logra aceptar la identidad de su hijo y que habiéndolo descubierto mucho antes que él mismo, pretende "arreglarlo" en contra de la felicidad del muchacho. La segunda historia expone la fortaleza de una familia que escapa de la violencia colombiana. Ellos deciden dejar su posición social privilegiada en un país donde el conflicto podría muy fácilmente acabar con las vidas de los miembros de la familia. Escogen vivir y por eso emigran hacia un país que les dará esa seguridad para salvarse. El eje de esta narración se concentra en la adquisición del gran sueño americano que para ellos es obtener la ciudadanía y garantizar que los hijos no serán excluidos de ninguna oportunidad para superarse en los Estados Unidos.

Juan Manuel Lara

Mi vida en blanco y negro

"Todos los pensamientos son vistos por un lente, pero cuando están escritos se ven en blanco y negro." Anónimo

DEDICACIONES

Quiero dedicar este libro a mi abuela, Teodora, y mi hermana, Gabriela. Dos mujeres que ya no están en mi vida y me hacen una falta terrible. También porque sus muertes me hicieron una persona más fuerte y me han ayudado a luchar en mi vida para alcanzar muchas metas.

Le quiero dar las gracias a la profesora Montoya y su hermana Victoria por ayudar editar este trabajo y ser paciente con mis errores. Mucho más por no juzgarme como persona y aceptar mi cultura, identidad y personalidad.

Para mí, esta autobiografía ha representado el reto y el orgullo de poder desarrollar muchos puntos personales de mi vida tales como mí identidad y cultura. Además de la vez escribir detalles y eventos que nunca había hablado con nadie antes.

MIS PADRES

Cómo muchos estudiantes hispanos, nuestros padres fueron inmigrantes a los Estados Unidos. En mi familia el caso fue diferente. Mi papá emigró desde la República Dominicana y mi mamá nació en los Estados Unidos. Mi mamá se llama Alessandria Carrera Lara y nació en la ciudad de Nueva York en 1959. Sus padres eran de descendencia Dominicana. Mi papá se llama Juan Marcelo Lara.

Nació en el pueblo de Janico en la República Dominicana en el año 1957. Su papá era de Italia y su mamá Dominicana. La historia de mí padres es un poco complicada. Mi mamá nació aquí en los Estado Unidos. A la edad de 8 años ella se mudó a la ciudad de San Pedro de Macorís en la República Dominicana. Mi abuela la mandó a estudiar y a vivir con una de sus hermanas mientras mi abuela trabajaba aquí en NY. Ocho o nueve años después, mi mamá regresó y terminó el bachillerato en este país. Después de graduarse, ella comenzó a estudiar en una universidad comunitaria llamada La Guardia. Ella trabajaba y vivía con mi abuela.

La llegada de mi papá es un poco diferente. Mi papá vino a los Estados Unidos porque fue pedido por su hermano. Llego aquí en los años 70's y con muchas ganas de trabajar y comenzar una vida nueva. En ese tiempo, la ciudad de Nueva York tuvo una llegada de inmigrantes dominicanos bastante grande. Él se localizó en la ciudad de East Elmhurst en el condado de Queens. Ya teniendo familiares y amistades allí no se sintió desubicado. Comenzó a trabajar como bodeguero y carnicero. Con poco conocimiento del inglés y un nivel de educación de noveno grado, sus opciones de trabajo estaban limitadas. Con el tiempo, él fue aprendiendo bastante y pudo manejar mejor el idioma para hacerse residente de los Estados Unidos.

Mis padres se conocieron porque eran vecinos. Mi papá estaba comprometido con otra mujer cuando conoció a mi mamá. Mi mamá es madrina de uno de los hijos del vecino, quien fue el que los presentó. Según la historia de mi papá, él no quería saber nada de ella porque él ya tenía novia. Los dos estaban jóvenes en ese tiempo y trabajan duro para disfrutar de la vida. Con el tiempo, mi papá le comenzó hacer caso a mí mamá y comenzaron a compartir juntos. Ellos salían a bailar, a cenar juntos y con amigos. Al poco tiempo mí mamá quedo embarazada. Se mudaron juntos a un apartamento y comenzaron sus vidas como pareja. El primer embarazo de mí madre fue el mío. Yo soy el mayor de tres hermanos. La alegría de un bebe en la familia fue grandiosa para mi abuela. Ella le pidió a mi madre que se mudara a su casa para que ella pudiera ayudarla con mí llegada. Mi abuela tenía una casa doble. En la casa vivían mi madrina y una tía. Arriba vivíamos nosotros, mi mamá, papá y yo. La

230

situación de nuestra vivienda era cómoda. Cuando mis padres querían salir o ir a una fiesta, tenían familiares que me podían cuidar. Mi abuela era el sol de mi alma. Desde que recuerdo, ella pasaba el tiempo enseñándome y cuidándome. A los tres años de yo haber nacido llegó mi hermano pequeño. Emiliano Alonzo Lara, nació el 24 de septiembre del 1986. Para mis padres esto era una experiencia muy emocionante. Al traer otro hijo al mundo se sintieron muy felices. Junto con mi abuela y otros familiares la casa estaba llena de alegría y amor. Después de este embarazo mí papá hizo que mi mamá se quedara en casa cuidándonos en vez de trabajar.

Mi mamá siempre había trabajado. Nosotros vivíamos cómodos y el sueldo de mi papá era suficiente. En ese tiempo mí papá estaba trabajando como conductor para un fabricante de carnes frías-llamado "Boar's Head". Mis padres estaban contentos. Tenían una familia que estaba creciendo, salud y felicidad. A los pocos meses de mí mamá haber dado luz de mí hermano quedo embarazada de nuevo. Para este embarazo estaban esperando la llegada de una niña. Después de unos cuantos meses de estar embarazada mi mamá se enteró que esta vez iba ser mujer. El 20 de octubre de 1987 nació Eloisa Gabriela Lara. Eloisa fue el último embarazo de mis padres y también fue el orgullo más grande de mi papá. Cuando mis padres completaron su familia decidieron tomar el próximo paso en su vida como pareja. En 1989 mis padres se casaron. Yo entregué a mi mamá, mi hermano fue el portador de anillo y mi hermana fue la niña de las flores. Fue un evento grandioso y un día muy feliz para la familia entera. Los años pasaron y mis hermanos y yo fuimos creciendo. Yo estaba en la escuela primaria, casi terminando para entrar a la intermedia cuando mi hermano comenzó la primaria y mi hermana estaba en la pre-escolar. Yo siendo el mayor de mis hermanos era responsable de cuidarlo. Mis padres siempre dependían de mí para mantenerlos vigilados. Cuando estábamos chiquitos, cada uno de nosotros teníamos un padre al cual favorecíamos. Yo tenía a mi abuela. Ella siempre me ayudaba cuando tenía problemas con mis padres o pasaba algo. Mi hermano tenía a mi mamá. Él es el consentido de ella. Se llevan muy bien y se ayudan el uno al otro. Mi papá tenía a mi hermana. Ella era la reina de la casa y en los ojos de mi papá ella nunca hacía nada malo. Entre los tres hijos, yo era el más

231

calmado y me mantenía distanciado de mis padres. Me americanicé a medida que iba creciendo y me la pasaba con mis amigos o solo. Mi hermano y hermana se llevaban bien. Pues solo había un año de edad entre los dos. Ellos guardaban sus secretos. Si algo malo pasaba, me culpabilizaban. Los problemas de mi familia inmediata, mis padres y hermanos, siempre los hablábamos en la mesa.

Cómo familia nos sentábamos juntos a cenar. Recuerdo que cuando llegábamos del colegio mi abuela nos daba merienda y veíamos televisión o hacíamos la tarea. En muchos casos, mi mamá nos ayudaba con las tareas mientras ella cocinaba la cena. Cuando nos sentábamos a comer juntos hablábamos de cómo pasamos el día; Conversábamos de los planes del fin de semana o de las vacaciones que íbamos a tomar. Cuando mis hermanos y yo estábamos en la primaria, mi mamá comenzó a trabajar. Ella fue agente de productos Amway, Jafrá y trabajó como auditora para un Resort en Pennsylvania. Ella viajaba a su oficina los fines de semana para entregar sus libros. En muchos momentos nos íbamos de vacaciones con ella y nos quedábamos en las cabañas del resort. Para nosotros esto fue muy divertido y nos la pasábamos en la piscina, montando columpios y haciendo piragüismo.

Sin embargo, en mi casa todo no era de color rosa. Había y aún existen muchos problemas entre mis padres y en la familia entera. En mi familia había problemas de dinero, infidelidad y mentiras. Mi mamá controlaba el dinero. La mayoría de las veces ella tomaba las decisiones en la casa. Entre mis padres había muchas peleas pero, mis padres no peleaban en frente de nosotros. Las mentiras venían de mi mamá y todo comenzaba por ahí. La infidelidad fue de parte de mi papá y la razón no se justifica, pero sí entiendo porque lo hizo. Los problemas familiares se fueron poniendo peor a medida que íbamos creciendo.

Yo comencé a estudiar en la escuela intermedia cuando mi mamá decidió comenzar su propio negocio. Ella decido comprar autobuses escolares para transportar niños. Esto trajo muchos cambios a mi familia porque siempre estaban trabajando. Nos veíamos tarde en la noche y casi nunca cenábamos comida de casa. Esto trajo problemas entre mis padres y mis hermanos porque teníamos muy poco tiempo familiar. Aunque estábamos juntos no nos estábamos comunicando. Al completar el octavo grado yo ya tenía trece años de edad. Había disfrutado mucho de mi juventud y por el trabajo y esfuerzo de mis padres pude viajar a diferentes partes del mundo. Después de mi graduación mi mamá decidió hacer un viaje a Santo Domingo con la familia completa menos mí papá. Esta fue la primera vez que había visitado el país de mis raíces familiares. Cuando llegamos comenzamos por el norte del país a visitar familiares, playas y zonas turísticas. Luego hicimos el viaje hasta la capital, Santo Domingo. Allí nos quedamos con mi tía Gianna. Ella es prima hermana de mi mamá y vivían juntas cuando pequeñas. Ella tiene cinco hijos y viven en una casa gigante. En el transcurso de la visita y entre conversaciones con mi tía, a mi mamá se le ocurrió que yo debía quedarme a estudiar el bachillerato en R.D. Mi madre pensó que estudiar en otro país sería lo mejor para mi futuro. Luego comenzaron a buscar colegios para inscribirme. Encontraron uno llamado "el colegio americano de Santo Domingo". El colegio tenia estudiantes desde primaria hasta secundaria. Quedaba localizado en la urbanización de Cuesta Hermosa cómo a10-15 millas de la casa de mi tía. En agosto del 1997 comencé a estudiar en el noveno grado en un país nuevo y viviendo con familiares aún extraños para mí. En el transcurso de esta transición yo nunca tuve la oportunidad de decir que no quería estar en otro país y mucho menos estudiar en un colegio dónde yo era el estudiante nuevo. Yo estaba enojado con la decisión que tomó mi mamá. Me tomó casi un año acostumbrarme al cambio de no estar con mis amigos, familiares y más que todo en Nueva York.

El regresó de mi mamá a NY con mis hermanos y sin mí no fue muy agradable. Las mentiras del porque yo no regresé comenzaron a regarse. Mi papá quedó enojado con mi mamá y se preguntaba porque yo quería quedarme allí. Mi mamá comenzó a decir que yo quería quedarme en Santo Domingo y que la razón por la cual yo me quedé fue porque yo estaba involucrado en drogas y pandillas. Mi familia en NY estaba muy sospechosa de las razones de mi mamá, pero nunca la cuestionaron. Al terminar mi segundo año de bachillerato yo estaba harto de vivir en Santo Domingo. Ya no soportaba las reglas de mi tía y la sociedad hipócrita del país. En búsqueda de ayuda para regresar a NY me fugué a Santiago, dónde vive mi tío de parte de padre. Me aparecí un día y reclamé que llamaran a mis padres y que les exigieran que si no me enviaban un pasaje de una sola ida a NY que nunca me iban a volver a ver. Al ver mi comportamiento, mi papá le exigió a mi mamá que me comprara el pasaje. Mi regreso a NY fue muy feliz. Al llegar a mi casa paso lo inesperado. Mi mamá no me quería en la casa y me botó con todo y maleta. Sin tener a dónde ir, una tía me aceptó en su casa. Todo lo que había ocurrido me hizo pensar que tipo de persona era mi mamá. Nuestra relación se fue disolviendo rápidamente y perdimos la conexión de madre e hijo. A la edad de diez y seis años tuve que trabajar para mantenerme. Estudiaba de día y trabajaba de noche. Le pagaba renta a mí tía y viví con ella por casi dos años. En el año 2000 mis padres decidieron mudarse desde la ciudad de NY hacia la ciudad de Utica. Mi papá se había mudado en 1999 para comenzar los arreglos de la casa que ellos compraron. Como yo no compartía una relación con mis padres y hermanos, me quedé viviendo en NY. En el 2002 mi mamá me llamó un día pidiéndome ayuda porque ella tuvo un accidente en el trabajo y no podía trabajar.

Al pensar sobre todo lo que había ocurrido en el pasado, como las peleas y mentiras, tome en cuenta que ella es mi mamá y necesitaba de mi ayuda. Yo le enviaba una mensualidad a ella desde NY para que pudiera mantener a la familia. Mi mamá siendo la más fuerte y controladora en la casa mandaba en la familia. Mi papá no estaba siempre de acuerdo con las decisiones que tomaba mi mamá pero lo aceptaba. De los dos, siempre había que pedirle los permisos a mi mamá. Me acuerdo cuando yo era niño, yo tenía una mejor relación con mi mamá que con mi papá. Al crecer, madurar y llegar a la edad de adulto, mi padre y yo ajustamos nuestras diferencias y nos dimos cuenta que muchos de nuestros problemas eran culpa de mi mamá. Muchas de las mentiras que fueron regadas por mi mamá salieron al aire libre. Mi papá y yo comenzamos a entender muchas cosas que no tenían sentido. Con el tiempo mi mamá y yo nos acercamos un poco. En mayo del 2002 hice un viaje a Utica por primera vez en cuatro años. Compartí el tiempo con mis hermanos y otros familiares. Me di cuenta que me hacía falta mi familia. Como yo había ayudado a mi mamá a mantener la familia mientras ella se recuperaba, ella me ofreció vivir en la casa para que yo estudiara en la universidad. En julio de ese año dejé mi vida en NY y me mudé a Utica. Fue un cambio drástico. Estaba acostumbrado a estar en una ciudad grande dónde podía caminar a donde quisiera. Tenía buen trabajo que me permitía disfrutar de la vida. Todo eso cambió. Fue una transición rara vivir con mis padres después de ocho años de vivir solo. El periodo de felicidad en la casa no duro mucho. Después que encontré un trabajo y me inscribí en la universidad mi mamá pidió que yo le pagara arriendo. Esto causó un problema bastante grande. Yo no entendía cómo era posible que después de todo lo que yo había hecho por ella y por todo lo que ella me había hecho pasar que ahora quisiera que yo le pagara alquiler. Duré menos de seis meses viviendo con mis padres y entonces me mudé solo a una casa. En el transcurso de esos seis meses ocurrieron muchas cosas que yo no esperaba. Mi abuela de parte de madre murió, me inscribí en el ejército, me salí de la universidad y entré en una profunda depresión. Me sentía muy solo y no tenía muchos amigos en Utica y mucho menos el apoyo de mis padres. En marzo del 2003 salí del ejército por la depresión que tenía y regresé al trabajo que tenía anteriormente. Todavía estaba muy triste por la muerte de mi abuela. Nuevamente me encontré solo y sin el apoyo de mi familia.

En el transcurso de los próximos dos años mis hermanos y yo nos acercamos mucho. Mi hermano terminó la secundaria y se fue a vivir a NY y mi hermana se encontró con muchos problemas y buscaba apoyo en mí. La mayoría de los problemas de mi hermana eran por culpa de mi mamá. Los obstáculos entre mi hermana y mamá ocurrieron porque ella buscaba que mi mamá la guiara con sus estudios. Mi mamá no le hacía caso. Mi padre trato lo más que pudo para ayudar a mi hermana pero él no tenía muchas opciones de darle auxilio. Los problemas con mi madre y hermana comenzaron a causar problemas entre mi mamá y papá. En el verano del 2005 mi mamá le envió a mi papá papeles de separación. Cuando mi hermana se enteró de eso juro que ella se moría antes que ellos se divorciaran. Mi hermana estuvo muy afectada por los problemas de mis padres. Ella fue la única que quedo viviendo en la casa de los tres hijos. Con la separación de mis padres ella sintió, vio, oyó y sufrió lo que ocurría en la casa. Ella no solo estaba sufriendo por los problemas de mis padres, sino también por el trato que le estaba dando mi madre a ella.

Mi mamá la amenazaba que le iba cambiar la cerradura a la casa y que no la quería allí. Con diez y siete años mi hermana se mudó de la casa. A este punto, mi hermana vino a mí pidiendo ayuda con sus estudios. Ella quería salirse del colegio para entrar a un programa de GED y comenzar a estudiar en la universidad comunitaria. Yo la apoyé, e incluso; la ayude mudarse a un apartamento con amigas. Ella arregló su vida y estaba trabajando y saliendo adelante. Mientras tanto comenzó a visitar a mis padres para arreglar un poco la relación. El primero de diciembre de 2005 mi hermana murió en un accidente de automóvil. Apenas acababa de cumplir los diez y ocho años. El fallecimiento de ella causó un dolor bien grande entre mi familia. Fue muy triste y esto aumentó los problemas ente mis padres. Fue un vacío bien grande perder una hija para mi papá, entonces él decidió mudarse a Santo Domingo.

Mi mamá quedó sola con mucho sufrimiento y dolor. Ella se alejó de todas sus amistadas e incluso de su familia. Han pasado casi cuatro años desde que se murió mi hermana y la relación de mis padres no se ha arreglado. Mi papá regresó en enero del 2009 a Utica y está viviendo con una sobrina. Ellos están en el proceso de divorciase. Con el regreso de mí papá a Utica nos hemos acercado mucho. Especialmente después de la muerte de mi hermana. Nos hablamos dos o trece vez a la semana. Cuando nos reunimos hablamos de mi juventud y las locuras de mi madre. He aprendido mucho de mi papá y aprecio el apoyo que él me da. En el caso de mi mamá ella sigue sola. Vive en la casa de ella y de mi papá. Hace ya ocho meses que no nos hablamos. Mi hermano es el único que se comunica con ella. Ellos dos se soportan sus locuras. Aunque mi hermano y yo no tenemos problemas y nos llevamos bien, no nos hablamos todos los días. La situación de mi familia es muy triste y creo que nunca se arreglará. Todos vivimos en lugares separados. Mi hermano en NY, yo tengo mi pareja en Utica mientras yo estudio en Oneonta, mi padre vive con su sobrina en Utica y mamá se quedó con la casa y la perra. Es difícil pensar en todo lo que ha ocurrido en los últimos siete años, pero al menos cada uno de mis padres tiene el apoyo de uno de sus hijos y tiene su salud.

MI NIÑEZ Y ADOLESCENCIA

Mis recuerdos de mi niñez y adolescencia no son muy buenos. Aunque me acuerdo más de los malos tiempos, también hubo muchos momentos felices. Esto ha sido una aventura llena de amor, tristeza, odio y alegría. Mi niñez fue una etapa en mi vida que no me recuerdo mucho. Lo poco que sigue en mi memoria son los momentos felices, que pasé con mi abuela y la familia. Hasta la edad de tres años yo era el único hijo de mis padres. Tuve mucho amor y cariño por parte de mi familia. Tenía muchos juguetes; estos venían de mi abuela que me mimaba mucho. Ella era la que más me cuidaba. Yo pasaba a su lado la mayoría del tiempo. Juntos mirábamos la televisión y nos la pasábamos en el patio de la casa. Después de nacer mi hermano pequeño las cosas cambiaron un poco. Cuando yo tenía tres años nació mi hermano Emiliano. Al llegar al mundo, toda la atención que yo tenía fue puesta sobre él. Sin embargo no me molestó tanto su nacimiento porque estaba muy pequeño para reconocer lo que estaba pasando. Aparte de esto, yo ya estaba asistiendo a la guardería. En la guardería estaba aprendiendo los colores, números y letras del alfabeto. Poco a poco estuve preparado para comenzar el jardín. Cuando cumplí los cuatro años comencé jardín. Tuve que viajar en auto-bus y estaba en un salón de clase con muchos alumnos. Era muy diverso habían niños negros y blancos. El vecindario donde vivíamos era bastante diverso. Vivian hispanos, blancos y negros. También había chinos e hindús. El vecindario era grande. Se llamaba East Elmhurst, pero el sector donde vivíamos nosotros se llamaba Jackson Mill Road. Jugaba en el patio de la casa con mi bicicleta o patineta y podía cruzar la calle sin peligro. Todos los vecinos se llevaban bien. Éramos como una familia bien grande. Al cruzar la calle, al lado de atrás de la casa, había una señora negra que estaba jubilada y vivía en el vecindario hacía muchos años. Ella siempre me daba caramelos cuando me veía. Al otro lado estaban construyendo dos casas nuevas. El solar estaba vacío entonces no había nada. Más abajo quedaba un callejón que le llamábamos el "alley way". Por ahí cruzaban los carros que se parqueaban detrás de las casas de la calle 95. En ésta, vivían la mayoría de mis amigos. Mi mejor amiga, Pamela, vivía en la esquina. Nosotros estudiábamos juntos en el colegio e íbamos a la iglesia también. Sus padres eran dominicanos. A lado de su casa había puertorriqueños, jamaiquinos, cubanos y más dominicanos. Todos nos comunicábamos en español. A esta edad comencé a hablar los dos idiomas, el español y el inglés. Antes de comenzar la escuela, en casa solo se hablaba español. Cuando comencé a asistir a la escuela comencé a hablar el inglés. Mi mamá practicaba conmigo el inglés y también con mis amigos del vecindario. El resto de mis familiares en casa solo hablaban español.

Vivir en una casa con mis padres, mi hermano y hermana dificultaba que tuviera mi propio espacio. Desde los ocho años mi hermano y yo compartíamos la misma habitación. Él era muy desordenado y yo era completamente lo contrario. Por lo general yo hacía que recogiera su ropa, juguetes y tuviera todo en orden. En nuestra casa los sábados se dedicaban a limpiar. Recuerdo que mi mamá siempre ponía muisca en español y limpiaba la casa entera. Yo como siempre mantenía el cuarto limpio y solo barría y trapeaba. Pero eso no era suficiente, mi mamá siempre me hacía limpiar el baño y la cocina. Entonces yo tenía que barrer y trapear toda la casa. Mientras mi hermano y hermana jugaban yo tenía que limpiar. A mí no me gustaba oír la música en español entonces yo me ponía los audífonos y oía mi emisora favorita, Z100, de música americana. Cuando yo era más chiquito mi mamá no era tan estricta conmigo. Recuerdo que los sábados mi papá y ella se quedaban durmiendo hasta tarde y mis hermanos y yo nos levantamos a ver los muñequitos o a jugar. Uno de los juegos era que cogíamos las colchas y almohadas y construíamos casitas y puentes. Gozábamos y nos reíamos mucho. Los sábados que veíamos muñequitos bajábamos donde mi abuela. Ella nos preparaba desayuno. Mi abuela siempre nos trataba igual a todos con cariño y hacia cualquier cosa por nosotros. Cuando nosotros queríamos desayuno ella nos preguntaba, "¿cómo quieres que te cocine los huevos?" casi siempre contestábamos, "el huevo con él sol". Éramos una familia unida y celebramos juntos los cumpleaños, las fiestas y los bautizos, las navidades y la semana santa. Siempre nos encontrábamos comiendo y todas las mujeres de la familia, como mi tía, madrina, mamá y abuela se la pasaban cocinando. Las comidas favoritas de mi crianza eran el arroz con habichuelas y pollo guisado y la carne. Me encantaba comer los tostones con sal y el aguacate con la ensalada. En las celebraciones normalmente se cocinaba una gran variedad de comidas. Mi tía hacia los pastelitos y albóndigas. Mi mamá cocinaba locrio de gandules y mi papá se encargaba del cerdo, jamón y pavo. En muchas ocasiones cuando se unían más familiares ellos traían un plato. Las fiestas en mi familia nunca eran simples, pequeñas o fáciles. Siempre comenzaban por la tarde y duraban hasta el amanecer. Así celebramos la boda de mis padres, mi bautizo, comunión y varios cumpleaños. De igual modo, durante las fiestas religiosas se invitaban a todos, mi madrina nos llevaba a la iglesia todos los domingos. En el grupo de oración estaba mi hermano, mi hermana, mi amiga Patricia y su hermano pequeño, Jesús. Nosotros asistíamos a la escuela de religión inicialmente y luego íbamos a la misa. Mi madrina nos acompañaba hasta la escuela y luego iba a su misa hispana. La importancia de la religión en mi familia refleja muchas creencias de mi niñez. Yo estaba acostumbrado a rezar con mi abuela toda las noches antes de subir a mi casa, a los pies de las escaleras rezábamos el padre nuestro y santa maría; le daba un beso a mi abuela y le pedía la bendición y luego subía las escaleras y apagaba la luz después que ella cerrara su puerta. Mi rutina desde pequeño era levantarnos, vestirnos y desayunar en casa de mi abuela mientras esperábamos el auto bus. Como mi abuela nos cuidaba todo el tiempo, yo me acostumbré a cuidarla a ella. Varias veces en el transcurso de mi niñez mi abuela sufrió heridas de caídas por las escaleras. En eso momentos difíciles yo nunca me iba de su lado. Al verla sufrir de dolor, me daba miedo porque sabía que ella no estaba muy bien. Durante toda mi juventud lo que más me asustaba era perderla. La primera muerte que ocurrió en mi familia fue la de mi tío Giovanni. Él era el primer hijo de mi abuela. Fue mi tío favorito y me mimaba tanto como mi abuela. El falleció bien joven porque estaba infectado con el virus del sida. Él lo recibió por medio de intercambio de jeringuillas cuando estaba usando drogas. Yo me enteré de los hechos después de que él falleció. Murió en 1991 cuando la epidemia estaba en su mayor punto.

Al pasar los años me gradué del quinto grado en la escuela pública. Luego me tocó entrar a la escuela intermedia en el sexto grado. Este fue el punto en mi vida donde me di cuenta de que ya no era niño. Al entrar a la escuela intermedia fue un mundo nuevo para mí. Había casi mil estudiantes entrando al curso de sexto grado y la escuela estaba sobre poblada. Los estudiantes del sexto grado comenzamos a estudiar en la construcción anexa del edificio principal. A mí me tocó estudiar con dos profesores para cuatro materias. Mr.Smith era el profesor de ciencias y matemáticas y la Sra. Ester era la profesora de literatura y ciencias sociales. La clase del sexto periodo era de coro. Nos tocaba practicar y cantar con otra profesora en el edificio principal por las tardes. A medida que el tiempo iba pasando comencé hacer amigos nuevos y comencé involucrándome en diferentes actividades dentro de la escuela. Había varias asociaciones y clubes. Me integré en uno llamado, "Council For Unity" que se dedicaba a crear diversidad dentro de la escuela y prevenir peleas entre los estudiantes. Otros programas que me inscribí fueron los clubes de videografía, viajes al extranjero, arquitectura, radio, música, literatura y otros. Mi horario escolar era bastante arduo. Me mantuve enfocado en mis estudios y las actividades extracurriculares. Hubo muchos eventos importantes de cada club en el transcurso del año. En "Council for unity" tuve la oportunidad de conocer muchos personajes importantes en la secretaria de educación de la ciudad de Nueva York, a la vez aprendí a hablar en público. En el club de videografía comenzamos a filmar eventos y tomar fotos en la escuela para preparar un anuario en video. En el club de música y coro nos preparamos para el concierto de invierno. Los estudiantes que estaban en la banda también practicaban sus instrumentos con nosotros para presentárselo a los padres. En el club de coro, íbamos a diferentes lugares como bancos, centros de ancianos, almacenes y otros lugares para cantarle a la gente.

Hubo muchas influencias que afectaron mi crecimiento, por ejemplo la oportunidad de expandir mis horizontes y tratar experiencias nuevas entre las actividades escolares; la música fue una gran influencia y comenzar a viajar solo por el mundo como estudiante de intercambio. La influencia de la música me ayudó; me hizo entender muchas cosas de la vida y expresar el sentimiento que tenía por dentro. A medida que ocurría esto comencé a escribir poesías y música. La segunda influencia que más reconozco fue viajar fuera del país por primera vez, a los once años tuve la oportunidad de viajar a Nueva Zelanda con la escuela como estudiante de intercambio. Este evento fue grandioso no solo porque viajaba solo sin mis padres, sino porque nunca había viajado fuera del país. En el viaje aprendí de la cultura, gente, geografía, comida y mucho más. Hice amigos nuevos y disfruté mi vida con una familia de diferente cultura. Las amistades que formé con los personajes de Nueva Zelanda duraron mucho pero con el tiempo perdimos contacto. Al contrario, las amistades que hice con los personajes del viaje duraron más tiempo. Uno de los amigos durante este viaje fue Kevin, un muchacho mayor que yo que estudiaba en el séptimo grado. Yo había conocido a Kevin cuando estudiábamos en la primaria pero no éramos tan buenos amigos. Después del viaje nos reuníamos para hacer tareas juntos, nos íbamos en aventuras montando bicicleta y patines. Kevin se convirtió en mi mejor amigo. Con el tiempo nos íbamos de viaje el fin de semana. Sus padres nos llevaban a Atlantic City y a su casa de campo. También yo comencé a quedarme en su casa de vez en cuando. Nosotros nos íbamos a Manhattan y nos la pasábamos paseando por la ciudad y disfrutando. Él me ayudó mucho a entender y desarrollar muchas cosas de la vida e identidad. Al pasar el tiempo me fui americanizando, mi cultura hispana siempre estaba presente, pero a veces prefería ocultarla, solo hablaba el español cuando lo tenía que hablar, dejé de leerlo y escribirlo y la música que fue una gran influencia de niño casi nunca la oía. Mi vida comenzó a cambiar. Estaba entrando en una cultura nueva que como niño no la conocía. Ir a Manhattan y ver todas las diferentes carteleras comencé a abrir los ojos y a preguntarme que quería hacer cuando grande. La verdad era que no tenía idea, había tantas cosas que me interesaban que quería aprender de todas. Creo que los avances de la tecnología fue lo que más me interesó. Yo quería ser un periodista. Mi sueño era trabajar para el "New York Times" como escritor de temas sociales en NY. Después de graduarme de la universidad quería vivir en Manhattan en un apartamento estilo loft. Me imaginaba teniendo una vida fabulosa donde tenía todo al alcance. Antes de todo, me tocaba estudiar para entrar en una universidad buena y llegar a cumplir esta meta. Así que mis padres no pusieron presión en mi estudio, pues yo tenía bien claro mis objetivos. Durante los siguientes dos años de la escuela intermedia, séptimo y octavo, mantuve buenas notas, me involucré en más programas de actividades extracurriculares y pude viajar a Corea del Sur y a Italia. Para el fin del año escolar en 1997 me estaba graduando de la escuela intermedia. Con pocos planes para el colegio de secundaria me inscribí en la escuela local de mi vecindario. Al graduarme mi mamá me regaló un viaje a la Republica Dominicana. Este viaje fue el primero que hice al país y fui acompañado por mi hermano, hermana y mamá.

Pasamos el verano de paseo por el país visitando a familiares y viendo lugares turísticos y playas. En el mes de agosto nos fuimos a la capital, Santo Domingo, donde vive una de mis tías. Mi tía Gianna, prima hermana de mi mamá, tiene una casa que es una mansión. Vive como rica, bueno mejor dicho es rica tiene todos los lujos que uno pudiera ver en esa época, principalmente en un país tan pobre como la Republica Dominicana. Lo que yo menos pensaba era que la visita a casa de mi tía Gianna no era una visita, era para que yo me quedara a vivir con ellos y estudiar en la escuela secundaria. Mi mamá había planeado todo con mi tía desde meses atrás. Entender estos planes me causó mucha angustia. Me sentí traicionado por mi madre y sentí que no era justo. Nunca entendí sus razones porque no podía estudiar en NY con el resto de mis amigos y vivir cera de mis familiares. Al tiempo comprendí que el plan de mi mamá era de separarme de mis hermanos y de la familia. Según ella, mi presencia alrededor de mis hermanos era mala influencia. Me tomo tiempo entender todo lo que me estaba ocurriendo. Con el tiempo fui cayendo en una depresión tremenda que no hablaba con nadie. El ser "el nuevo" en un país, familia, colegio y vecindario hizo difícil que socializara con las personas a mi alrededor, pues tuve problemas de pertenecía. En este tiempo comencé a hacer un diario. Comencé y escribir nuevamente y esta vez en los dos idiomas. La música siempre fue mi auxilio para expresar lo que estaba sintiendo. En la nueva escuela secundaria comencé hacer unos cuantos amigos con el tiempo. Aprendí a acostumbrarme a la vida, la sociedad, la cultura y gente del país. La cultura fue lo que más me impresionó y aprendí de la sociedad. Por ejemplo yo estudiaba en un colegio de ricos. Era un colegio reconocido por las universidades del sur de los Estados Unidos. El costo por año escolar era más de diez mil dólares. Aparte de los estudios estaba la vida social. Dependiendo donde uno viviera se consideraba la clase a la cual pertenecía. Por suerte, yo pertenecía a la clase alta. Para mí esto no era importante porque cuando viví en NY, yo me crie conociendo que todo el mundo se debe tratar igual. No importa el color de la piel, ni cuánto dinero tengas, ni en que vecindario vivas. Todos somos humanos. Vivir en la República Dominicana me enseñó mucho del comportamiento con chicas y chicos, también aprendí de la conducta en la mesa formal y cómo comportarme alrededor adultos. Mi tía me enseñó como bailar en los bailes de quinceañeras, como se usan todos los cubiertos en la mesa y respetar a las chicas. Mi tío me enseñó como amarrar una corbata y vestirme formalmente. También me aconsejó mucho con mis estudios y siempre me enseñó cómo hacer diferentes oficios que normalmente hacen los hombres. Después de vivir en Santo Domingo por dos años regrese a Nueva York. Me hacía falta mi familia y mis amigos. También estuve muy depresivo y no me adapté muy bien al cambio de vivir allá. Al regresar a Nueva York esperaba llegar a mi casa y pasar tiempo con mi familia. Cuando llegué tuve que buscar a donde vivir porque mi mamá no quiera que yo viviera con ellos. Por suerte, mi tía, Tati, me abrió la puerta de su casa y dejó que yo me quedara con ella, pero tenía que contribuir a los gastos de la casa. Esto significaba que tenía que buscar un trabajo. A los quince años conseguí mi primer trabajo. Trabaje en Wendy's. Trabajar en Wendy's fue una buena experiencia para mí. Aprendí cómo se maneja un negocio. Allí ocupé varias posiciones y trabajé allá por casi dos años. Yo estudiaba y trabajaba también. Al regresar a NY comencé a estudiar en el tercer año del bachillerato. Estudiar en un colegio en NY era completamente diferente a Santo Domingo. Me acostumbré rápidamente al cambio. En este punto de vida yo ya no me consideraba un adolescente. Tuve que cambiar mi vida para convertirme en un adulto con responsabilidades. Para mí el cambio de adolescente a adulto no fue difícil porque yo era bastante maduro para mi edad. Aprendí como cuidarme y como mantenerme. Tuve ayuda de mi tía y aprecio su apoyo y consejos. Al crecer, tuve la suerte de viajar, conocer diferentes partes del mundo y aprender de diferentes culturas y lenguajes. Tenía el apoyo y cariño de mi abuela y mi tía. Ellas fueron las personas más influyentes e importantes en mi crecimiento. Pienso que todo el sufrimiento, castigo y experiencia me ha preparado para la vida como adulto.

MI VIDA ADULTA Y SER SOCIAL

Desde que cumplí los quince años yo ya sabía que mi vida como adolescente había terminado y mi vida adulta había comenzado. A los quince años, las responsabilidades que yo tenía no eran las de un joven de mi edad. Yo tenía que trabajar para pagar el alquiler y comprar la comida. No vivía con mis padres y dependía de mí mismo. Al principio pasé un poco de trabajo. Tenía la ayuda de mi tía pero ella me enseñó a ser responsable. Al graduarme de la secundaria, comencé a buscar un trabajo que me ofreciera más dinero. Yo sabía que con mi experiencia y educación podría encontrar un trabajo con buen salario. Lo que más contribuyó para lograrlo fue el hecho de ser bilingüe. En septiembre del 2001 comencé a trabajar con la empresa llamada "Sprint". Ésta es una compañía de celulares y telecomunicaciones. El puesto que obtuve fue de servicio al cliente. A los tres meses de haber comenzado a trabajar me ascendieron a ejecutivo de ventas. Fue pasando el tiempo y todo me estaba saliendo bien. Estaba ganado un buen salario y comisión en el trabajo, comencé a disfrutar mi vida con mis amigos y mi familia. Sin embargo había algo que me estaba haciendo falta. Lo que yo menos pensaba que era, una novia. En mi adolescencia yo había tenido unas cuantas novias pero nada serio. Yo no estaba buscando una relación amorosa pero se me presentó una señorita que parecía una buena candidata. La familia de esta muchacha tenía amistades con mi tía. Mi tía me la presentó un día y me pareció bella. Hice que mi tía le diera mi número de teléfono y si a ella le interesaba salir conmigo que me llamara. Pasó el tiempo y nunca me llamó, a mí me dio igual. A los dos meses me encontré con ella caminando por la calle principal. Le comenté que me quedé esperando su llamada y que me salieron callos esperándola. Le pareció muy chistoso y me salió con una excusa. Luego le pregunté que si le interesaría salir a cenar conmigo. La respuesta fue otra excusa, yo le dije que no se iba a arrepentir y que le iba a mostrar una noche llena de acción por la ciudad de NY. Ella por fin dijo que sí. Al mes de haber salido a varias cenas, Martina y yo nos hicimos novios. Tuvimos una relación amorosa por casi un año cuando decidimos comprometernos para casarnos. Nos queríamos mucho y pasábamos mucho tiempo juntos. Éramos los mejores amigos y sabíamos que queríamos pasar juntos el resto de nuestras vidas. Mientras conversábamos de nuestro futuro había varias cosas en las cuales no estábamos de acuerdo. Yo quería mudarme de NY para poder criar una familia fuera de la ciudad. Ella pensaba diferente. También ocurrieron muchas peleas porque yo trabajaba mucho y ella gastaba mucho. En fin rompimos el compromiso y nos dimos un tiempo sin hablar. Martina y yo seguimos siendo novios por unos cuantos meses y después tomamos nuestros propios caminos. Aunque nos queríamos, había muchas cosas que nos hacían diferentes. Seguimos siendo amigos y con el tiempo yo perdí el amor por ella. Después de Martina, tuve unas cuantas novias pero nada serio. Con mi carrera en la industria de telecomunicaciones por buen camino decidí buscar universidades para estudiar. Tenía tantas opciones que tenía que enfocar mi búsqueda en la que ofreciera un horario para poder coordinar con mi trabajo. Esta meta fue bastante difícil. Mi horario de trabajo era complicado y el tiempo que yo iba a perder viajando del trabajo a la universidad era mucho. Tome la decisión en esperar para inscribirme en una universidad hasta que yo supiera qué carrera quería estudiar. En el mes de Enero del 2002 recibí una llamada de mi mamá. Esta llamada fue un evento extraordinario porque yo no tenía comunicación con mi mamá. Ella me comentó que había perdido su trabajo por un accidente que tuvo y necesitaba mi ayuda. Yo decidí ayudarla y comencé a enviarle dinero mensualmente. Con el tiempo mi mamá y yo nos comenzamos a acercar. En marzo del 2002 fui hacerle una visita, era la primera desde que se mudaron de casa. Mi familia se fue para la ciudad de Utica que queda situada en la zona central del estado de NY. Ese fin de semana que pasé con mi familia me di cuenta la falta que me hacían. Regrese a la ciudad de NY y comencé a pensar que yo podría estar cerca de mi familia y tener mi trabajo también. En otro viaje que hice a Utica en Mayo me puse a investigar que almacenes de "Sprint" existían por esa área. Encontré uno que era de una división privada de la empresa. Cuando llegue a NY me puse a hacer las gestiones de cómo hacer una transferencia de una tienda a otra. En julio hice mi transferencia para una empresa de "Sprint" en Utica. Me trasladé y me quedé viviendo con mi familia por un tiempo mientras y me acomodaba a la nueva ciudad. Me tomó como seis meses acostumbrarme al cambio. La ciudad de Utica está económicamente desventajada y tiene mucha gente que recibe asistencia pública. Los trabajos son difíciles de encontrar y a la sociedad le hace falta vida. Aunque hay lugares donde la gente es de clase alta y se pueden ver muchos restaurantes locales de origen italiano y cultura histórica. Al transferirme de trabajo a un lugar menos poblado donde el costo de vida es menos perdí mucho dinero en mi sueldo. Vivir en NY me había acostumbrado a comprar lo que yo quisiera y hacia lo que me viniera en gana. En Utica, había que tener un carro para movilizarse. A los tres meses de estar trabajando con la nueva tienda encontré algunos problemas. Las reglas de funcionamiento eran muy diferentes a la tienda de NY. Hice unas ventas que según la empresa no eran legales. Yo investigué el caso y salió que uno de mis compañeros de trabajo hizo la venta bajo el nombre mío sin mi autorización. Nunca en mi vida me había encontrado con gente deshonesta y en problemas como éste. Al aprender de las consecuencias fraudulentas que me estaban acusando renuncié a mi posición. Por suerte mi hermano trabajaba con una empresa llamada "Metlife". Esta compañía de seguros me dio un trabajo en el departamento de seguro dental.

En mi vida nunca pensé que la vida como adulto iba a ser tan complicada. Teniendo diez y nueve años había sufrido tantas cosas que nunca pensé posibles. Me comencé a sentir un poco depresivo. Había sentimientos que yo estaba ocultando por tener miedo a lo que mi familia y mis amigos pensaran. Yo estaba ocultando mi ser a la sociedad porque en la cultura hispana te enseñan que todo debe ser correcto de lo contrario las cosas deben hacerse a escondidas. Por primera vez, yo admití que era homosexual. Después de evaluar la situación de mi vida tenía mucho sentido porque, no le ponía mucha atención a las mujeres, tenía más amigas mujeres que hombres y me llamaba la atención mirar a los hombres más que a las mujeres. Nunca le había confesado nadie como me sentía, especialmente a alguien en mi familia. Yo comencé a salir en Utica y había un bar donde va toda la gente que es "gay". La primera vez que fui estaba muy nervioso y no sabía qué hacer. Hubo varias personas que me hablaron y después de dos bebidas decidí irme. Sin tener conocimiento de lo que yo estaba sintiendo y por lo que yo estaba pasando me puse a leer libros e investigar por Internet la actitud que se debe tomar al enfrentar estos deseos. La verdad era que las historias de cada persona eran diferentes. Me toco confiar en una de mis amigas en NY. Ella no estaba sorprendida por lo que le había contado. Por el contrario, estaba contenta y pensaba que yo nunca iba a "salirme del clóset". Me sentí bien en confiar en alguien. Al tiempo, comencé a tener confianza en mí y a sentirme un poco más cómodo con mi identidad. Lo más difícil era como yo iba enfrentar a mi familia y el resto de mis amistades. Yo aprendí que lo más importante era que yo me sintiera feliz y estuviera cómodo conmigo mismo. Mis padres comenzaron a darse cuenta de lo que estaba ocurriendo conmigo. Yo estaba saliendo mucho y viajaba a Syracuse, Albany y Buffalo a visitar amigos. Llegaba a casa tarde y evitaba comunicación con ellos. Hasta que un día estaba alistándome para salir y me comenzaron hacer varias preguntas que me hicieron sentir muy incómodo. Mi papá me pregunta que por qué yo estaba alrededor de hombres. En ese momento me llené de frustración y le contesté que era bisexual, sabiendo que no era la verdad, pensé que esa respuesta lo haría sentirse más tranquilo que su hijo mayor no era "gay". Su reacción fue lo opuesto de lo que yo esperaba. Él me dijo, "tienes que elegir uno, no puedes tener los dos". Yo estaba bien sorprendido por su reacción porque el gesto de mi papá era bastante fuerte. Al contrario, mi mamá se comportó como una loca. Me dijo todos los nombres escritos en el libro de dichos y dijo que me tenía que mudar de la casa lo más pronto posible. Insinuó que tenía que limpiar el baño después de usarlo, porque pensó que tenía alguna enfermedad, quería que yo evitara contacto con mis hermanos porque creía que por el hecho de ser "gay" los podía contagiar con algo. Estas reacciones eran lo que yo estaba evitando. Sabiendo que yo casi nunca tenía el apoyo de mi familia de todas maneras, con todo lo que yo ya había vivido, me dio igual. Lo que me preocupaba era el resto de mi vida. La reacción de la gente que yo conocía. Yo solo estaba buscando poder ser quien yo era sin tener problemas. Ser homosexual, abrió un libro de diferentes temas, situaciones, problemas en mi vida y ser social. Yo solo buscaba que la gente me aceptara. Como aprendí a aceptar mi identidad me faltaba buscarme un novio. Esto fue un proceso bastante difícil. Como le temía a gente con enfermedades y gente rara decidí conocer gente en persona en vez de usar el Internet. Tuve varias relaciones, pero nada en serio. Después del tiempo me cansé de encontrarme con hombres que solo estaban interesados en mi bolsillo y decidí esperar que el amor me llegara a mí. En 2006 estaba en un "coffee house" esperando a unos amigos para ir a la barra. Entablé conversación con el dueño, un señor sentado al lado de mi me ofreció comprarme una bebida. Comenzamos a hablar y le di las gracias por la bebida. Nunca pensé que lo iba a ver de nuevo, ni que era homosexual. Esa noche de camino a la barra con mis amigos, se me apareció de nuevo el mismo hombre. Nos pasamos la noche charlando y riéndonos. Mis amigos me dejaron en la barra y yo me quedé hablando con él. Este hombre se llama Joe, el parecía ser un poco más viejo que yo, pero tenía una buena personalidad y sentido del humor. Me pareció buenmozo pero todavía un poco viejo para mí. Nos intercambiamos números de teléfono y nos mantuvimos en contacto. Él fue muy persistente en comunicarse conmigo y en que nosotros formáramos una relación juntos. Finalmente le dije que sí y llevamos casi cuatro años unidos y disfrutando de nuestra vida acoplados. Estar con Joe es igual que cualquier otra relación en el sentido que vivimos juntos y compartimos una casa y todo tal como una pareja entre hombre y mujer. La gran diferencia es que los dos somos hombres y no podemos tener hijos naturalmente y las leyes del estado de NY todavía no permiten que nos podamos casar. En realidad nos sentimos como una pareja casada. Tenemos dos casas, dos vehículos, nuestro propio negocio, y muchas amistades que son "gay" y también parejas. Joe, siendo un poco más viejo que yo tiene dos hijas. Él estuvo casado antes y tuvo una familia cuando se dio cuenta de su identidad. Su familia tiene conocimiento de su identidad, pero no hablan de eso. Los dos compartimos nuestras familias. Celebramos todas las fiestas unidos y visitamos ambas familias. En las navidades hacemos una fiesta en nuestra casa y nuestras familias se juntan para celebrar. Hemos hablado de adoptar hijos para tener una familia inmediata, pero yo prefiero esperar hasta que yo termine mi carrera y tenga un trabajo fijo. Al mismo, tiempo pienso en lo difícil que es tener una familia, principalmente siendo una pareja homosexual. Por lo tanto ahora estamos enfocados en disfrutar nuestra vida juntos. Nos encanta viajar y disfrutar con amigos. Tenemos amistades en todas partes del país. Quisiéramos comprar propiedad en Florida y vivir allá en el invierno y tener casa en Nueva York para vivir en el verano. Eso son planes para el futuro. Esperamos comenzar hacer gestiones para esos planes en los próximos cinco años. Por lo tanto yo me veo trabajando en la profesión de educación muy pronto. Sea como profesor de español en un colegio o de administrador en una universidad. Sé que mi profesión está segura para el futuro.

En mi vida como adulto puedo decir que aprendo algo nuevo todos los días y aunque pasé un poco de trabajo en mi adolescencia, esos eventos me han hecho una persona más fuerte. Estoy bendecido por tener una buena relación con miembros de mi familia y tener una pareja que me apoya en mí decisiones del futuro. Pienso que como persona estoy creciendo todos los días y he aprendido a aceptar mí identidad, cultura y he desarrollado muchas relaciones y amistades con gente en todas partes del mundo por llevar una mente abierta. Como sigo creciendo como persona creo que lo que más necesito para vivir una vida feliz es tener amor, amistades buenas, apoyo de mi familia y mi pareja. Hay muchas cosas que quisiera cambiar de mi vida, pero no lo puedo hacer. Lo que sí puedo hacer es aprender de ellas para no cometer los mismos errores de nuevo. Ahora en mí vida social sí hay bastantes cosas que puedo cambiar. Vivir en una ciudad como Utica facilita perderse en el drama de la sociedad, política e hipócrita. Como Utica es una ciudad mediana con 70,000 habitantes hay una gran variedad de culturas e influencias. Joe y yo caemos en la clase social media, pero en la sociedad de Utica podemos decir que somos de clase alta. Con nuestros ingresos, ganamos mucho más que el promedió pronosticado por estadísticas. Según las estadísticas el promedió de ingreso de una persona en la ciudad de Utica es $19,000-21,000 por año. Nosotros no somos ricos, pero si tenemos la oportunidad de hacer más que muchas otra parejas y familias. Habitar en Utica ofrece mucha oportunidad para parejas jóvenes que están comenzando una familia, pero para personas o familias que no tienen una profesión en el área de la medicina, leyes o tienen su propio negocios es muy difícil sobrevivir. En mí familia yo sería el primer profesional, pero el segundo graduado de la universidad. Mi mamá tiene un título universitario en contabilidad. La vida en Utica es discriminatoria a cualquier cultura o raza étnica. La mayoría de mis amigos reconocen que soy hispano. Hay veces que la gente oye mi nombre y automáticamente piensan que soy puertorriqueño esto pasa porque la población hispana en Utica, hasta hace poco era mayormente boricua. Cuando la gente me pregunta de dónde soy, digo dominicano e italiano. Me identifico con las dos culturas no solo porque lo llevo en mi sangre, sino porque práctico la cultura diariamente. Por una parte, estoy orgulloso de mis raíces tengo mucha historia detrás de mi etnia y como mi familia estableció sus raíces en este país, la familia ha estado creciendo. Por otra parte, cuando estaba creciendo y viviendo en la ciudad de NY me había encontrado con problemas de discriminación pero he aprendido a entender los diferentes estereotipos. Los problemas discriminatorios que viví no fueron por ser hispano, sino porque tenía la voz suave y todavía no había desarrollado una voz masculina. Por mucho tiempo me llamaron muchos nombres como "fagot" y "gay". Al desarrollarme en mi adolescencia todo cambio. Como adulto lo que más me afecta es la identidad de homosexual. No importa dónde yo vaya siempre oigo comentarios de gente que discriminan sin razón. En Utica, no me he encontrado problemas por ser "gay", pero los comentarios siempre se oyen. Por suerte, no paso o parezco femenino, pero mi voz cambia de vez en cuando. Desde mi punto de vista no veo la necesidad de decir que soy homosexual, pero si alguien me pregunta si le contesto.

La gente de Utica enfrenta varios problemas. Los problemas más comunes son económicos, sociales, de salud mental y física. Muchos de los problemas sociales son por ignorancia y falta de educación. Como Utica es una ciudad muy pobre, mucha gente está forzada a dejar de estudiar y trabajar en trabajos de sueldo mínimo. Los adolescentes abandonan sus estudios por muchas razones y se involucran en drogas o pierden el interés porque no tienen el apoyo de sus padres, profesores y en muchos casos pierden la confianza en ellos mismos. Al dejar de estudiar, los adolescentes pierden la enseñanza cultural y diversa que instruyen en las escuelas las cuales modelan como se debe actuar en la sociedad. Un modelo de esto son las aptitudes que se enseñan para conseguir un trabajo o de cómo escribir correctamente. Utica está divida por sectores, las diferente etnicidades no se mezclan, por ejemplo los negros nos e ven junto a los italianos, pero se sabe dónde viven los problemas. También está la gente del campo. Alrededor de la ciudad de Utica exististe varios pueblitos y muchos que son considerados como "pueblos camperos" donde los habitantes de estos pueblos forman una opinión discriminatoria o racista sobre la gente que vive en la ciudad. Este problema es visto porque son ignorantes y nunca han estado alrededor de una persona de color o simplemente llevan la educación que le han enseñado sus familiares y se ha pasado de una familia a otra. Es difícil cambiar la perspectiva y la opinión de la gente, pero se pueden educar. Como un profesor, espero tratar de educar a las generaciones de adolescentes que no entienden de diferentes culturas y etnicidades y parar la ignorancia y discriminación que existe en la juventud.

Mis intereses en aprender sobre diferentes culturas, raíces y gente me han educado y enseñado cómo comportarme entre la diversidad social. En mis primeros dos años de la universidad tome varios cursos de sociología. Me pareció llamativo aprender acerca de problemas sociales y sobre diversidad. Mi deseo para el futuro es mudarme de Utica para una ciudad más grande, como Albany, que ofrece oportunidades de trabajo y cultura. Estoy ansioso de graduarme y comenzar a estudiar para mi maestría. Quiero comenzar a trabajar de nuevo y tener un sueldo alto para poder disfrutar de la vida. Pienso que con mi experiencia y título universitario podré conseguir un trabajo con buenos beneficios mientras termino de estudiar. En mi vida, he aprendido a conocer la persona que soy hoy día. Desde mi niñez hasta mi adolescencia, me desarrollé en un hombre con muchos sueños y deseos. Ahora como adulto, llevo varias responsabilidades y aunque he cometido muchos errores también he aprendido de ellos, estoy contento con el camino que tengo por delante y me siento positivo de mi futuro. La aventura que estoy viviendo me ha brindado salud, cultura, diversidad, educación, amistades, familia y mucho más. Espero seguir mis estudios y llevar una profesión donde mi trabajo ayude y afecte a mucha gente. Me siento orgulloso de las metas que he alcanzado hasta ahora y me siento entusiasmado de comenzar el próximo capítulo de mi vida.

Diana Londoño

What's your name? Yes, yes...

Cuando llegué a este país no quería estar aquí, sentía que no era mi lugar y que nunca podría hablar otro idioma que no fuera el mío. Somos cuatro hermanos, pero para sorpresa de todos, fue a mí a la persona que más dificultad y tiempo le tomó el adaptarse a una nueva cultura y sobre todo a un nuevo idioma. Yo nací en Pereira, Colombia, donde fui criada por mis dos padres. Cuando viví en Colombia asistí al Liceo Campestre de Cartago en el cual sólo estudié hasta mis ocho años ya que por razones de seguridad mi familia y yo tuvimos que dejar nuestro país, Colombia. Para mis padres no fue fácil tomar esta decisión pues estábamos dejando todo, nuestros abuelos, amigos, mascota, recuerdos, primos y demás familiares. En Colombia yo era una niña muy activa, siempre feliz y hacia amigos fácilmente.

Cuando comencé a ir a la escuela en los Estados Unidos, más extrañaba a Colombia. Odiaba que nadie me entendiera, pero sobretodo que se rieran de mí y que me ridiculizaran delante de los demás. Me acuerdo como si fuera ayer cuando los niños de mi clase me preguntaban mi nombre y yo les decía -"yes"- lo único que hacían era reírse de mí y no me enseñaban nada. Todos los días pasaba esos malos momentos. Lo único que me alentaba era ir a la clase de ESL por qué al menos el profesor me entendía, pues no corrí con la suerte de encontrarme con otros estudiantes que hablaran español. Todos los días me enfermaba cuando llegaba a la escuela, pero en la casa me sentía bien, me sentía protegida. Llegaba a la escuela y todo cambiaba, me daba fiebre y vómito. Mi madre tenía que dejar el trabajo para venir a recogerme casi todos los días pero cuando llegábamos al médico, yo estaba bien. Mi madre fue juzgada por el personal de la escuela ya que en repetidas ocasiones le dijeron que ella era una mala madre por enviarme enferma a la escuela, pues por muchos días la situación era igual, fiebre y vómito. La falta de sensibilidad del personal de la escuela y la falta de capacidad por parte de ellos no les permitía entender los factores a los que están expuestos los estudiantes inmigrantes, como el miedo, la vergüenza, la impotencia, entre otros. Todo esto, más la presión que ejercen los demás compañeros del aula de clase influyen en el desenvolvimiento y desarrollo de la educación de los niños extranjeros en las escuelas. Pero llegó el día, en que me di cuenta de que me estaba dejando vencer, de que pronto mi madre iba a perder el trabajo si tenía que seguir recogiéndome todos los días de la escuela, además también decidí que era tiempo de que la gente me entendiera y me respetara sin tener que acudir al único escape que tenía, que era ir a buscar a alguien que hablara español. Me puse la meta de salir adelante porque yo quería tener éxito y lo logré, pues a los cinco meses de haber llegado a este país ya había llegado al nivel de inglés avanzado y por lo tanto ya no necesitaba estar en clases de ESL entonces pasé a las clases regulares con todos los estudiantes.

En casa el español siempre ha sido muy importante porque mis padres nunca quisieron que a mis hermanos y a mí se nos olvidara el español. Pero, con el pasar del tiempo, mis hermanos y yo siempre queríamos hablar inglés porque por fin todos lo podíamos hablar y entender, pero a mi padre no le gustaba para nada la idea de que habláramos inglés en la casa, él siempre nos decían: "La escuela y los amigos están para que hablen inglés, en nuestra casa se habla español." Mi padre era tan estricto que nos castigaba si nos escuchaba hablando inglés en la casa. Algunos de los castigos que mi hermanita y yo tuvimos por hablar inglés en vez de español en la casa fueron: no ver televisión, no usar el computador o simplemente no podíamos salir a jugar. Hoy, le doy muchas gracias a mi padre por haber mantenido el legado de no perder nuestro idioma, el español, es muy triste ver cuántas familias pierden la comunicación entre padres e hijos por no haber tenido el coraje, la valentía y el orgullo de conservar su idioma nativo. También es triste ver como muchos padres permiten que sus niños solo hablen un poco el español, sin embargo no son capaces de leerlo o escribirlo. Muchos de ellos no se han dado cuenta de que con esto se les limitan las oportunidades para tener éxito. Ya que la comunidad hispana está creciendo rápidamente en los Estados Unidos y es muy importante ser bilingüe, poder leer y escribir para conseguir un buen trabajo.

Mis padres fueron estrictos en conservar el español en casa pero también implementaron muchos valores, dichos y tradiciones que usamos en nuestro país, Colombia, los cuales nos permiten tener una mejor comunicación con nuestros familiares y amigos sin perder la idiosincrasia que nos caracteriza como individuos. Una de las cosas más importantes que yo aprendí de mis padres cuando era niña, fue el respeto, porque para nuestra familia todo está basado en el respeto por nosotros mismos, por los demás y por todas las cosas que nos rodean. Hay un dicho que mi madre siempre dice: "maluco también es bueno", para mí fue muy duro entender porque maluco también es bueno, pero mi madre nos enseñó que debemos aprender de las circunstancias difíciles o los momentos desagradables, para poder apreciar y valorar todo en la vida como por ejemplo los momentos de felicidad y armonía. Otro dicho que mi madre nos decía mucho es: "el perezoso trabaja doble", hoy en día, cada vez que tengo que hacer algo dos veces porque la primera vez no lo hice bien, me imagino a mi madre diciéndome "¿si vé? el perezoso trabaja doble". Son muchos los dichos llenos de enseñanzas y valores que mis padres nos decían y repetían a diario, los cuales nos han ayudado a mantener nuestras raíces. Si yo no entendiera bien el español sería muy difícil tener una buena comunicación y conexiones con mi familia y amigos en Colombia.

Mi idioma hizo parte de una de las experiencias más importantes y significativas de mi vida. Los quince años se celebran en los países de latino América, como en los Estados Unidos se celebran los "sweet sixteen". Aunque durante estas fiestas se celebra una nueva etapa de las mujeres, la celebración es totalmente diferente. En mis quince, yo bailé el vals con mi padre y los hombres más importantes en mi vida, como mi hermano y mis primos. También mientras la canción *Quince Primaveras* sonaba yo prendí quince velas. *Quince Primaveras* es una canción muy linda para que las mujeres que están cumpliendo sus quince años la escuchen. Gracias a Dios yo sé el español y pude entender esa linda canción. Durante esta ocasión tuve la oportunidad de enseñarles un poco a mis amigos de la riqueza que tiene nuestra cultura y nuestro idioma. Para mis amigas fue muy importante haber formado parte de la celebración de mis quince años.

Si yo no hablara ni entendiera el español sería muy difícil tomar parte de las celebraciones de La Navidad. La Navidad es otra celebración muy importante para mí, la cual comienza el dieciséis de diciembre con las novenas al niño Jesús y termina la noche del veinticuatro de diciembre. Durante La Navidad se reza mucho, especialmente oraciones que no las hay en inglés, las oraciones todas se leen en español. Las novenas son una celebración en la que compartimos con amigos y familiares. Estas son tradiciones muy diferentes a las de los Estados Unidos, en las noches de las novenas compartimos comidas típicas tales como: natilla, buñuelos, pernil, empanadas, chicharrón, etc., disfrutando de música como los villancicos durante las novenas y después la música en español de mi país como los vallenatos, salsa, cumbia y música tradicional de la navidad la cual me lleva a recordar a Colombia.

Me siento muy alegre porque mis padres mantuvieron nuestro idioma y de esa forma podemos compartir con nuestra familia momentos tan lindos como los que he mencionado. También agradezco mucho porque el idioma español ha abierto otras puertas en el trabajo. En mi trabajo actual el español me ha ayudado comunicarme mejor con mis compañeros porque solo hablan español. También sé que el hablar español va hacer esencial para conseguir un buen trabajo en el futuro, porque los empleadores están buscando a personas bilingües. Estoy convencida de que el ser bilingüe es un privilegio en este país, pues mi idioma, el español hace parte de mí y me siento muy orgullosa de él.

FORTALEZA, VALENTÍA, DECISIÓN Y DISCIPLINA

Mi madre Marcela Luz Valentín García nació el 10 de mayo del 1962. Ella es la tercera de cinco hijos que tuvo mi "papita" (mi abuela). Por muchas cosas que mi madre ha pasado, actúa como si hubiese sido la hija mayor. A mi madre le mataron su padre cuando ella solo tenía once años. Lo cual cambió su vida y la de toda su familia. Mi madre tuvo que ser fuerte y trabajar duro para poder sacar adelante a su familia. El haber perdido a su padre tan joven, moldeó a mi madre y la formó en la persona quien es hoy en día. Mi madre fue la hija que término la universidad, precisamente el mismo día, el 24 de junio, en el cual su padre cumplía diez años de muerto y hubiera estado cumpliendo cuarenta y siete años de edad. Cuando mi madre se graduó de secretaria bilingüe, conoció a mi padre y al año de conocidos, se casaron.

Después de unos meses de casados, mi madre quedó en embarazo de mi hermana mayor, Julia; a los tres años nació el único varón, Andrés Felipe; a los cuatro años nací yo y después de otros dos años nació la chiquita de la casa, Camila. Mi madre tuvo embarazos muy complicados por lo cual su doctor le dijo que después de Andrés Felipe ella no debería de tener más hijos; mi madre no le hizo caso al doctor porque toda su vida quiso tener cuatro hijos. Hoy en día, Julia vive en Atlanta, Georgia y tiene su propio negocio de limpieza; Andrés Felipe está estudiando para ser un dentista; yo estoy en mi último año de la universidad estudiando negocios y economía y Camila está en su primer año de la universidad estudiando para algún día ser pediatra.

Antes de que mis padres pudieran llegar adonde están hoy en día tuvieron que sufrir y trabajar mucho para poder sacar adelante a sus hijos. En Colombia, mi familia fue parte de la política en el país, por lo tanto, esto nos hacía objeto para la violencia. El crimen, secuestros y robos en la familia se hicieron insoportables, por lo cual mis padres tuvieron que tomar una decisión que no solo les cambiaría el resto de sus vidas; si no el futuro de la de sus hijos también. Mis padres tomaron la decisión de huir de Colombia y venir a los Estados Unidos; pero antes de tomar esa gran decisión mis padres hablaron con sus cuatro hijos. Pidieron nuestra opinión sobre esa gran decisión y todos aceptamos, ya que estábamos cansados de vivir en una preocupación constante.

Después de haber tomado la decisión de huir de Colombia, mi madre contactó a su madre que ya vivía en los Estados Unidos. El 12 de mayo del 1999 mi madre tomó el viaje que cambiaría su vida con sus tres hijas y seis días después mi padre tomo el mismo viaje con mi hermano y la niñera, a la cual mis padres le pagaron los papeles para poder viajar para que al llegar a este país ella cuidara a sus hijos y ayudara con las tareas de la casa. Mi madre estaba muy preocupada el día que mi padre viajó porque él no sabía absolutamente nada de inglés. Mi madre le dijo que cuando llegara, allí mismo la llamara, pasaron las horas y mi padre nunca llamó. Cuando por fin lo encontramos, él si había llamado pero cuando uso la tarjeta y la maquina le dijo que marcara el número que deseaba llamar, mi padre pensó que era la máquina de la casa; entonces dejo el mensaje. Después de ese susto mi papita recibió a mis padres y a sus hijos con los brazos abiertos. Mi madre ya tenía familia en los Estados Unidos, aparte de su madre también tenía el apoyo de su hermana y hermano; mientras tanto mi padre no tenía absolutamente a nadie.

Cuando mis padres llegaron al apartamento de mi Papita con sus cuatro hijos y una niñera tuvieron que compartir el espacio con cinco personas más: mi tía y sus dos hijas. En total éramos once personas viviendo en un apartamento de dos cuartos. Rápidamente la vida de mis padres empezó a cambiar. A los pocos días de haber llegado a un nuevo país donde lo único que tenían era poca ropa y la compañía de su familia; mis padres comenzaron a trabajar. Las horas de trabajo no eran normales; ellos trabajan día y noche. Mi madre, quien tenía su diploma y había sido ama de casa, y mi padre, quien era un agricultor y jefe de las fincas de producción de la familia; empezaron a trabajar en limpieza. Se despertaban a las cuatro de la mañana para ir a limpiar un almacén de ropa, después limpiaban un supermercado y de último limpiaban casas llegando a la casa a las ocho de la noche. Lo único que mis padres hacían era trabajar; nunca tenían un día libre porque hasta los fines de semana trabajaban. Mis padres pudieron ahorrar suficiente dinero para poder mudarse a otro apartamento donde sus hijos pudieran vivir más cómodos. Cuando mis padres pensaron que todo iba bien ya que por fin tenían su propio apartamento; la niñera se fue. Esto fue muy duro para mis padres porque no iban a tener a nadie quien les cuidara sus hijos, ni quien les cocinara mientras ellos trabajaban todo el día. Mis padres no pudieron parar de trabajar para poder estar en casa, ya que tenían muchas deudas en Colombia y necesitaban dinero para darle de comer a su familia.

Al pasar los años mis padres se estabilizaron más. Mi madre se metió a clases de inglés y recibió su GED, mi padre se consiguió un trabajo para manejar un camión y a sus hijos les estaba yendo muy bien en la escuela. Pero cuando las cosas parecían estar estabilizadas, mi madre se dio cuenta de que pronto su primera hija se graduaría de la escuela secundaria y no podría continuar su educación. Ella sintió una gran necesidad en buscar por todos los medios la manera de proveerles un mejor futuro a sus hijos. Después de buscar todos los recursos disponibles y después de que muchas puertas se cerraron, un día en la iglesia, los abogados de la comunidad escucharon nuestra historia y se dieron cuenta que calificábamos para asilo político. Esto llenó de esperanza nuestro hogar. Una gran oportunidad para continuar con el sueño americano. Mis padres poco sabían de todos los obstáculos que tendrían que combatir para lograr este sueño. El asilo político es dado a gente que necesita protección en otro país, porque no pueden estar en su país de origen, ya que sus vidas corren peligro y normalmente es concedido a las personas que aplican en su primer año de haber llegado a los Estados Unidos. Como ya habían pasado aproximadamente cinco años desde el día de nuestra llegada, el proceso de aplicación para el asilo político fue mucho más profundo de lo que debía ser. Mis padres junto con sus cuatro hijos viajaban a la ciudad de Nueva York constantemente, casi dos veces al mes. En el proceso toda la familia sacó aproximadamente tres mil copias de papeles que contenían pruebas del porque no habíamos solicitado el asilo en el momento que entramos al país. La mayoría de estas pruebas eran parte del historial médico de todos, pues empezando por mi madre que estuvo hospitalizada varias veces junto a mis hermanos y yo que constantemente estábamos yendo a citas médicas. Tuvimos más de tres encuentros con una juez de inmigración, la cual con solo unas palabras nos demostró la vulnerabilidad de nuestra situación. Un día la juez le preguntó a mis padres y luego a sus hijos si ¿entendíamos que ella tenía toda la autoridad para deportarnos? En ese momento todos los sueños y aspiraciones de la familia se fueron al piso. Teníamos que presentarnos aunque no tuviéramos un abogado, por falta de dinero, ya que la falta de cumplimiento a una cita de corte era tomada como una indicación de que se estaba huyendo de la autoridad. Mis padres junto a sus hijos se presentaron junto a la juez sin abogado y le pidieron más tiempo para poder encontrar a alguien que nos representara. Finalmente, un día nos sugirieron visitar un abogado que donaba su tiempo para reducir sus impuestos. Este fue un gran alivio, ya que con su ayuda, después de muchos viajes, lágrimas y angustias, este abogado logró lo inalcanzable. Gracias a los argumentos y las pruebas que solicitó, pudo demostrarles a los jueces y fiscales que éramos una gran familia que solo buscaba el sueño americano. El fiscal continuaba atacando el caso, pero el juez finalmente tuvo la última palabra y decidió que ya era suficiente daño y que habían demasiados niños involucrados.

Mientras duraba el proceso de legalización de nuestra familia en este país, mi madre comenzó a enfermarse; el estrés fue una de las causas principales de las enfermedades de ella. Para ella nuestra educación y el ser exitosos en la vida eran su principal meta. La salud de mi madre se fue complicando cada día más y más, todavía recuerdo el verano del 2001 cuando la salud de mi madre empezó a deteriorarse rápidamente. En septiembre del 2001 la operaron al mismo tiempo de la vesícula y la apéndice, a los tres meses en pleno día de navidad mi madre se encontraba en cuidados intensivos con un problema del corazón el cual tenía desconcertados a los médicos, pues mi madre contaba con solo 38 años de edad y era muy extraña la condición por la que ella estaba pasando. Mi madre llegó esa noche a la casa como un regalo de navidad después de muchos ruegos y compromisos que ella había hecho con el médico para que le pudiera permitir la salida. Después de dos semanas necesitó ser hospitalizada de nuevo con otro problema diferente, sus riñones habían empezado a funcionar mal lo que le había ocasionado recurrentes infecciones urinarias, luego llegó otra complicación con sus intestinos que la tuvo a punto de una cirugía, en resumen ese fue uno de los peores años de nuestras vidas, porque no solamente mi madre sufría sino todos nosotros, el sufrimiento era peor porque mi madre es una persona muy resistente al dolor y nunca se quejaba hasta en esos momentos tan duros para ella, siempre la escuchábamos decir "no importa hay que seguir pa' lante, no se les olvide que maluco también es bueno".

Fueron pasando los meses y los años y mi madre con su fortaleza a pesar de sus múltiples condiciones médicas nos seguía animando a seguir adelante, pues ella siempre ha sido el pilar de nuestra familia, pero de nuevo llegaron las malas noticias, mi madre fue diagnosticada con cáncer de tiroides en enero del 2006. Lo sorprendente fue que la preocupación se notó más en nosotros que en ella misma. Cuando el doctor le dijo "Señora García usted tiene cáncer de tiroides" la respuesta inmediata de ella fue: "¿Bueno y que tengo que hacer?", a lo que el doctor le responde: "Señora García, yo creo que usted no me ha entendido, usted tiene cáncer". Mi madre le respondió, "Doctor le entendí muy bien lo que me dijo, pero yo tengo una familia muy linda con cuatro hijos y un esposo y ellos me necesitan, así que por favor dígame que podemos hacer". El doctor sorprendido le dice: "nunca había visto una reacción de estas por parte de un paciente, nunca había visto una persona con tanta fortaleza y positivismo", él estaba acostumbrado a ver pacientes llorando y diciendo que sus vidas no serían lo mismo después de esa noticia, pero con mi madre no fue así. En febrero del 2006 mi madre fue sometida a la cirugía con la cual le removieron toda su glándula de la tiroides y cuatro masas más que tenía alrededor de ella. Después de la cirugía, a los pocos días de estar en casa mi madre tuvo que seguir una dieta tan fuerte que para los ojos de cualquier persona sería imposible seguir. Una dieta sin nada de sal, no productos lácteos, no condimentos, nada de preservativos, los alimentos tenían que ser lo más frescos posible, no podía comer nada que hubiera estado congelado, etc. Se suponía que luego de tres semanas sin medicina, sin su glándula para producir las hormonas que necesitaba su cuerpo y la dieta que tuvo que llevar, ella llegaría a un estado de debilidad que necesitaría estar en la cama o en una silla de ruedas. El día que mi madre volvió al hospital para su tratamiento a base de medicina radioactiva, la enfermera que la recibió no creía que ella era la paciente, pues venía con una silla de ruedas preguntando por la señora García, cuál fue su sorpresa al escuchar que mi madre no necesitaba la silla y que ella podía caminar sin ayuda. Después del tratamiento cuando mi madre llegó a casa, fue lo peor para todos porque nosotros somos una familia que demostramos mucho el afecto, entonces los abrazos y los besos son muy importantes; no podíamos tener ningún contacto físico con nuestra madre, la teníamos que mirar desde lejos porque mi madre había quedado radioactiva y por esa razón no podía tener contacto con nadie, tenía que estar aislada completamente. A pesar de la situación tan difícil y las limitaciones a las que se vio enfrentada mi madre, ella siempre demostró su fuerza y continuó siendo un ejemplo de vida para todo el mundo. Al pasar de los años mi madre ha acumulado un total de dieciséis cirugías, unas más complicadas que otras, pero sin embargo ella nunca se ha dejado vencer por sus enfermedades. El que conozca a mi madre no pudiera pensar que ha pasado por cosas tan difíciles en la vida como lo han sido sus enfermedades, ella siempre ha sido una persona muy positiva y sobre todo muy agradecida con Dios y la vida por todo. A pesar de que ella no lo demuestra ni lo aparenta, sus médicos siempre le han dicho que una de las causas más importantes de sus enfermedades es el estrés. Mi madre toda su vida ha tenido que tomar control de muchas situaciones difíciles, las cuales no son fáciles de afrontar por cualquier persona. Ella es una persona tan fuerte que sus expresiones y sentimientos de sufrimiento, angustia y dolor nunca los demuestra. No llora cuando se debe llorar, no grita cuando tiene que gritar por lo tanto no libera el estrés de su cuerpo fácilmente. A pesar de sus enfermedades, siempre fue buena madre.

Con el estrés, el trabajo y las dificultades que la vida les puso en el camino a mis padres, ellos nunca se olvidaron de ser buenos padres y enseñarles a sus hijos los valores que a diario repetían:

–La importancia del respeto: que para poder ser respetado, uno primero se tiene que respetar a si mismo y el respeto se lo merece un niño como se lo merece un adulto.

–Que hay que tratar a los demás como uno quiere ser tratado.

–La importancia de los diez mandamientos.

–Perseverancia– que aunque uno crea que ya no puede más hay que seguir para adelante porque uno nunca sabe lo que le espera. "Pa' lante, porque pa' tras asustan"

–Ser positivos.

–Ser amable.

–No jugar con los corazones de otras personas y no
dejar que nadie juegue con nuestros corazones.

–Ser sensible/no juzgar – uno nunca sabe lo de nadie y
no se sabe porque una persona es como es.

–Que la familia hay que amarla y respetarla porque son
las únicas personas que a pesar de lo que uno pase por
la vida, siempre van a estar apoyándonos.

Lo que más afectó la vida de sus hijos fue haberles enseñado lo
importante que es valorar las cosas y lo que significa trabajar duro
por lo que uno quiere. Mis padres nunca le compraron un celular a
sus hijos, compraron un carro, ni pagaron el seguro del carro de sus
hijos aunque el resto de los padres si lo hicieran. Esas cosas no eran
esenciales para vivir, eran lujos. Siempre nos enseñaron que para los
gustos había que trabajar duro. Ya que si no, las cosas no se
apreciarían ni se cuidaban. Desde jóvenes todos sus hijos empezaron
a trabajar para poder empezar a ser independientes y darse los gustos
que quisieran.

Tres años después de haber solicitado el asilo político, mis padres
llenaron la aplicación para obtener una "Green Card" para toda la
familia. Todas las pruebas fueron demostradas durante el proceso del
asilo político, haciendo el proceso para solicitar una "Green Card"
mucho más fácil que el proceso anterior. Cada aplicación significaba
más dinero, más fotos, más huellas, pero eso no les importó a mis
padres porque eso representaba que estaban un paso más cerca al
sueño americano, ser ciudadanos de este país. Mi madre se consiguió
un buen trabajo con *Migrant Education Program* de Oneonta apoyando
a los padres migrantes con lo que necesiten. El sueño de mi madre, el
que sus hijos pudieran seguir su educación se cumplió. Julia y Andrés
Felipe empezaron a ir a la universidad. Ya que mis padres tenían
buenos trabajos y todos sus hijos tenían su proprio trabajo, se tenía
suficiente dinero para empezar a viajar y tomar vacaciones. El primer
viaje fue a Ecuador por dos semanas para encontrarnos con la familia
de Colombia que no habíamos visto desde hacía diez años, al año
siguiente fuimos a Panamá por otras dos semanas y el año que seguía
íbamos a ir a Perú pero, sucedió lo inesperado.

Después de haber recibido la "Green Card" la cual significaba más
estabilidad en este país, mi padre decidió comprarse su propio

camión porque así podría ganarse más dinero y no tendría que trabajar para otra persona. A los pocos meses de mi padre haber cumplido su sueño, tuvo un accidente que cambio su vida y por lo tanto la de toda su familia. En mayo del 2010, mientras estaba en uno de sus viajes regreso a casa, mi padre paró en un área de descanso para arreglar algo del camión con un "bonji cord", el cual se reventó y le pegó en el ojo derecho. Mi padre tuvo que manejar tres horas con el ojo herido y lleno de sangre. Cuando llegó a casa estaba demasiado cansado; parecía que hubiera manejado horas tras horas porque su ojo izquierdo le estaba fallando también causándole mucho esfuerzo para manejar una camión de doble carga. Cuando llevamos a mi padre al hospital los doctores no pudieron hacer nada; lo mandaron a casa hasta que se le bajara la hinchazón. A los dos días, mi padre fue donde un especialista en retina quien le confirmo a mi padre que nunca podría volver a ver por su ojo derecho. Su retina fue destrozada inmediatamente con el impacto del golpe. A pesar de que nunca podría volver a ver por ese ojo, fue necesario hacerse cirugía porque estaba a riesgo de perder su ojo completamente porque la presión del ojo la tenía muy alta. Unos meses antes del accidente; a mi padre se le había caído una caja en el ojo izquierdo, lo cual creó un desprendimiento seroso en su ojo y no le permitía que mi padre viera las cosas como eran, tenía la visión distorsionada y veía todo disparejo. Los doctores le dijeron que en unos meses se le iría a desaparecer su problema, lo cual no fue cierto. Por causa del estrés producido después del accidente, su problema aumento día a día. Mi padre es un hombre que toda la vida trabajó y cuando no trabajaba siempre encontraba algo que arreglar en casa; nunca estaba quieto. Pero después de la cirugía los doctores lo mandaron a estar en reposo en cama por varias semanas. No podía caminar, hacer ningún tipo de fuerza y mucho menos seguir manejando su camión. Mi padre entró en una depresión ya que no podría seguir trabajando para sostener a su familia lo cual lo hizo sentirse inútil y fuera de eso no podía ver casi nada ya que el estrés le empeoró la condición de su ojo izquierdo. Todas las luces en la casa se mantenían prendidas todo el día y si se apagaban mi padre se enojaba. Los doctores insistían que esa serosidad se le iba a desaparecer; lo cual mi madre no creía. Mi madre mandó copias de los exámenes a un doctor de la familia en Colombia e inmediatamente le informó a mi madre que mi padre necesitaba tratamiento rápidamente o iba a perder la visión de su ojo izquierdo también. Todos conseguimos el dinero para comprarle el pasaje a mi padre ya que lo único que queríamos era que él no se quedara ciego. Después de mi padre haber ido a Colombia, donde cada tres meses le aplicaban una inyección de dos mil dólares, se sentía mejor, más útil y por lo tanto decidió que vivir en Colombia sería lo mejor para él. Empezó su propio negocio de flores, pero viene a los Estados Unidos por lo menos 3 meses del año ya que es importante terminar su sueño de ser ciudadano americano como el resto de su familia.

El sueño más grande de mis padres fue cumplido durante la primavera del 2012.Julia, Andrés Felipe, Camila, mi madre y yo nos hicimos ciudadanos americanos. La expresión en la cara de mis padres es inolvidable. Después de toda la lucha, obstáculos y trabajo duro mis padres ya podrán vivir en paz sabiendo que sus hijos, no tienen límites en este país. Mi padre no pudo sacar la ciudadanía con el resto de su familia ya que su salud es más importante y el tanto viajar a Colombia no permitía hacer la aplicación porque él no estaba presente y no se podía económicamente tampoco. Ya que mi padre decidió volver a Colombia; mi madre también volverá a Colombia. Juntos tendrán una segunda migración; porque a lo que vinieron a este país; la seguridad y educación de sus hijos ya está establecida. Mi madre solo está esperando que la menor, Camila termine la universidad ya que ella ha estado al lado de todos sus hijos cuando pasaron por la universidad, es justo que sea igual con la menor.

Mi comienzo

Yo nací el 20 de octubre del año 1992 en Pereira, Colombia. Aunque nací en Pereira, desde muy pequeña mis padres se mudaron a Cartago, Colombia. En Cartago, vivíamos en una finca muy grande que se llama *La Palomera*. Tuve el privilegio de nacer en una familia con dinero. La finca tenía dos casas, una piscina, un yacusi y un kiosco. Una de las casas era la de mis abuelitos por parte de mi padre, la cual tiene ocho cuartos. La otra casa fue la casa que mi madre diseñó, la cual fue construida con el dinero que mi madre heredó de su padre y en la tierra que mi padre heredó de los suyos. La casa tenía siete cuartos gigantes: Uno para mis padres, uno para Julia, uno para Andrés Felipe, el otro para las dos chiquitas, Camila y yo, uno también para la empleada y otro para los trabajos manuales de mi madre. Además no podía faltar el más importante: la biblioteca, aquí era donde mi mamá tenía todos los libros y las cosas con las que ella nos ayudaba a hacer las tareas y los trabajos del colegio.

Cuando era niña, tenía todo lo que podía pedir, una casa grande, un montón de juguetes, un área grande para jugar, mucha ropa, una enorme piscina, el amor de mi familia y amigos, lo tenía todo. Mis padres le pagaban a una señora llamada Marina, quien me recogía de la finca y me llevaba al colegio todos los días. Cuando llegaba a casa después de terminar mi jornada escolar inmediatamente me quitaba el uniforme, me ponía mi vestido de baño y me iba a la piscina. Mi madre me dice que a mí no me gustaba ni la ropa ni los zapatos y pensaba que yo no iba a ser muy femenina.

En la casa me decían *"la negra mica"* porque de tanto estar en el sol era muy negrita y "mica" pues me encantaba jugar afuera y subirme a los árboles. De niña fui muy rebelde. Siempre quería ser más grande de lo que era y no me gustaba que me dijeran "tú no puedes porque eres niña". En mi mente creía que podía hacer lo que quisiera y no me importaban las consecuencias. Por ejemplo, un día estaba un trabajador arreglando el techo de la casa, en ese entonces solo tenía cuatro años y me le aparecí en el techo; él me dijo "Diana tú que estás haciendo aquí te vas a caer" mi respuesta fue "¿Por qué me voy a caer yo y usted no?" Era tan rebelde que mi papá me mandaba a recoger leña alrededor de la casa y hasta me mandaba a la finca de Viterbo para lavar las cocheras de lo marranos pero a mí no me importaba, lo hacía con gusto. Siempre me castigaban y les dolía más a mis hermanos que a mí. Si iban a salir y yo no podía porque estaba castigada, le pedían a mi madre que me dejara ir pero yo les decía "tranquilos váyanse que yo no merezco ir".

Llegó el punto en el cual mis padres ya no sabían que más hacer conmigo y lo único que sirvió fue una estrella. Un día estaba afuera con mi madre mirando hacia el cielo y le pregunté "¿Mami, esa estrella por qué brilla más que las otras?" su respuesta aún me afecta hoy en día. Me dijo "Esa estrella es tu tío Gabriel, él está muy triste porque te estás portando muy mal y está decepcionado contigo". A mi tío Gabriel lo habían matado unos pocos años antes de que mi madre usara esa referencia. Él era el tío preferido de todos, siempre nos traía juguetes y nos sacaba a comer pero más que todo siempre nos demostraba amor. Cuando él se murió, para la familia fue muy duro adaptarse a su ausencia. Era una persona tan importante que con solo mi madre haberme dicho que esa estrella era mi tío nunca más me volví a portar mal. Hoy en día cuando miro al cielo y veo una que estrella brilla más que las otras, inmediatamente pienso en mi tío Gabriel.

A los tres años y medio estuve muy enferma. De la nada paré de ser la niña súper activa que le encantaba jugar, gritar, correr y simplemente ser loca. Siempre tenía fiebre y lo único que hacía era vomitar y andar de cama en cama y empecé a perder mucho peso rápidamente. Mis padres me llevaron a la pediatra que nos vio nacer a mis hermanos y a mí, en Pereira, la doctora, después de haber buscado todo lo posible y sin encontrar nada, les sugirió a mis padres que me llevaran a un especialista en Medellín. En Medellín los doctores tampoco encontraron nada. Al regresar a Pereira, la pediatra le dijo a mi madre que le daba mucha pena y que no debía decirle lo que le iba a decir pero que como científicamente no me podían encontrar lo que me sucedía, deberían buscar a una persona fuera del campo médico. Mi padre sabía que uno de sus trabajadores era un curandero y buscó su ayuda inmediatamente. Cuando el señor me vio le dijo a mis padres que yo estaba "ojeada". Les explicó a mis padres que hay tres tipos de ojo, el que seca, el que emboba y el que mata; yo tenía el ojo que mata. El curandero les pidió unas ramas y algún licor a mis padres y no dejo que entraran a ver el proceso. Mis padres dicen que cuando salí de ese cuarto ellos me preguntaron qué sucedió y yo no les dije nada. Al otro día, era otra vez la misma niña de siempre con mucha energía y ganas de vivir. Mis padres no podían creer que solo un día anterior yo me estaba muriendo.

La vida para mis padres se fue complicando mucho, pues la situación con las guerrillas estaba limitando la producción de las fincas de café y ganaderas, la cual ponía en juego la seguridad de mi padre y la de la familia. Él era el administrador de las fincas de la familia y además de eso tenía un promedio de mil cuadras sembradas con maíz, sorgo, soya, yuca, pero a pesar de todo esto él no pudo regresar a las fincas, por lo tanto económicamente la familia ya no estaba en el mismo lugar que siempre. La verdad es que cuando era niña no entendía mucho y mis padres hicieron todo lo que pudieron para que a sus hijos nunca les faltara nada y siempre nos mantuvieron al margen del peligro que realmente estábamos pasando. Pero poco a poco fui reconociendo que ya no estábamos en el mismo lugar económico de siempre. Empezando por la comida. Siempre tomábamos jugos naturales pero cuando las cosas se fueron poniendo graves lo único que tomábamos era jugo de banano porque los bananos se los traían los trabajadores de mi papá de las fincas. A mí no me gusta mucho el banano pero igual me tenía que tomar el jugo. Mis padres nunca nos dejaban parar de la mesa del comedor si no terminábamos toda nuestra comida.

Para eliminar costos, mi padre empezó a traer los bultos de café a la casa para que la familia ayudara a seleccionar el café; sacar la pasilla que era el grano malo y dejar el bueno. Me acuerdo como si fuera ayer estar sentada en esa mesa seleccionando café, oficio que me parecía el más aburrido, pues yo estaba muy pequeña y lo único que quería era jugar.

Mis padres tomaron la decisión de mudarse a los Estados Unidos ya que la situación se fue complicando todos los días más, mi padre fue asaltado un día cuando salía del banco, pues había ido a retirar el dinero para cubrir los sueldos de los trabajadores. Esta fue la gota que derramó la copa, pues por fin este hecho lo había convencido de que nos teníamos que venir a los Estados Unidos, además mi mamá le suplicó que ella no quería que sus hijos se quedaran huérfanos como ella, ya que a mi abuelo lo habían matado cuando mi madre tenía once años, por fin tomaron la decisión de hacerlo; claro que primero consultaron con mis hermanos y yo, pues mi mamá no quería que nosotros le reclamáramos en el futuro porque nos había traído a una parte desconocida habiendo tenido que dejar lo que más queríamos, parte de nuestra familia, nuestros amigos y nuestras pertenencias, pues en ese momento estábamos cambiando todas las comodidades que alguien podría tener por la seguridad de nuestra familia. El pensar que no quería quedarme huérfana me ayudo a tomar la decisión de venirme a este país, yo no quería dejar todo lo mío pero pesaba más el amor por mis padres y mi familia, pues desde que tengo memoria nuestra familia ha sido una familia muy unida.

Todavía recuerdo la ropa que llevaba puesta el día que viajé a los Estados Unidos: unos pantalones negros, camisa negra, un blazer rojo, medias negras con bolitas y unos tacones negros. Con solo siete años recuerdo haberme sentido un poco confundida. Todo era diferente, el ambiente, la comida, las personas, la familia, la casa y más que todo el idioma. Cuando llegué al apartamento de mi papita estaba muy feliz porque por fin iba poder conocer a mi papita y al resto de primos que tenía en los Estados Unidos. Fue un cambio muy drástico el estar acostumbrada a vivir en una casa grande con mucho espacio donde jugar afuera y adentro y tener mi propio cuarto, a vivir en un apartamento donde tenía que compartir un cuarto con otras seis personas más.

Desde el primer día que empecé a ir a la escuela, mientras esperaba el bus, me di cuenta de cuanto me iba a costar acostum-brarme a este país. En mayo comienza la primavera y para la gente que vive aquí, ya el clima está para ponerse pantalones cortos y camisetas. Como yo estaba acostumbrada al calor de Colombia, en mayo todavía hacía mucho frio y salí a esperar el bus con pantalones largos y una chaqueta de invierno por lo tanto todos los niños me miraban como si yo estuviera loca. Al llegar el primer día a la escuela, lo único que hice fue llorar. No me gustaba que nadie me entendiera. Estaba acostumbrada a ser la favorita de los profesores y tener muchas amigas en Colombia y en esta escuela absolutamente nadie me entendía. La única persona de mi edad que hablaba español en esa escuela era mi prima la quien estaba un grado debajo de mí. Mi profesora no sabía que hacer conmigo y me dejaba ir a la clase de mi prima e ir al almuerzo con su clase. Nunca tuve muchos amigos en la escuela elementaría; siempre pasaba mi tiempo libre jugando con mis hermanos y primos. Al poco tiempo de estar en la escuela aprendí inglés y sacaba mejores notas que los niños que habían nacido en los Estados Unidos.

Entre más tiempo llevábamos en este país; mis padres más trabajaban. Fue muy duro para mí acostumbrarme a la ausencia de mis padres porque siempre hemos sido una familia muy cercana que nos encanta pasar tiempo juntos. Después de unos meses nos mudamos a una casa de tres cuartos con más espacio. Desafortunadamente, unos días después de habernos mudado; la empleada, la cual mis padres le habían pagado todos los papeles para poder viajar se fue. Por lo cual decidí que si quería pasar más tiempo con mis padres tenía que hacer algo; entonces, después de la escuela llegaba a casa a cocinar, limpiar, lavar ropa y le ayudaba a mi hermanita menor con sus tareas. Así cuando mis padres llegaban a la casa después de un día largo de trabajo de lo único que se tenían que preocupar era pasar tiempo con sus hijos. Aprender a acostumbrarme a no tener a mis padres cerca los primeros años de haber llegado a este país, fue uno de los obstáculos más difíciles que tuve que superar en mi vida, nunca culpo a mis padres por habernos dejado solos porque estaban trabajando para ofrecerle un mejor futuro a su familia. Mudarnos a los Estados Unidos fue muy duro para mí, pero todos los días tenía que recordarme a mí misma que estábamos aquí por una razón, para poder vivir en paz.

A los pocos meses de habernos mudado a la nueva casa, un amigo de mi padre le contó de una casa en la cual no tenía que pagar renta si no cuidar la propiedad. A los pocos años, nos dieron un bungaló más grande y nos subieron la renta pero todavía mucho más barata que cualquier otro apartamento o casa. Esa propiedad tenía muchas casas de verano para los judíos. Las casas se llamaban bungalós, por el estilo en el que fueron construidos y porque normalmente eran casas de verano. Los veranos nos teníamos que mudar, por eso todos los años nos mudábamos dos veces, una vez en junio y otra en septiembre. Pero siempre volvíamos al mismo bungaló. Siempre compartí cuarto con mi hermanita chiquita y constantemente estábamos moviendo el cuarto y decorándolo de varias formas.

Cuando tenía 10 años, mis padres se separaron. Esto fue muy duro para mí; no podía entender el por qué. En mis ojos mis padres eran felices, nunca peleaban o se faltaban al respeto. Claro que eso no era cierto, ellos siempre mantuvieron muchos problemas pero nunca dejaron que sus hijos se dieran cuenta. Me imagino que mis hermanos mayores sabían, pero a mi hermanita y a mí nos tomó por sorpresa la separación. A mi padre siempre le ha gustado tomar pero durante esa etapa de su vida, estaba muy estresado por no tener papeles, deudas en Colombia extrañaba a sus padres y su solución fue el alcohol.

Llegó el punto en que mi madre ya no lo pudo soportar más y antes de que las cosas se pusieran feas ella decidió separarse. Mi padre se mudó a Connecticut con un amigo y muy poco lo veía. Pasó por lo menos un año en el cual mis padres estuvieron separados, a mi papá lo veía unas cuatro veces en un mes lo cual fue muy difícil para mí y mi madre lo único que hacía era trabajar porque no le quería pedir ni un peso a mi padre. Mis padres pudieron hablar y arreglar sus problemas y volvieron a estar juntos. La alegría de mis hermanos y mía fue tremenda.

Al pasar los años; empecé a jugar voleibol, basquetbol y softbol. Tocaba el clarinete en la banda de la escuela, fui la secretaria de la clase, fui parte del gobierno de los estudiantes, estaba en la sociedad nacional de honor y más que todo me iba muy bien en mis clases por lo cual todos los semestres estaba en la lista de honor. Amigas, tuve muy pocas porque como cambié de escuela en quinto de primaria ya todas tenían sus propias amigas y yo no sé cómo ser amistosa y generalmente la gente piensa que soy muy sería y mala persona. Sin embargo, conocí una muchacha que hoy en día, aunque no hablemos mucho, la considero mi mejor amiga. Emily, quien es musulmana y su familia es de Yugoslavia siempre fue muy sincera conmigo. Sus ideales y valores morales enseñados por su familia eran los mismos que los míos. Ella quiere y respeta a su familia como yo la mía lo cual hizo que nos pudiéramos entender muy bien.

Cuando pensé que todo iba bien: por fin estaba bien en la escuela y mis padres estaban un poco más estabilizados; descubrí que la lucha para sobrevivir en este país apenas empezaba.

MI VIDA, MIS AMIGOS, MIS LOGROS

Desde que empecé la escuela intermedia siempre fui muy activa. Me encantaban los deportes y todas las temporadas jugaba algún deporte. El primer deporte que empecé a jugar fue voleibol desde sexto hasta mi último año; en los últimos años fui capitana del equipo. Además fui parte del equipo de baloncesto y de softball. Fuera de hacer deportes también tocaba el clarinete en la banda de la escuela, pero cuando entré a noveno tuve un profesor con una manera de ser que no me gustaba y lastimosamente tuve que dejar la banda. Aparte de los deportes también estuve en otras actividades extra-curriculares: fui secretaria de la clase del 2009 por seis años, también hice parte de la asociación del gobierno estudiantil (SGA) y de dos comités, el del "prom" y el del anuario. A pesar de haber estado en tantas actividades, siempre mantuve muy buenas notas. Cada trimestre estuve en la lista del cuadro de honor o en la lista de honor del superintendente. En undécimo grado tuve la iniciación en la Sociedad de honor Nacional. De los 150 estudiantes en mi clase, yo me estuve en el rango 14.

En la escuela intermedia fue donde empecé a conocer a más gente y hacer amigos. Era la etapa donde todos, especialmente los niños se burlaban de todo el mundo. Me acuerdo que lo único que decían de mí era que era muy peluda. No me ayudaba para nada el hecho de que mi madre no me dejaba afeitar mi boso ni depilarme las cejas, siempre me decía que todavía no era tiempo para eso. Un día, un niño me pregunto, "¿por qué tienes más vello facial que tu padre y tu hermano?". Creo que esa fue la única vez que me sentí ofendida y adolorida; ya que los amigos que conocí fueron los amigos que estuvieron a mi lado hasta el día de nuestra graduación.

De todos mis amigos, yo era una de las pocas que tenía reglas que seguir y horarios para llegar a casa. Para poderles pedir permiso a mis padres, yo tenía que llegar con la información de quién me iba a recoger, quiénes íbamos a salir, para dónde íbamos y quién me iba a traer de regreso a casa, así como también las horas de salida y llegada. Mis amigos decían que era tan "intensa" porque siempre quería saber todos los detalles días antes de salir, pero lo hacía por mis padres. Mis amigos siempre me decían "no sabemos todavía, dile a tu mamá que vamos para la casa de Jessica." Cosa que NUNCA hice. Yo no sé cómo mi madre lo hacía, pero ella siempre se daba cuenta de TODO. Lo peor era que ella no buscaba la información ni era entrometida, pero la información de todo y los chismes siempre le llegaban. De todas formas, yo le tenía y le tengo mucho respeto a mi madre y no le mentiría. Mis amigos poco a poco fueron entendiendo por qué yo siempre le hacía caso a mi madre. Muchos de ellos respetaban a mi madre más que a sus propias madres. Le tenían miedo, ella los intimidaba y les inspira demasiado respeto.

A los quince años tuve la celebración más grande de mi vida. Mi madre y yo planeamos por seis meses la celebración de "Mis Quince". Mi madre toda su vida ha sido muy artística y ha planeado muchas fiestas; su sueño es ser dueña de una casa de banquetes. Por eso, desde el primer día en que empezamos a planear mi fiesta le dije que yo no quería nada tradicional. Para empezar, no quería ningún color pastel, especialmente nada rosado ni blanco. Segundo, no quería que mi vestido fuera tradicional y por último quería un tema que normalmente no se ve en unos Quince. El vestido me lo hizo mi Papita, ya que ella es modista. Fue rojo con toda la espalda abierta. El tema de la fiesta era una mezcla árabe e hindú. Todos los colores que usamos fueron alegres y hubo muchos velos. Durante la fiesta también hice unas cosas diferentes. No quise bailar con 15 muchachos, en vez de eso, bailé con los hombres más importantes en mi vida: mi papá, mi hermano y dos primos. Para entretener a los invitados yo reuní a mis amigas, mis hermanas y hermano para hacer un baile hindú. Tampoco quise dar apreciaciones por cada vela, en lugar de eso cuando prendí mis 15 velas, mis padres y mis hermanos me acompañaron y escuchamos la canción "Quince Primaveras" por el trío San Javier, canción que aun cuando la escucho me hace llorar, Quince Primaveras:

Será tal vez tu día más deseado,
una ilusión y el sueño más amado,
te sentirás una mujer y aun eres niña,
y en este día vivirás de prisa.

Estrenarás tu juventud por eso
que temblarás al presentir un beso,
y bailarás con ese chico que te mira,
y empezarás a descubrir la vida.

Quince primaveras tienes que cumplir,
quince flores nuevas que te harán feliz,
quince primaveras,
quince flores nuevas,
y una vida entera por vivir.

Te encontrarás con tu mejor amiga,
y brindarás con toda tu familia,
y cuando apoyes tu cabeza en la almohada
despertarás siendo mujer mañana.

No entenderás los celos de tu padre,
ni la razón del llanto de tu madre,
y cuando apagues quince velas encendidas,
comprenderás que aun te quieren, niña
quince primaveras tienes que cumplir,
quince flores nuevas que te harán feliz,
quince primaveras,
quince flores nuevas,
y una vida entera por vivir.

Al mes de haber cumplido mis quince años conseguí mi primer trabajo. Empecé a trabajar en un restaurante familiar italiano. Julia y Andrés Felipe también trabajaron en ese restaurante años antes. Era una "Bus girl" y tenía que limpiar y llevar bebidas a las mesas, empacar comida y limpiar al final de la noche. Ese restaurante se ponía muy ocupado, había veces que la gente esperaba dos horas para sentarse. Ahí fue donde aprendí a trabajar rápido pero a la misma vez a hacer las cosas bien, para no tenerlas que volver a hacer porque no había tiempo para ningún error. Empecé a ganar buen dinero como para mantener a una familia y pagar cuentas mensuales. Lo primero que hice fue comprarme un celular. En ese entonces aprendí a ahorrar. Mi padre siempre nos compraba una alcancía pero ya que tenía trabajo seguro preferí abrir mi propia cuenta de ahorros en el banco. Era religioso, todos los días llegaba del trabajo y metía mi dinero en una caja. Los domingos separaba el dinero en sobres. Los sobres decían "carro" "celular" y cualquier otra cosa que me quisiera comprar; por ejemplo, si me quería comprar un televisor tenía un sobre que decía "televisor". Si el pago del celular eran 80 dólares mensuales, todos los domingos metía 20 dólares en el sobre. Después de poner el dinero en cada sobre, el dinero que quedaba lo depositaba todos los lunes en el banco. A mis 16 años me compré mi primer carrito; un Nissan Sentra de cambios del 2003 por $6,800. Cuando lo compré mi padre me tuvo que prestar $2,000 porque no tenía suficiente dinero ahorrado. Pero todos los domingos le pagaba entre $50 a $100 y a veces más. A los pocos meses le terminé de pagar la deuda. Recuerdo que cuando solo me faltaban $200 para pagarle le escribí una nota diciendo "Señor Juan Esteban, le escribo para avisarle que su renta semanal está llegando a su final".

Durante mi adolescencia tuve pocos novios en comparación con el resto de las muchachas en la escuela. Mi primer novio lo tuve en mi último año de la escuela intermedia. Se llamaba Emilio y era salvadoreño. Era solo un "amor" de escuela ya que solo nos veíamos durante el horario escolar. Nos quedábamos hablando por teléfono por horas hasta la madrugada. Duramos ocho meses hasta que me di cuenta de que él estaba hablando con otra muchacha, pensando que nunca me iba a dar cuenta porque no era de nuestra escuela, pero el mundo es muy pequeño y yo iba a la misma iglesia que esa muchacha. Después de eso no volví a tener novio hasta décimo grado. Él se llamaba Giovanni y era ecuatoriano e italiano. Esa relación fue más sería ya; mi madre lo conoció y él me visitaba en casa. Duramos juntos un año y medio hasta que lo mismo sucedió, me estaba engañando. Esta vez fue más duro porque yo lo quería mucho. Pero como yo no tenía relaciones sexuales, el prefirió ir a buscar en otra parte lo que yo no le daba y no le importó la relación que teníamos. Mi madre me enseñó que siempre me debía respetar a mí misma si quería el respeto de los demás. Por lo cual, no lidié con ningún "engaño" de ninguno de mis dos novios, porque yo me valoraba mucho como para dejar que alguien jugara con mis sentimientos y fuera de eso, aprendí que merecía a alguien mucho mejor que me valorara.

"Las mujeres nunca debemos pasar de moda" me decía mi mamá de vez en cuando. Siempre expresó la importancia de no ser una "cualquiera", porque era una de las peores cosas que le pudiera pasar a una mujer, ser conocida como una cualquiera. Por eso, mi madre siempre me aconsejo en el tema sexual y me dijo que yo era libre de elegir lo que quisiera, que la decisión era mía, pero en sus palabras "si te sientes lo suficiente madura como para tener relaciones, entonces eso significa que te sientes preparada para criar hijos". Era obvio que no estaba preparada para ser madre lo cual me ayudó a abstenerme durante mi adolescencia. No me gustaba como los muchachos de la escuela hablaban del sexo, siempre lo tomaban como si fuera un deporte. Para mí era algo especial que no se debía asumir como un juego. Recuerdo que todos mis amigos, especialmente los muchachos me decían cuanto me admiraban y me respetaban. Lo más interesante era que yo no divulgaba mi virginidad, era algo que se sabía por la manera en la cual yo me comportaba. Tampoco estoy diciendo que era una santa que me quedaba en casa, me divertía pero me hacía respetar. Son muy pocas las veces que una persona del sexo opuesto me ha faltado al respeto, pero las pocas veces que ha pasado, creo que han deseado nunca haberlo hecho. Mi madre siempre me enseñó, que las cosas que a mí no me gustan o que me ponen incómoda, hay que ponerles un fin desde la primera vez que sucedan. No quiero sonar engreída, pero durante mi adolescencia muchos muchachos quisieron ser mis novios; por la simple razón de que nunca pasé de moda y no era como el resto de las muchachas en la escuela.

Siempre he sido una persona muy positiva ya que eso fue lo que aprendí de mis padres. Para mí el vaso siempre está medio lleno no medio vacío y todo pasa por alguna razón. Por eso gracias a Dios nunca sufrí de problemas de autoestima, es más yo era la que le ayudaba a mis amigas con sus problemas de confianza en si mismas. La verdad es que no creo que cambiaría nada de mi adolescencia, pero si tuviera que escoger algo, sería el momento en que escogí ir a la universidad de Oneonta. No pienso que ha sido una mala experiencia, si no que me hubiera gustado ir a un colegio que tuviera más diversidad de estudiantes hispanos. Quisiera poder tener amigos que como yo disfruten escuchar y bailar salsa, merengue, bachata, vallenatos y cualquier música en español.

HOY Y MAÑANA

Mis padres siempre aceptaron y me apoyaron en mi decisión de ir a la universidad de Oneonta y no quedarme en la universidad comunitaria en casa. Para mí lo más duro de haber ido a la universidad al mismo tiempo de extrañar y no estar junto a mi familia, fue el no tener un trabajo. Como no tenía trabajo, mi padre me pagaba mi celular. No podía ir de compras cuando yo quería y para cualquier cosa que deseara le tenía que pedir dinero a mis padres. Fue muy duro ya que desde mis quince años estuve acostumbrada a ser económicamente independiente de mis padres. Además de no tener trabajo, tampoco podía tener mi carro.

Mi tercer año en la universidad decidí mudarme a un apartamento fuera de campus ya que así podría ahorrar más dinero y tener más libertad. Viví con dos amigas, una la conocía desde hacía diez años y la otra la conocí mi primer año en la universidad. Desde el primer día que nos pasamos a vivir juntas yo me encargué de todas las cosas financieras. La luz y el cable que eran los únicos gastos se pusieron a mi nombre. Yo decidí hacer la cuenta de cuánto costaría la luz y el cable por un año entero, dividí los gastos por tres y cada una tuvo que dar $780 para los gastos de todo el año y cada quien pagaba su renta. De esta manera, todas podíamos dar el dinero al principio del año ya que teníamos la plata de los cheques de rembolso y no tendría que pedirles el dinero todos los meses y más que todo para evitar dolores de cabeza. Rápidamente después de un mes me di cuenta de lo difícil que era vivir con otras personas. Fue muy duro mantener el apartamento limpio porque las otras dos compañeras de casa tenían novios y ellos siempre se quedaban a dormir en nuestro apartamento. Todos usaban el baño, la cocina y la sala pero nadie limpiaba. Uno de los novios prácticamente se mudó a nuestro apartamento y nunca dio un dólar para los gastos de la casa. Lo más importante que aprendí de esta experiencia fue que no solo porque uno tenga una amistad con alguien, significa que pueda vivir con esa persona. No fue duro pasarme a vivir sola en un apartamento ya que mis padres desde muy pequeña me educaron en todo un poquito. Para empezar, nunca me preocupo gastarme mi dinero y no pagar mis cuentas porque mi padre me enseñó a manejar mi dinero desde muy joven. Mi madre me enseñó lo esencial para mantener una casa: cocinar, limpiar y separar mi propia ropa para lavarla.

La vida me ha traído muchos conflictos los cuales me enseñaron mucho. Uno de los problemas más recientes que he tenido en mi vida, el cual me ha enseñado las complicaciones e injusticias con las que podemos encontrarnos en el camino de la vida, fue la traición de mi mejor amiga y compañera de casa. La historia corta es que ella falsificó mi firma y se robó seiscientos dólares de la cuenta en la cual yo había depositado el dinero para pagar los gastos del apartamento. Lo negó tres veces antes de yo ir al banco y pedir alguna explicación por mi dinero, cuando fui me dieron el recibo de retiro el cual mostraba mi firma falsificada por mi supuesta mejor amiga. Después de haber ido al banco le pregunte otra vez si ella había sacado el dinero y lo negó una vez más, pues ya que ella no esperaba que yo le fuera a salir con las pruebas del banco, cuando le mostré las pruebas, se paró, dijo que me iba a pagar y se fue de mi cuarto. Lo peor de todo fue que cuando me devolvió el dinero me lo paso por debajo de mi puerta. Hoy en día todavía espero una explicación y disculpa por lo que hizo. Nunca me había sentido tan traicionada por alguien, especialmente alguien a quien yo consideraba casi mi hermana. Normalmente no confió fácilmente en alguien, porque para mí la confianza debe construirse con hechos, acciones y sentimientos. Entonces se pueden imaginar cómo me sentí después de pasar por este acontecimiento. Pero la vida sigue y solo hay que aprender a valorar todo lo que mis padres me enseñaron.

Mi primera relación amorosa empezó mi segundo año en la universidad con Ricky, a quien conocí mi segundo semestre de mi primer año en Oneonta, durante mi clase de economía. Es el primer hombre en mi vida quien ha conocido a toda mi familia y a quien mi familia acepta. Es muy inteligente, tiene metas e impulso para ser muy exitoso en su vida. Tenemos planes de triunfar juntos más adelante. No sé a qué edad quisiera casarme, cuando era niña decía que a los veintiún años me quería casar. Acabo de cumplir veintiún años y ni loca me casaría en este momento. Para casarme y tener hijos quiero estar estabilizada económicamente, tener un buen trabajo y estar lista para que mi vida cambie. Toda mi vida quise tener cuatro hijos como mi madre, pero al pasar el tiempo y ver como es el mundo de diferente hoy en día a comparación del tiempo de mis padres, solo quiero tener dos hijos. No quisiera tener solo uno porque me daría mucha tristeza que no tuviera con quien jugar y no tuviera el privilegio de tener una amistad como la que yo tengo con mis hermanos. Yo no quiero que a mis hijos les falte nada especialmente mi presencia. A mis hijos les voy a enseñar español y también les quiero enseñar otro idioma, ya sea francés o italiano. También quiero que mis hijos asistan a una escuela privada porque no me gusta el sistema de educación pública en los Estados Unidos. Quiero que aprendan la importancia del respeto. Quiero que valoren y practiquen la misma moral y ética de trabajo que mis padres me enseñaron a mí. También quiero ser como mi madre, no estricta pero que sepan que hay una línea de reglas que hay que respetar y seguir. Quiero compartir con ellos "El ángel de mi guardia" para que lo recemos juntos todas las noches. Las celebraciones grandes como navidad, año nuevo, bautizos, primeras comuniones, confirmaciones, quince años, etc., también los pienso mantener en mi hogar hasta que llegue el momento de volar por si solos.

Mis padres vinieron a este país para buscar un mejor futuro para mis hermanos y yo, por eso le doy muchas gracias a Dios y a ellos por haberme dado la oportunidad que muchos desean. Yo sé que voy a tener un buen futuro y no me voy a dar por vencida hasta llegar a ser exitosa. Quiero que mis padres tengan orgullo de la hija que criaron. Más adelante en mi vida me gustaría tener la oportunidad de poder diseñar la casa mis sueños para poderla disfrutar en compañía de mi familia. La casa de mis sueños tiene tres pisos, un cuarto para cada hijo y una oficina, una cocina gigante, techos altos y muchas ventanas por qué me encanta la luz del día. Quisiera tomar vacaciones al menos una vez cada año por dos semanas y si vivo lejos de mis padres y hermanos quiero poderlos visitar dos veces al año. Quiero vivir en una comunidad donde si voy a una tienda puedo encontrar productos hispanos. No quiero vivir ni en una ciudad grande, ni en un pueblo pequeño. Me imagino trabajando como administradora de empresas, idealmente con un horario en el cual mi día no empiece más temprano de las nueve de la mañana.

Para llevar una vida feliz no necesito mucho. La verdad es, que lo único que me hace realmente feliz, es saber que mi familia está bien económicamente, emocionalmente y saludables. Mi familia es mi todo. Ellos son las personas que me han ayudado a ser la persona que soy hoy. Las personas que me dan fuerza, determinación, motivación, confianza y ambición. Gracias a ellos soy la Diana fuerte y luchadora de hoy en día.

Tercera parte

Revitalizadores del español en los Estados Unidos

Una nueva generación de hispanos

Por Natalia Montoya

Mi historia no es nada distinta a las ya contadas en esta colección de vidas. Sin embargo, en el camino que emprendí por no dejar debilitar mi primera lengua, he aprendido que existen múltiples factores que afectan mi decisión y la de los otros autores recopilados en este libro; lo cual indica que no siempre es fácil ser bilingüe y bicultural.

Mi hermana, hermano y yo nacimos y fuimos criados en Medellín, Colombia. Durante nuestra niñez, Colombia estaba sufriendo un tiempo de violencia y corrupción política. Nuestros padres siempre han querido una mejor vida para nosotros y por esa misma razón, ellos decidieron inmigrar a los Estados Unidos en busca del sueño americano. Mis padres dejaron atrás sus trabajos profesionales, sus familias y todo lo que poseían por un mejor futuro para sus hijos. A la edad de nueve años, yo me convertí en una inmigrante de primera generación en los Estados Unidos. Poder asimilarme a otra cultura y lenguaje fue difícil, pero yo sabía que para poder avanzar en este país, yo tenía que acostumbrarme. Nuestra familia llegó al apartamento de una Tía en Queens, NY. Me acuerdo que el apartamento solo tenía una habitación pero nuestra tía hizo una separación en la sala y pudo formar otra para nosotros. En el apartamento vivíamos mi tía, mi prima, mi abuela, mis padres, mi

tenemos que desarrollar la empatía en los niños

hermana, hermano y yo. La escuela a la que asistíamos en Queens era una escuela pública donde los estudiantes no usaban uniformes. Durante clase, a veces me sentía inútil por no entender el idioma. Mis compañeros de clase se reían de mí y decían cosas que yo no podía entender. [Yo quería ser incluida y desarrollar un sentido de pertenencia a mi nueva comunidad] sabía que si yo aprendía el idioma, mis compañeros de clase me aceptarían mejor. Con la ayuda de las clases de *English as a Second Language (ESL)*, a la edad de diez años, yo ya me defendía hablando y escribiendo en inglés. A través de los años, nuestra familia se reubicó en un área más rural en el contado de Sullivan en el estado de Nueva York. Ahí fue donde viví durante mi adolescencia, formé amistades, me gradué de la escuela secundaria y me convertí en una adulta joven. En el año 2010, el programa llamado *College Assistance Migrant Program* (C.A.M.P), me dio la oportunidad de asistir a la Universidad de SUNY Oneonta. Entrar a la universidad sería para mí otra transición, otro proceso de adaptación y más aun sabiendo que en este campus yo sería una de las contadas hispanas en aulas llenas de estudiantes de raza blanca y etnias de diversos orígenes europeos. A los dieciocho años me enfrentaba de nuevo a la compleja situación de pertenecer. Tuve la suerte que como primípara fui aconsejada para tomar una clase de español para hablantes nativos o de lengua heredada. Allí encontré otros que cómo yo también buscaban encontrarse a sí mismos en un lugar diferente a lo usual y privado. En esta clase pude reflexionar sobre lo que significaba mantener el español vivo y cómo el lenguaje hacía parte integral de mi identidad.

la importancia de nombrar y lo que se siente

Mi lengua ha tenido una gran influencia en la manera en que yo me identifico y el estilo de vida que vivó. A lo largo de los años, he notado que yo prefiero hablar y escribir en inglés[La pérdida de mi dominio del idioma español ha sido algo que me ha afectado inmensamente] A veces tiendo a cambiar al inglés cuando siento que no puedo expresarme en español debido a la pérdida de mi vocabulario. [Sinceramente, nunca pensé que iba a perder mi español pero desafortunadamente, poco a poco lo he venido perdiendo] Por eso, yo me dediqué a revitalizar mi idioma tomando cursos formales en español en la universidad y declarándolo mi especialidad a la par con economía empresarial. Durante mi primer año en la universidad, hice parte de la misma clase que todos los participantes de este libro han tomado. Una clase que enfatizaba en la escritura y el aprendizaje del español estándar. La clase era para aquellos estudiantes que siempre han llevado el español como parte de su identidad y lo han usado de manera privada con sus familias y algunos en su comunidad hispana. Durante el curso, yo logré identificarme mucho con el tema tratado sobre la generación de hispanos que busca re-adquirir su lengua materna y revitalizarla a través de su participación en el aula universitaria. Precisamente, esto fue lo que también encontré entre mis compañeros de clase. Ellos también habían perdido fluidez en el idioma y deseaban re-adquirir y no olvidar lo aprendido en casa. En el aula había estudiantes de primera generación que también como yo eran niños migrantes que alcanzaron a desarrollar el idioma español antes del contacto con el inglés. Otros estudiantes habían nacido en los Estados Unidos y siempre habían vivido con los dos idiomas en contacto. Aunque nuestro dominio del español variaba entre todos nosotros, nuestras culturas eran muy similares y todos disfrutábamos compartiendo nuestras historias de vida. Siendo Oneonta una comunidad muy rural donde predomina una cultura de mayoría Anglo-Americana, se hacía difícil conocer otros hispanos y sentir el ambiente al que estábamos acostumbrados en casa. Fue por este curso que yo tuve la oportunidad, no solamente de aprender sobre la variedad del español estándar, sino también sobre las historias de otros estudiantes y conocí amigas y amigos hispanos que aún hoy siguen siendo parte de mi vida. Encontré este curso tan interesante e influyente en mi primer semestre universitario que luego durante mi último año de educación superior, tuve la oportunidad de hacer parte nuevamente de este curso, pero esta vez como asistente de la enseñanza. Mi objetivo en mi último año universitario durante el curso era analizar el proceso del aprendizaje del español y el contacto entre lenguas experimentado por los que heredaron el español de sus padres, encontrar las similitudes entre las diferentes culturas hispanas y lo que significaba pertenecer a la primera generación de niños migrantes y también a aquellos que habían nacido en este país. Como asistente e investigadora me acerqué a la lengua desde una perspectiva más analítica en términos lingüísticos y observe la producción de los estudiantes a través de inventarios de sus errores comunes gramaticales, de vocabulario y ortografía. Le daba sentido a la producción escrita desde mi estudio sobre el contacto de lenguas y el uso del español en una sociedad angloparlante. Pude hacer esto mediante varias observaciones a través de la instrucción en el aula, las presentaciones verbales de los estudiantes, sus escrituras y autobiografías. La visión que obtuve como resultado del segundo curso me ha permitido observar el proceso del aprendizaje del español desde otros ángulos y me ha ayudado a entender la problemática de mantener un idioma heredado en los EE.UU.

IDEOLOGÍAS LINGÜÍSTICAS EN EL AULA
DE LOS HABLANTES DE LENGUA HEREDADA

El español, el tercer idioma más hablado en el mundo (Beaudrie & Fairclough, 2012), es un lenguaje clave en nuestra sociedad actual. A lo largo de los años, el uso del español en las aulas y en el mundo empresarial ha incrementado. Se calcula que para el año 2050, los hispanos serán el grupo étnico minoritario más grande y constituirán el veinticinco por ciento de la población total (Day, 1996). Aunque este crecimiento actualmente continúa, la población hispana que se pronostica en estos cálculos no corresponde necesariamente con un crecimiento a de los hablantes de español. Eso es dado que a partir del establecimiento de las siguientes generaciones en los Estados Unidos se produce un desplazamiento masivo hacia el inglés (Silva-Corvalán, 2001). Muchos hablantes nativos del español que viven en los Estados Unidos se encuentran en una etapa de transición de lengua. Investigaciones recientes sobre la transmisión intergeneracional de la lengua nativa han demostrado que después de dos o tres generaciones, se produce una pérdida de español (Bills 2005; Chávez 1988; González y Wheritt 1990; Hidalgo 1993; Rivera-Mills 2000b). Es por esto que nos preguntamos: ¿Cuáles son algunos factores que han influido para que se genere esta pérdida del lenguaje español y el cambio al inglés?

Durante mi rol como asistente de enseñanza en el año 2013, tuve el gran placer de leer el libro de ambas autoras Sara M. Beaudrie y Marta Fairclough: *Spanish as a Heritage Language in the United States*.

En este trabajo, las autoras profundizan en los temas sobre el mantenimiento del español y a su vez el cambio al inglés que experimentan las segundas generaciones de Hispanohablantes en los Estados Unidos. El análisis que presentan Beaudrie y Fairclough (2012) a través de varios estudios en la materia, se expande hasta la educación del español de manera académica formal en las aulas de las instituciones secundarias y también universitarias. Primordialmente, se discute el papel que desempeña el ámbito académico en el mantenimiento del español como lengua heredada y los futuros cambios en el modelo educativo que podrían ayudar a revitalizar la lengua española. Estos temas tratados nos ayudan a los estudiantes de español como lengua heredada a crear conciencia sobre el proceso y las cuestiones relacionadas a los cambios lingüísticos. Uno de los primeros conceptos que aprendí en mi investigación fue el de "la ideología lingüística".

Hoy en día existen varias investigaciones que se han llevado a cabo sobre las ideologías lingüísticas y la complejidad de las cuestiones políticas, sociales, económicas y educativas que participan en el mantenimiento del español entre los hablantes de lengua heredada, es decir las segundas generaciones de hispanos en los EE.UU. La mayor parte de las investigaciones mencionadas se basan en la idea concreta que para que un idioma se mantenga, éste debe ser transmitido de una generación a la siguiente porque si no hay transmisión de padres a hijos y nietos, el producto es la pérdida del idioma (Bills 2010). Es común que los inmigrantes de la segunda generación se conviertan en bilingües y los de la tercera generación se conviertan en angloparlantes monolingües (Hudson-Edwards y Bills 1982; Sole 1990). ¿Pero qué factores influyen en esta pérdida? ¿Por qué las futuras generaciones de hispanoparlantes del español están dejando de lado el lenguaje de sus padres? lo cual hace parte de sus raíces, sus identidades y sus culturas de origen. A través de mis experiencias personales y lo que he observado trabajando con otros estudiantes que como yo son hijos de inmigrantes, o que ellos mismos han inmigrado a una edad temprana, podría vislumbrar algunas de las razones que explican el mantenimiento o la pérdida del español. Soy una inmigrante de primera generación en los Estados Unidos y he experimentado un cambio lingüístico del español al inglés y un contacto profundo entre estos dos idiomas. Haber crecido en un país hispano hasta los nueve años me permitió aprender primero a leer y escribir en español y disfrutar de la cultura hispana. Durante nueve años compartí las mismas actitudes y normas lingüísticas con mi comunidad. El cambio se dio al enfrentarme a una comunidad predominantemente Anglo-parlante, donde mi uso del lenguaje habitual del español era limitado y yo estaba más expuesta al idioma dominante: el inglés. En las historias de los otros estudiantes hispanos encontré que para los nacidos en este país, este cambió ocurría al entrar a la escuela pública a una edad temprana. A pesar que ellos siempre habían estado en contacto con el inglés a través de los medios de comunicación y sus comunidades, el asistir a la institución escolar los forzaba a cambiar comportamientos y con estos la lengua. El mensaje que recibíamos en las escuelas era básicamente que para sacar buenas notas y progresar en nuestros estudios, lo importante era saber inglés, no español.

Mientras pasaron los años, poco a poco empecé a perder el dominio del español. Empecé a pensar en inglés primero y tendía a dejar mi español a un lado. Incluso, hoy en día me encuentro traduciendo conscientemente cuando escribo en español. Para mí, ya en mi edad de adulta joven, lo considero una vergüenza. ¿Por qué he perdido parte de mi lengua materna? Es parte de mí, es mi primer idioma, es el lenguaje con el cual crecí. ¿Cómo pude dejarla a un lado y dejar que otra lengua dominara? Sin embargo, durante mi niñez vivía en constante reto por dominar el inglés y por fin salir de las clases de inglés como segundo idioma, las cuales me hacían diferente al resto de mis compañeros angloparlantes. Yo quería ser como ellos y sacar buenas notas usando el inglés. En este momento, la ideología existente sobre la superioridad del inglés comparada con el español permeaba mis metas como inmigrante en el nuevo país y hacía que no me importara perder mi primer idioma.

Hay varios factores que contribuyen a determinar el mantenimiento o el reemplazo paulatino del español por el inglés en los EE.UU. Un factor importante es éste precisamente el de "las ideologías lingüísticas" las cuales consisten en valores y sistemas de creencias sociales, externas a la estructura de la lengua misma, con respecto a la lengua en general, "la pureza", "la belleza" y la importancia de unos idiomas sobre otros; lo que piensa el común de la gente sobre los lenguajes específicos o variedades lingüísticas, o las prácticas sociales de algunas variedades en particular: ¿Quién lo habla? Además de las maneras de utilizar el lenguaje: ¿Por qué lo hablan y en que contextos? (Kroskrity 2004; Woolard 1998). Por lo general, todas estas ideologías están vinculadas a los intereses sociales, políticos o económicos de determinados grupos de personas. Por ejemplo, los investigadores Carmen Martínez-Roldán y Guillermo Malavé (2004) encontraron que la construcción hegemónica de los Estados Unidos como una nación anglo-parlante monolingüe y la representación de las lenguas minoritarias como un reto para el campo educativo y social, generan una responsabilidad individual para cada uno de los hablantes de otras lenguas diferentes al inglés; los cuales se ven obligados a aprender el inglés como factor determinante para el progreso en la nueva nación y restarle importancia al mantenimiento de la lengua nativa. Añadiendo a esto, la ideología lingüística de una lengua para una nación presenta el mantenimiento de las lenguas minoritarias como una amenaza a la unidad nacional y por lo tanto promueve el cambio lingüístico hacia el inglés, la lengua dominante. Esto ha causado que algunos padres bilingües, incluso padres que no entienden mucho el inglés, conversen con sus hijos en inglés en vez de usar sus lenguas maternas, forzando a que sus hijos se asimilen al lenguaje percibido como élite. Muchos hispanohablantes también están perdiendo su lengua materna debido a la falta de contacto con las comunidades hispanohablantes "speech communities" alrededor de ellos. Una comunidad de hablantes o "speech community" es un término utilizado para describir a un grupo de personas que comparten las mismas actitudes lingüísticas y las normas que regulan su habla con respecto a un repertorio lingüístico específico (Romaine 2004). Las autoras Sara Beaudrie y Marta Fairclough, sugieren que existen diferentes condiciones que ayudarían a revitalizar y mantener la lengua española. Una de ellas es el aumento de las comunidades hispanohablantes especialmente en las escuelas. La expansión de las comunidades hispanohablantes en diferentes lugares de los EE.UU no solamente ayudará a los nativos para que conserven su lengua materna, sino también ayudará a aumentar la diversidad en las escuelas y el bilingüismo en los estudiantes. Durante mi papel como asistente de la enseñanza, observé que muchos de los estudiantes se sentían cómodos en clase. Todos participaban y querían compartir aspectos de sus culturas con los otros compañeros. Una de las estudiantes mencionó que ella se sentía como si estuviera en casa. Para nosotros, nuestra comunidad de habla "speech-community" de Oneonta ocurría en el aula de la clase de español. En este lugar era donde nos sentíamos cerca de nuestras raíces culturales. Personalmente, yo pienso que debido al crecimiento de la población hispana en los Estados Unidos, cada universidad debe ofrecer un curso como este y tener un espacio disponible para que estas comunidades crezcan y contribuyan con la sociedad en general, pero para esto debe surgir una trasformación de ideología lingüística donde todos los idiomas se vean como importantes y toda la sociedad quiera aprender más de uno, no solo por motivos instrumentales, sino también integrales de identidad. He elegido varios extractos de las autobiografías de los estudiantes que reflejan la importancia de saber comunicarse en español y las razones por las cuales ellos decidieron matricularse en un curso formal de español en la universidad.

—"Es importante hablar español en mi casa porque mis papás pueden entender y hablar más en español que el inglés. […] En mi opinión, para tener una buena educación y un buen trabajo, es importante hablar el español. Para mí, es importante que no olvide el español y que lo conserve porque el español es parte de mi identidad. Por esta razón yo estoy tomando una clase de español en la universidad para que no se me olvide el lenguaje".

—"Saber español es una ventaja enorme. Hoy en día hay muchos hispanos no solamente en los Estados Unidos pero también en todo el mundo. Saber el idioma puede abrir una puerta de oportunidades en el futuro que los monolingües no pueden abrir". […] Para no olvidarme, trato de hablar frecuentemente con mis amigos en España por skype y hablo casi todos los días con mis abuelos por el teléfono. Ahora que no puedo hacer todo eso, entonces me matriculé en una clase de español para estudiantes de herencia hispana como yo".

"–Yo pienso que es importante retener mi cultura latina y por eso decidí tomar una clase de español. Esta clase me ayuda a practicar mi escritura en español y me ayuda a hablar más el idioma. Además, cada vez que entro a la clase, me siento como si estuviera en casa".

Detrás de estas razones, los estudiantes manifiestan sus motivaciones integrales e instrumentales con respecto al idioma heredado. La motivación integral es establecida a través de conexiones culturales con el lenguaje. Cuando una persona está motivada por razones integrales, esta persona siente una necesidad de afiliación con sus raíces culturales (Baker, 1992). La motivación instrumental es influenciada por el querer ampliar las oportunidades de carrera y el deseo de obtener reconocimiento social o ventajas económicas a través del conocimiento de una lengua extranjera (Gardner y Lambert, 1985:14). Estos apartes autobiográficos no solamente demuestran la importancia del español para los estudiantes, sino que también demuestran una etapa en la vida de los estudiantes en la cual ellos decidieron re-sembrar la semilla de lenguaje; la cual con el tiempo volverá a brotar sus raíces culturales y florecerá llena de más cultura y un mejor conocimiento y fluidez del lenguaje español.

Otras ideologías lingüísticas tales como la ideología de la superioridad del "lenguaje estándar " sobre las otras variedades, también han desempeñado un papel importante en la preservación de la lengua nativa o heredada. El sistema educativo es un factor influyente en la reproducción de esta ideología sobre el prestigio de la variedad estándar. A los estudiantes se les enseña rutinariamente que el uso del idioma no estándar indica un pensamiento ilógico, no inteligente, falta de educación formal y que también es un obstáculo para la comunicación (Macedo 1997). Además, la adquisición de la variedad estándar se presenta como la clave para el éxito académico y socioeconómico. Esta ideología del uso del lenguaje estándar se observa en muchas aulas en los Estados Unidos. Varios libros para las clases de español tienden a presentar una variedad genérica de "mirada latina" que no reconoce la diversidad racial y étnica de los latinos en los EE.UU. y los latinoamericanos en general (Schwartz 2006). La investigadora Cynthia Ducar también analizó la variación lingüística española en los libros específicamente para los hispanohablantes. Ella encontró que la mayoría de los libros tenían una norma lingüística más "pseudo- castellana" (Ducar 2009). Personalmente, yo estoy de acuerdo con esto. Yo he observado que la mayoría de mis libros de español tienden a incluir más lugares y tradiciones de España en vez de lugares y tradiciones de Latino América y Centro América. Este tipo de aproximación ideológica hacia la lengua genera actos discriminatorios que van mucho más allá del mismo uso de la lengua y el contacto del español con el inglés en los EE.UU.

En el libro *Spanish as a Heritage Language in the United States,* las autoras Beaudrie y Fairclough dan sus opiniones sobre lo que los futuros investigadores de ideologías lingüísticas deberían investigar. Ellos sugieren que las futuras investigaciones deberían observar lo que realmente hacen los instructores en el aula, incluyendo la forma en que utilizan los artefactos, cómo estructuran las clases, la manera en que hablan y responden a la variación lingüística y cómo tratan a los estudiantes. Las autoras también sugieren que los investigadores deben observar las ideologías que los estudiantes traen al aula y cómo ellos se relacionan con las ideologías de otros estudiantes.

Mientras leía e investigaba un poco más sobre las ideologías lingüísticas dentro de las poblaciones hispanas y otras poblaciones, yo empecé a reflexionar y recordar ciertos comentarios y opiniones que había oído en el pasado en relación con el idioma español. Por ejemplo, durante una conversación con un amigo, él me preguntó si en mis clases de español yo estaba aprendiendo el español "bueno". Él se refería al español hablado en España. Para él, el español de Latino América y Centro América es un español "malo". También recordé el momento en que un compañero de clase de la escuela secundaria se enojó con dos hispanohablantes, simplemente porque estaban hablando en español y no en inglés. Él les dijo que aprendieran a hablar inglés porque estaban en los Estados Unidos. Estas dos personas mantenían una ideología sobre el uso del lenguaje dominante en la sociedad y la variedad que se percibe como la única correcta y además una actitud subjetiva hacia la lengua española y sus hablantes. Esto me lleva al siguiente campo investigativo sobre el uso de la lengua en la sociedad y la variedad lingüística existente entre la diversidad de hablantes de la misma. Lo cual contribuye al entendimiento de la posible trasmisión de la lengua heredada hacia las siguientes generaciones de hablantes del español en los EE.UU. Este campo es la sociolingüística.

LA SOCIOLINGÜÍSTICA

Ser asistente de esta clase cuatro años después y ya con una especialidad casi terminada en español, me dio una perspectiva totalmente diferente del aprendizaje de la variedad estándar en la clase de español para hablantes de lengua heredada. Primeramente, me sentí más como observadora que participante. Inicialmente, noté la diversidad existente en el aula; había estudiantes de México, España, Colombia y República Dominicana. Cada uno de ellos se encontraba allí con el objetivo de revitalizar un idioma aprendido en casa y sus historias de vida eran tan diferentes en experiencias migrantes. Unos venían de lugares urbanos, otros sub-urbanos y rurales. El origen hacía parte de la gran variedad en el uso de la lengua y por primera vez lo notaba de una manera consiente. Todos nos entendíamos más hablábamos diferente. Era interesante escucharlos y leerlos, yo les ayudaba a desarrollar sus historias y a corregir ortografía y gramática. Todas las variedades eran comentadas, la profesora nos preguntaba el vocabulario variado de cada uno para llamar las cosas y también los estudiantes presentaban canciones de sus artistas favoritos en español y allí encontrábamos variedad lingüística por el origen de la música. Aprendí sobre los corridos y bandas mexicanas hasta los merengues y música urbana como el reggaetón y el rap.

También nos era permitido usar Spanglish a veces, con tal que volviéramos a solo español pronto y conscientemente. Al preparar la autobiografía, todos compartíamos nuestras historias y frecuentemente encontrábamos similitudes entre nosotros. Nadie era juzgado y se percibía un ambiente cómodo y muy personal. La comunicación era interactiva y también había discusiones en grupo sobre valores familiares y problemas sociales. A medida que asistía a cada clase, leía sobre el uso de la lengua en las sociedades, el mantenimiento y pérdida de los idiomas heredados, la variedad entre los hablantes, las identidades expresadas a través del lenguaje y las motivaciones para aprenderlo o mantenerlo. Entonces entendí que era "la sociolingüística". Esta se centra en las fuerzas sociales que estructuran el lenguaje y su uso. El estatus, el valor y la importancia de una lengua son fácilmente medidos por las actitudes hacia ese idioma. La actitud es una de las variables que explican el tema central de la sociolingüística. Según investigaciones, la actitud de lenguaje se conoce como un término sombrilla, bajo el que se encuentra una variedad de factores específicos (Baker, 1966). Estas actitudes incluyen comportamientos hacia la variación, el dialecto, el estilo de habla, aprender un nuevo lenguaje, el habla de grupos específicos minoritarios y la preferencia de lengua. Hoy en día, uno de los estudios sociolingüísticos más completos de hispanohablantes ha sido el estudio seminal de Carmen Silva-Corvalán sobre el español de Los Ángeles. Silva-Corvalán (1994) investigó la producción lingüística de un grupo seleccionado de Mexicano-Americanos bajo unas variables comunes establecidas. El grupo de entrevistados había vivido en Los Ángeles entre 1983 y 1988. Ella quería entender el desplazamiento hacia el inglés como consecuencia del contacto con el mismo. En particular, Silva-Corvalán investigó la sustitución de lengua y la perdida. Ella consideró que la generación primera, segunda o tercera dentro del proceso migratorio de una persona era una indicación indirecta de su competencia funcional en español.

Los inmigrantes de primera generación, los miembros del grupo uno, nacieron en México y emigraron a los Estados Unidos después de los once años. Ellos eran nativos del español y sus habilidades orales en inglés eran pobres. Los siguientes hablantes en el grupo dos, nacieron en los Estados Unidos o habían llegado antes de la edad de once años. Los hablantes en el grupo tres también nacieron en los Estados Unidos, pero al menos uno de sus padres tenía que ser clasificado como hablante del grupo dos. Todos los bilingües nacidos en los Estados Unidos estuvieron expuestos a las dos lenguas desde el nacimiento y tenían una habilidad de hablante nativo en inglés, mientras que sus capacidades para hablar español oscilaban entre casi nativo a poco o casi nada de fluidez en español. Todos los hablantes fueron entrevistados y posteriormente analizados. Silva-Corvalán encontró que la primera generación de inmigrantes transfiere básicamente léxico: palabras y frases fijas. En la segunda generación, ella observó la reducción de los dominios de uso del español, la lengua minoritaria y la falta de escolaridad completa en el idioma de sus padres. La investigadora documentó que todos los hablantes confundían a menudo el pretérito y formas imperfectas. Ella también documentó la ausencia del futuro morfológico, el condicional y el pluscuamperfecto del indicativo. Su investigación demostró que a partir del establecimiento en los Estados Unidos se produce un desplazamiento masivo de lengua hacia el inglés y una pérdida de lenguaje (Silva-Corvalán, 2001). Esto es debido a la asimilación de las ideologías comunes sobre el uso de la lengua en sociedad que favorecen el uso del inglés como lengua dominante en los Estados Unidos. Esta asimilación también es influenciada por la política lingüística del español en los EE.UU.

LA POLÍTICA LINGÜÍSTICA DEL ESPAÑOL EN LOS EEUU

Los efectos que la política lingüística y su planificación han tenido en la pedagogía, las leyes y la sociedad son variables que contribuyen al mantenimiento de lengua en los Estados Unidos. La investigación de la política lingüística y su planificación surgió durante la década de 1960 en los Estados Unidos. 'La política lingüística es uno de los mecanismos por los cuales los grupos dominantes establecen la hegemonía en el uso del lenguaje' (Tollefson 1991). Según el investigador Richard Ruiz, la política lingüística se basa en las diferentes opiniones sobre el lenguaje y su papel en la sociedad. Fundamentado en sus investigaciones, Ruiz creó un enfoque heurístico que define los factores que influyen la formación de la política lingüística en los Estados Unidos. Estos tres factores son el lenguaje como un problema, el lenguaje como un derecho y el lenguaje como un recurso (Ruiz 1984).

El lenguaje como un problema es el resultado de la subordinación social y cultural de las comunidades minoritarias. En el libro de Pauline Baker *Español para los hispanos (1966)*, la autora menciona que existe un empobrecimiento del vocabulario del español en los Estados Unidos y esto es un problema. Muchos hispanos están

295

olvidando su lengua nativa debido a la falta del uso del lenguaje. Para mejorar este problema, la política lingüista ha cambiado un poco. Hoy en día, las escuelas ofrecen clases de español para hispanohablantes y el uso de otros idiomas es recomendado. Estas clases apoyan las culturas hispanas y el bilingüismo en las escuelas.

El lenguaje como un derecho es evidente en el caso de Marta Laureno expuesto en el periódico el *New York Times*, el 30 de Agosto del año 1995 (Verhovek, 1995). El caso de Laureno comenzó como una audiencia de custodia regular, pero más tarde escaló a ser un caso más grave ya que fue ordenada por el juez Samuel Kiser a solamente hablarle inglés a su hija o él le negaría su custodia. El juez le dijo a Laureno:

> *"Si ella empieza el primer grado con los otros niños y no puede ni siquiera hablar el idioma que el profesor y los demás niños hablan y ella es una ciudadana americana de sangre, usted está abusando de esa niña, porque si ella no hace bien en la escuela, yo puedo sacarla porque no está en su mejor interés de ser ignorante. La niña solo escuchará inglés "(Verhovek 1995).*

Este caso ilustra claramente un ambiente de hostilidad y subordinación del lenguaje español hace muchos años. Hoy en día, la política lingüística no nos previene de hablar diferentes idiomas y todos tenemos el derecho de hablar el idioma que preferimos. Durante los años, la política lingüística se ha vuelto más incluyente especialmente en el ámbito educativo. El movimiento de los derechos civiles y la guerra de Vietnam contribuyeron a inscripciones masivas de los estudiantes de habla hispana en la educación superior en todo el país (Leeman y Martínez 2007).

Durante esta época, los sistemas educativos se dieron cuenta que tenían que reestructurar sus planes y estilos de estudios para tener un medio ambiente más incluyente para los estudiantes de habla hispana. Aunque no solamente los ámbitos pedagógicos estaban cambiando sus formas, sino la sociedad entera también. Una serie de leyes a partir de la Ley de Derechos Civiles de 1957 prohibieron discriminación sobre la base de raza, color y origen nacional. En la década de 1970, las decisiones de los tribunales utilizaron el Título

VII de la ley y la enmienda 14 para prohibir discriminación hacia el idioma. Este enfoque se vio reforzado por la aprobación en 1968 de la Ley de educación bilingüe, destinado a proporcionar un método más eficiente de la enseñanza de inglés para alumnos de minoría. En agosto del año 2000, el Presidente Clinton firmó la Orden Ejecutiva 13166 titulada "Mejorando el acceso a los servicios para las personas con dominio limitado del inglés." Las agencias federales y otras organizaciones que reciben fondos federales fueron requeridos por la orden a desarrollar planes sobre la forma de proveer los servicios necesarios para las personas que no saben inglés suficientemente bien (Brecht y Rivers, 2000). Estas políticas protegen los derechos de los individuos, aceptan los derechos de los hablantes de lenguas minoritarias y apoyan el mantenimiento de sus idiomas hoy en día.

El lenguaje como un recurso es otro factor de la política lingüística. A través de los años, los distritos escolares y los gobiernos han reconocido que los bilingües son un gran recurso para sus organizaciones. Hace años, la política lingüística no apoyaba el uso de otros idiomas en los Estados Unidos. Esta prohibición ya no existe. La política lingüística en este país del norte continúa desarrollándose a la medida que la población de los Estados Unidos continúa siendo más diversa y el crisol de razas continúa creciendo. Como los investigadores María McGroarty y Alfredo Urzúa declararon "cuando se dan las condiciones adecuadas, el bilingüismo puede ser beneficioso para todas las partes involucradas (2009)." Este bilingüismo nos ha llevado a nosotros los hispanohablantes a desarrollar una manera nueva de comunicarnos mezclando los dos idiomas. Hoy en día, esta manera es referida como 'code-switching' o la alternancia de códigos.

LA ALTERNANCIA DE CÓDIGOS

El 'code-switching' es definido como el uso alternativo de dos o más lenguajes en la misma enunciación (Weinreich, 1953). Según investigaciones, muchas personas consideran *code switching* una consecuencia de una adquisición incompleta, que es el fracaso de dominar ambas lenguas. También otros consideran esto como lengua convergente que presenta la inhabilidad de separar las lenguas.

297

Durante los años, estas ideologías han cambiado. Las investigaciones recientes han mostrado que *'code switching'* es un ejercicio natural del cerebro y demuestra una competencia bilingüe, tal como lo sugirió Weinreich hace muchos años en su trabajo de lenguas en contacto (1953) y lo han comprobado otros más tarde (Winford, 2003). 'Code-switching' entre hispanohablantes comúnmente se conoce como Spanglish. Durante mis investigaciones, yo tuve la oportunidad de preguntarles a cinco estudiantes porqué usaban 'Spanglish' cuando hablaban. Estas fueron sus respuestas:

-*"Yo uso 'Spanglish' cuando quiero ocultar algo de alguien ya que no me pueden entender"*
-*"Yo cambio de códigos naturalmente. No sé, simplemente sucede"*
-*"Cambio al español cuando estoy escondiendo algo y cuando estoy rodeado de gente que habla español"*
-*"Cambio de lenguajes cuando no sé una palabra pero la sé en el otro idioma"*
-*"Yo uso 'Spanglish' alrededor de mis amigos hispanos. Trato de no utilizarlo en ocasiones profesionales"*

Como fue demostrado, para los bilingües, el uso del 'Spanglish' tiene muchas funciones ya que los hablantes conocen intuitivamente las reglas sintácticas de las dos lenguas. En las investigaciones de Carmen Silva- Corvalán sobre la alternancia de códigos, la autora comparte ejemplos de alternancia español-inglés oral a través de sus estudios los cuales mencionaré y explicaré a continuación.

Ejemplo de parte del grupo 3. (Nacido en los Estados Unidos, pero uno de sus padres había llegado antes de la edad de once años o nacido en los Estados Unidos):

-*Le dije, "**You look so upset today. Did you have a hard day?**" Le digo en una forma **nice**, pero también en una **hostile way**".*
[..."Pareces muy molesto hoy. ¿Tuviste un día muy difícil?"...agradable,...manera hostil.]

*...en cinco minutos me dijeron que podía **go ahead**, y "**so**" pues me fui. Y como cuarta milla alguien estaba **coming down at me**. Nadie lo paró y me, me machucó de frente.*

[...seguir, "así que"...venia bajando derecho hacia mí...]

Estos ejemplos corresponden a la frecuente tendencia a reproducir el discurso directo en la lengua en que fue codificado originalmente. El hablante usa el inglés para compensar falta de léxico, temporal o permanente (Silva- Corvalán, 2001).

Ejemplos del grupo dos. (Nacieron en los Estados Unidos o habían llegado antes de la edad de once años):

*Una cosa que yo quise hacer cuando fui a Acapulco...Me subí en ese **parachute ride**, arriba del agua. Me subí en eso. **Oh! I loved that!***

[...paracaídas...!Ah! ¡ Me encantó eso!]

En este ejemplo, Silva-Corvalán explica que hay una alternancia en las palabra *parachute ride*. Esta palabra es un ítem léxico que el hablante puede que no conozca en español. Silva-Corvalán también menciona que 'el hablante usa la expresión de emotividad, *Oh! I loved that!*'

Estos tipos de expresiones emotivas aparecen frecuentemente en la lengua en que el hablante tiene mayor competencia (Silva-Corvalán, 2001). Entonces el grupo dos demuestra un mejor dominio en el idioma del país en que nacieron.

Esta investigación me llamó la atención ya que durante mi asistencia de enseñanza en el curso de español para bilingües, mi maestra y yo llevamos a cabo un experimento similar. Durante el semestre, los estudiantes tuvieron la oportunidad de expresar sus sentimientos y contarnos sus vidas a través de autobiografías. Mientras observaba sus presentaciones orales en clase y aprendía sobre ellos a través de sus autografías, yo tuve la información disponible para poder construir un inventario de errores comunes en español estándar hechos por hablantes bilingües actualmente radicados en el estado de Nueva York. Los siguientes fragmentos fueron observados en las autobiografías de los estudiantes:

1. Concordancia de número y género

"Se me olvidan unas palabras porque en el pueblo donde yo vivo la mayoría de la gente es Americana y no hablan español"

"Mi vestido era rosado y muy ancho. Tenía muchos brillantes en todo el vestido. La de mi hermana era rosada"

"Fue un largo proceso pero lo logré. Gané como tres becas y esas tres becas me ayudo a pagar un poco de la universidad"

2. Los tiempos presentes, el imperfecto, el pretérito y los tiempos perfectos

"Yo podía ver lo que pasó (pretérito) detrás de puertas cerradas que la gente no puede (presente) ver hasta que están en el postgrado"

"Mis padres han estado (presente perfecto) separados porque mi papá se tenía (imperfecto) que venir a los estados unidos (capitalización) para juntar dinero para mantenerlos"

3. Cognados falsos

"Mis padres nunca atendieron (asistieron) una universidad para seguir con sus estudios"

"Mande mi aplicación (solicitación) aquí"

"Ella dejo el trabajo en la factoría (fábrica)"

"Es importante tener un sistema de soporte (apoyo)"

"Ya que no tuvieron chance (oportunidad) de ir a la universidad [...]"

4. Orden de palabras

"Ella es la mayor hija (hija mayor) de mis abuelos"

Cada uno de los ejemplos dados son ejemplos de variedad debido a la interacción de los dos idiomas. Sobre la base de esta información, encontré que en las autobiografías de los estudiantes de la segunda generación, ellos tendían a confundir los tiempos presentes, pasados y futuros porque no eran conscientes de ello en su narración escrita y saltaban de un tiempo a otro. Ellos también utilizaban cognados falsos más a menudo que los inmigrantes de primera generación. Lo interesante fue que todos nos entendíamos los unos a los otros. Pero esto para mí no estaba fuera de la norma. Yo misma modifico mis palabras en español dándoles un toque en inglés. Personalmente, yo no considero esto algo negativo. Si una lengua no cambia con el tiempo, la lengua está muerta. Además, cuando pensamos en dos idiomas, estamos ampliando nuestra mente y utilizando nuestra creatividad.

A continuación se presentan algunos ejemplos de cambios dentro de una misma palabra, lo que se conoce como "intra-sentential code-switching" o una estructura híbrida (Winford, 2003). Estos, los encontré en las autobiografías de los estudiantes:

1. *"[…]y tener un trabajo* **midrioque** *"*
   " [...] And to have a **mediocre** *job"*
2. *" La mayo***ridad (mayoría)** *de la escuela son americanos y los hispanos son la* **menoría (minoría)***"*
   "The **mayority** *of the school are Americans and Hispanics are the* **minorities***""*
3. *"Con el tiempo la* **populación (población)** *de hispanos ha crecido"*
   "Over time, the Hispanic **population** *has grown"*
4. *"Me acuerdo de una vez que yo estaba teniendo problemas de* **transportación (transporte)***"*
   "I remember once I was having **transportation** *problems"*

Fue evidente para mí a través de mis experiencias como observadora y a través de la corrección de las autobiografías de los estudiantes en esta clase, que nosotros los hispanohablantes continuamos sintiendo una conexión directa entre el lenguaje español y el inglés y una doble identidad con un deseo de revitalizar nuestra lengua heredada para usarla activamente de manera privada y pública.

REFLEXIÓN FINAL

Dado el prestigio socioeconómico de los Estados Unidos, los hispanos ven a los Estados Unidos como un país lleno de oportunidades donde sus sueños se pueden hacer realidad. Hoy en día, la inmigración no se detiene. Se proyecta que para el año 2050, los hispanos serán el grupo étnico minoritario más grande y constituirán el veinticinco por ciento de la población total (Day, 1996). Es por esta misma razón que poder entender y hablar el español en los Estados Unidos se está convirtiendo en una gran importancia. También es evidente que el español como lengua de herencia en los Estados Unidos sigue transformándose, hasta perdiéndose e incluso revitalizándose dada la interacción con el inglés y la asimilación hacia el mismo entre las generaciones nacidas en los Estados Unidos. En la tercera generación, el dominio del idioma de los padres se pierde. Sin embargo, debido a un aumento en la población y la cultura hispana en los Estados Unidos, cursos de español para hablantes nativos han incrementado en la educación superior. Esta población de estudiantes hispanos se han motivado a revitalizar sus lenguas heredadas, tanto por razones de integración con la cultura de sus ancestros, resultado de una conexión directa entre el lenguaje y la identidad, o por motivos prácticos e instrumentales que buscan oportunidades laborales y metas de mejor vida trasmitidas por sus padres migrantes.

Esta nueva aproximación a la revitalización de la lengua heredada hace que las ideologías lingüísticas cambien así mismo con la lengua. Con el aumento de hispanohablantes en los EE.UU, la importancia de comprender el lenguaje es muy esencial. Este cambio es notable en el sistema educativo de hoy en día, ya que muchos distritos escolares están tratando de fomentar un ambiente escolar que valore la diversidad cultural y lingüística. En palabras del autor José García Delgado, "El español se está convirtiendo en un producto cultural muy valorado por las generaciones segundas y terceras de hispanos, con una buena educación, y que quieren seguir fieles a sus raíces y el idioma (2010)." Por esto es importante combinar los estudios de lengua, cultura e identidad en las aulas para hacer que los hispanohablantes retengan y aprecien sus orígenes y se acepten a sí mismos como personas que pertenecen a dos mundos culturales. Esto fue precisamente lo que hicimos en la clase de la "profa Montoya": reflexionamos sobre nuestro crecimiento reconociendo los esfuerzos hechos por nuestros padres que a pesar de desear que sus hijos aprendieran inglés, enfatizaban en el mantenimiento de la lengua a través de nuestras rutinas y enseñanzas de valores familiares. Nuestros padres en su afán por sobrevivir nos enseñaron que hablar la lengua de ellos era importante, nos enseñaron a respetarnos y a amarnos en español y hoy somos nosotros las nuevas generaciones revitalizadoras del español en los Estados Unidos.

Fuentes

Baker, Pauline.1966. Español para los hispanos. Skokie, IL: National Textbook Company.

Beaudrie, Sara M., and Marta Ana. Fairclough. *Spanish as a Heritage Language in the United States: The State of the Field*. Washington, DC: Georgetown UP, 2012. Print.

Bills, Garland D. 2005. "las comunidades lingüísticas y el mantenimiento del español en Estados Unidos." In *Contactos y contextos lingüísticos: El español en los Estados Unidos y en contacto con otras lenguas*, edited by Luis Ortiz Lopez and Manuel Lacorte. Madrid:Iberoamericana/Vervuert.

Bills, Garland. 2010. "Introduction. Wither Southwest Spanish? Issues in the Assessment of Maintenance or Loss." In Spanish of the US Southwest: A Language in Transition, edited by Susana V. Rivera-Mills and Daniel J. Villa. Madrid: Iberoamericana/Vervuert.

Brecht, R. D., & Rivers, W. P. (2000). *Language and national security in the 21st century: The role of the Title VI/Fulbright-Hays in supporting national language capacity*. Dubuque, IA: Kendall-Hunt.

Chávez, Eliverio. 1988 "Sex Differences in Language Shift." Southwest Journal of Linguistics 8:3-14.

Day, Jennifer Cheeseman. 1996. Population projections of the United States by age, sex, race, and Hispanic origin: 1995 to 2050. U.S. Bureau of the Census, Current Population Reports, P25-1130. Washington, D.C.: U.S. Government. Printing Office

Ducar, Cynthia. 2009. "The Sound of Silence: Spanish heritage Textbooks' Treatment of language Variation." In *Español en Estados Unidos y otros contextos de contacto: Sociolingüística, ideología y pedagogía,* edited by Manel Lacorte and Jennifer Leeman. Madrid: Iberoamericana.

García Delgado, José L. 2010. El sector energético ante un nuevo escenario. Madrid: Civitas Ediciones.

Gardner, Robert y Wallace Lambert. 1959 "Motivational Variables in Second Language Acquisition." Canadian journal of Psychology 13:266-72.

González, Nora, y Irene Wheritt. 1990. "Spanish Language Use in West Liberty, Iowa." In *Spanish in the United States: Sociolinguistic Issues*, edited by John Bergen. Washington, DC: Georgetown University Press.

Hidalgo, Margarita. 1993. "The Dialects of Spanish Language Loyalty and Maintenance on the US-Mexico Border: A Two Generation Study." In Spanish in the United States: Linguistic Contact and Diversity, edited by Ana Roca and john Lipski. New York: Mouton de Gruyter.

Hudson-Edwards, Alan y Garland D. Bills. 1982. "Intergenerational Language Shift in an Albuquerque Barrio." *In Spanish in the United States:*

Sociolinguistic Aspects, edited by Jon Amastae and Lucía Elias-Olivares. Cambridge University Press.

Kroskrity, Paul. 2004. "Language Ideologies." In *A Companion to Linguistic Anthropology*, edited by Alessandro Durant. Malden, MA: Blackwell.

Leeman, Jennifer y Glenn, Martínez. 2007. "From Identity to Commodity: Ideologies of Spanish in Heritage Language Textbooks." Critical Inquiry in Language Studies 4(1):35-65.

Macedo, Donaldo. 1997. "English Only: The Tongue-Tying of America." In *Latinos and Education: A Critical Reading*, edited by Antonia Darder, Rodolfo D. Torres, and Henry Gutierrez, 269-80. New York: Routledge.

Martínez – Roldán, Carmen y Guillermo Malavé. 2004. "Language Ideologies Mediating Literacy and Identity in Bilingual Contexts." *Journal of Early Childhood Literacy* 4(2):155.

McGroarty, Mary y Alfredo Urzúa.2009. The Revelance of Bilingual Proficiency in US Corporate Settings. In Heritage Language Education: A New Field Emerging, edited by Donna Brinton, Olga Kagan, and Susan Bauckus. New York: Routledge.

Rivera-Mills. 2000b. *New Perspectives on Current Sociolinguistic Knowledge with Regard to Language Use, Proficiency, and Attitudes among Hispanics in the U.S: The Case of a Rural Northern California Community*. Lewiston, NY: Mellen Press.

Romaine, Suzanne. 2004. "The Bilingual and Multilingual Community." In *The Handbook of Bilingualism*, edited by Tej Bhatia and William Ritchie. Cambridge: Blackwell.

Ruiz 1984. "Orientations in Language Planning." In *Language Diversity: Problem or Resource?* Edited by Sandra Mc Kay and Sau-ling Cynthia Wong. Boston: Heinle and Heinle.

Schwartz, Adam. 2006. "The Teaching and Culture of household Spanish: Understanding Racist Reproduction in Domestic Discourse." *Critical Discourse Studies* 3 (2): 107-21. Standards for Foreign Language Learning: Preparing for the 21st Century. 2006. 3rd rev. ed. Lawrence, KS: Allen Press.

Silva- Corvalán, Carmen. 1983. "Code Shifting Patterns in Chicano Spanish." In *Spanish in the US Setting: Beyond the Southwest*, edited by Luciah Eliash-Olivares. Rosslyn, VA: National Clearinghouse for Bilingual Education.

Silva-Corvalán, Carmen. 2001. Sociolingüística y pragmática del español.

Washington, D.C.: Georgetown University Press. 367 pp.

Sole, Carlos A. 1990. Language Usage Patterns among a Young Generation of Cuban Americans." In *Festschrift for Jacob Ornstein*, edited by Edward Blansitt and Richard Teschner. Rowley, MA: Newbury House.

Tollefson, James. 1991. *Planning Language, Planning Inequality: Language Policy in the Community*. London: Longman.

Verhovek, Sam Howe.1995."Mother Scolded by Judge for Speaking Spanish". New York Times, August 30.

www.nytimes.com/1995/08/30/us/mother-scolded-by-judge-for-speaking-in-spanish.html

Weinreich, Uriel. 1953. *Languages in Contact*. The Hague:Mouton.

Winford, Donald. 2003. *An Introduction to Contact Linguistics*. Blackwell Publishing.

Woolard, Katheryn. 1998. "Language Ideology as a Field of Inquiry." In *Language Ideologies: Practice and Theory*, edited by Bambi Schieffelin, Katheryn Woolard, and Paul Kroskrity. Oxford: Oxford University Press.

Anexos

Cuestionarios para la elaboración de la autobiografía

Componentes de la autobiografía
Mi vida actual y mi origen
(primer ensayo para evaluar fluidez / written proficiency)

Introducción→ generalidades

Nombre (¿de dónde viene? ¿Quién te lo escogió?)

Edad (¿cómo se siente tener esa edad? ¿Por qué es importante tener la edad que tienes?)

Ocupación (¿por qué decidiste estudiar? ¿Por qué quieres estudiar esa carrera? ¿Qué te gusta de esa especialidad?)

Residencia (¿dónde vives ahora? Cómo es la vida en esa residencia o apartamento? ¿Con quién vives? ¿Te llevas bien con tu compañer@ de cuarto?)

Aspectos de físicos (descripción: ¿cómo eres físicamente? ¿A quién te pareces? ¿Qué te gusta de tu físico, ¿que no te gusta mucho?)

Aspectos de la personalidad (descripción: ¿cómo eres personalmente? ¿A quién te pareces? ¿Qué aspectos te gustan de tu personalidad y cuáles no te gustan y debes mejorar?)

Origen

País (¿de dónde vienen tus padres o en cuál país naciste? ¿Cómo es ese país o la gente de ese país? ¿Has viajado alguna vez al país de origen de tus padres? ¿Te gusta? ¿Quién vive en ese país? ¿Qué haces cuando viajas a….?)

Idioma (¿qué idioma hablan en el país de origen de tus padres? ¿Cómo lo hablan las personas originarias de allá? ¿Tus padres hablan similar? ¿Tú eres fluido en ese idioma? ¿Puedes comunicarte con facilidad? ¿Qué te frustra cuándo estás con las personas monolingües de ese lugar y quieres comunicarte? ¿Qué haces para mejorar y poder comunicarte?

Celebraciones (¿cómo celebran en tu casa los días de fiesta? ¿Cuál día de fiesta es más importante para tu familia? ¿Qué comen? ¿Bailan? ¿Hablan? ¿Cómo es una celebración típica en tu casa con tu familia durante un día de fiesta?

El barrio o la ciudad (¿dónde vive tu familia en este momento? ¿Hay hispanos en este lugar? ¿Cómo es el barrio físicamente? ¿Hay crimen o es calmado? ¿Te gusta o quisieras que tus padres se mudaran? ¿Tienes amigos allí? ¿Te hablas con ellos? ¿Qué extrañas de ese lugar?

La vida de estudiante

Carrera en Oneonta (¿Qué estudias? ¿Qué es lo que más te gusta de lo que estudias? ¿Por qué decidiste venir a Oneonta?

Clases y horario (¿cómo son tus clases este semestre? ¿Cuántos créditos has tomado hasta ahora? ¿Cuál es la clase más difícil? ¿Piensas que tienes un buen balance de clases? ¿Qué debes hacer para rendir bien en todos los cursos? ¿Vas a la biblioteca? ¿Dónde haces tu tarea? ¿Cuál es tu rutina diaria mientras estudias en Oneonta?)

Profesores (¿qué profesores tienes este semestre? ¿Cómo son? ¿Con cuál de ellos crees que será más complicado trabajar y por qué?

Actividades extra curriculares (¿qué haces cuando no tomas clases o estás haciendo tareas? ¿Tienes amigos? ¿Cómo pasas tu tiempo libre? Perteneces a un club estudiantil? ¿Asistes a conferencias fuera de clases, películas fiestas? ¿Cuándo tienes tiempo para estas actividades?

Planes (¿qué piensas hacer con la carrera que estudias? ¿A dónde crees que te llevará el trabajo y el estudio actual? ¿Qué quieres de tu vida en un futuro? ¿Por qué escogiste la carrera que llevas en la universidad?

Conclusión→Comparación y conexión con el siguiente tema:

Residencia fuera de Oneonta (¿qué extrañas de tu familia, tu barrio y tus actividades mientras vives en Oneonta? ¿Tratas de hacer algo similar en Oneonta a lo que vives con tu familia?

Tu origen (¿Es una desventaja o ventaja saber otro idioma diferente al inglés y ser hispano en esta universidad? ¿Te sientes diferente al resto de estudiantes? ¿Crees que Oneonta es el sitio donde debes estar en el momento actual? ¿Cómo te afecta tu herencia cultural y lingüística en lo que eres y haces hoy en día?

CONTINUACIÓN CON EL TEMA DEL ORIGEN NARRANDO LA HISTORIA DE LOS PADRES

Generalidades:

¿Cómo se llaman y de dónde son tus padres? ¿Cuándo llegaron a los Estados Unidos? ¿Por qué vinieron tus padres a los Estados Unidos? ¿Cuántos años tenían cuando se casaron y tuvieron su primer hijo? ¿Cuántos hijos tuvieron?

Trabajos y estudio:

¿En qué han trabajado tus padres en este país? ¿Cuál es el nivel educativo de ellos? ¿Han asistido a alguna institución educativa en este país?

Vida familiar:

¿Tus padres se sentaban contigo a comer a la mesa? ¿De qué hablaban?

¿Se quejaban de su experiencia como inmigrantes?¿Cómo se divertían? ¿Qué les preocupaba?¿Tenían amigos, visitaban la casa? ¿Tenían que mantener otros miembros de la familia en su país de origen? ¿Con cuál de tus padres eres más cercano/a?¿Cuál de los dos tomaba las decisiones importantes en tu casa? ¿Cómo manejaban el dinero? ¿Quién lo controlaba? ¿A quién acudías cuando querías un permiso? ¿Qué tipo de conflictos encontrabas en tu casa? ¿Viste alguna vez pelear a tus padres? ¿Cómo te sentías?

Relación de tus padres contigo:

¿Qué te ha gustado compartir con tus padres desde que eras un niño/a? ¿Cómo eran tus padres? ¿Qué hacían? ¿Había reglas importantes que recuerdes? (Estrictos, cariñosos, trabajadores)¿Cómo eran ellos con tus amigos/as o novios/as?¿Qué crees que ellos hicieron bien o mal criando a sus hijos? ¿Qué harías diferente?

Conexión con el tema de la niñez:

Mientras narras algo de tus experiencias con ellos, ubica el tema que te conecte para empezar a narrar sobre tu vida desde que eras niñ@ y continuando con la adolescencia.

LA NIÑEZ

¿Cuáles son tus recuerdos más tempranos?¿Qué recuerdas de tus abuelos y otros familiares en los Estados Unidos o en el país de tus padres? ¿Describe un momento memorable de tu niñez? ¿Tenías miedos cuando eras niño o niña?

Aspectos descriptivos de la infancia:

¿Con quién pasabas la mayor parte del tiempo cuando eras niño/a? ¿Qué hacían juntos? ¿Quién te cuidaba de niño/a? ¿A qué te gustaba jugar? ¿Cuáles eran tus juguetes favoritos? ¿Cómo era tu rutina de niño/a? ¿Tuviste hermanos menores o abuelos a quien cuidar en casa? ¿Alguien de tu familia murió cuando eras un niño/a?

Descripción del espacio físico:

¿Cómo era tu casa o apartamento?¿Cómo era tu cuarto? ¿Quiénes eran tus vecinos?¿Cómo se llamaba tu vecindario? ¿Cómo era? ¿Te mudaste de casa alguna vez?

La comida y las celebraciones:

¿Cuáles eran tus comidas favoritas?

¿Cómo eran las celebraciones en tu casa y con tu familia?

¿Cómo eran las prácticas religiosas en tu casa y con tu familia?

Contacto directo con Latino América:

¿Viajabas al país de tus padres con frecuencia? ¿Qué recuerdas de esos viajes?

La escuela primaria:

¿Cómo eran tus años escolares? ¿recuerdas a algún maestro/a? ¿por qué? ¿Quiénes eran tus amigos? ¿Qué hacías con amigos?

El uso del lenguaje:

¿Tuviste clases de educación bilingüe o de inglés como segundo idioma? Cómo eran? ¿quién era el maestro? ¿Qué idioma hablabas en tu escuela y con quién? ¿en tu casa qué idioma hablabas predominantemente y con quién?¿Qué crees que sucedió cuando eras niñ@ que hizo que mantuvieras el español?

Transición a la adolescencia:

¿Cuándo descubriste que ya no eras un niño/a?

LA ADOLESCENCIA

Generalidades descriptivas:

¿Cuándo crees que comenzó tu adolescencia? ¿Cuándo te empezaste a sentir como un muchacho/a grande?¿Qué era lo que más te gustaba hacer durante tu adolescencia?¿Eran los deportes o la música importantes para ti?

El idioma:

¿En cuál idioma hablabas predominantemente? Rechazaste en algún momento hablar el español? ¿Te daba pena? ¿Con quién hablabas español en esta época?

Escuela secundaria:

¿Cómo era tu vida en la escuela secundaria? Tenías algunos conflictos?

¿Cómo era la opinión sobre tu mismo durante estos años de tu vida?

¿Practicabas actividades extra-curriculares?

¿Alguna vez te metiste en problemas? ¿Qué pasó? ¿Alguna vez te sentiste tratado injustamente en la escuela o en casa?

Amigos y relaciones sociales:

¿Cómo eran tus amigos? Y ¿Qué hacías con ellos? ¿Cómo era tu comportamiento ante los chicos/as del sexo opuesto?

¿En tu familia te enseñaron a comportarte de cierta manera en presencia de los adultos o de las personas del sexo opuesto? ¿Cuándo diste tu primer beso?

¿Cuándo conseguiste tu primer trabajo?¿Cómo era? ¿Cuánto ganabas?

¿Cómo te relacionabas con personas de otras razas, etnias, cultural, religiones, lenguajes?

Deseos para el futuro:

¿Qué querían tus padres que estudiaras cuando llegaras a la universidad?

¿Qué querías ser de adulto? ¿si pudieras cambiar algo de tus años de adolescencia, qué cambiarías?

Comienza una reflexión más analítica sobre tu vida. El lector ya conoce los detalles de tu origen, de tu historia y de vida actual, ahora es necesario que plantees tu manera de pensar y la madurez que tienes en este momento

MI SER SOCIAL Y VIDA ADULTA

Introducción y transición después de la adolescencia:

¿Qué tipo de cambios reconoces que has tenido en tu vida hasta ahora?

¿Cómo experimentaste el marcharte de casa para venir a la universidad?

¿Tus padres aprobaron tu decisión de irte lejos de casa a estudiar?

Educación universitaria:

¿Qué pretendes conseguir con una educación universitaria?

¿Cuál es el nivel educativo de tu familia en general? ¿Hay profesionales o tú eres el primero que estudia en la universidad?

Explica que significa obtener educación superior para tu familia y para tu grupo social hispano/latino. ¿Qué tipo de trabajos aspiras conseguir en un futuro?

La clase social, la raza y la etnia:

¿Cómo definirías tu clase social? Explica

¿Cómo te defines racialmente y étnicamente? Explica

¿Qué sabes de tus ancestros? ¿Qué piensas de tus raíces y cómo afecta esto tu vida de ciudadano estadounidense?

¿Qué tipo de estereotipos maneja la sociedad en general sobre tu grupo social?

¿Has encontrado problemas raciales o de discriminación en la sociedad donde creciste y te desenvuelves?¿Qué problemas sociales pudiste observar cuando asistías a las escuelas primarias y de secundaria?¿Cómo crees que se puede mejorar la educación para tu grupo social? ¿Cómo crees que podrías subir de clase social?

Conocimiento y experiencias educativas diversas como adulto:

¿Has leído literatura? ¿Qué tipo? ¿Qué has aprendido sobre la sociedad a través de lo que has leído?

¿Te sientes cómodo interactuando con personas que son diferentes a ti? En el sentido social, racial...etc.

¿Cuáles eventos históricos o presiones sociales y económicas explicarían tu clase social, estatus e historia en el presente?

Experiencias personales y familiares que construyen tu identidad y ser social:

¿Cuáles son tus valores y creencias familiares?

¿Mantienes estas creencias y valores heredados de tus padres? ¿Cómo han cambiado?

¿Has tenido una relación amorosa seria?

¿Tus padres aprueban esta relación?

¿Qué tipo de pareja prefieren tus padres para ti y cuál prefieres tú?

¿A qué edad piensas casarte?

¿Cuántos hijos planeas tener?

¿Cómo imaginas que será tu estilo de vida cuando te cases? *(si eres casado, ¿cómo imaginabas que iba a ser y cómo es ahora?*

¿Cuáles serían las causas de un posible divorcio?

¿Qué costumbres, creencias, celebraciones quisieras mantener en tu casa que hayas aprendido en casa de tus padres?

El futuro como adulto:

¿Qué espera tu familia de ti en el futuro?

¿Qué esperas tú de ti mismo en el futuro?

¿Cómo te ves en 10 años, en 20, en cuanto a trabajo y planes?

¿Cómo crees que será tu contribución a la comunidad hispana en los Estados Unidos?

¿Tienes algo en mente para la crianza de tus hijos relacionado con la sociedad estadounidense? Algo que te gustaría enfatizar con ellos, recuperar, mantener…etc.

En cuanto al aspecto religioso ¿Cómo piensas educar a tus hijos?

¿Qué conflictos ha traído tu vida adulta? ¿Y qué conflictos crees que vendrán en un futuro?

Conclusión:

¿Qué satisfacciones te ha traído el ser un joven adulto?

¿Qué necesitas para llevar una vida feliz?

¿Si pudieras cambiar algo de tu vida, qué cambiarías?

¿Crees que conoces la persona que eres? ¿Qué necesitarías hacer para conocerte más? ¿Se hace necesario que una persona se conozca a sí mismo? ¿por qué?

Después de conectar todos los ensayos que has escrito separadamente y hacer las conexiones entre ellos apropiadamente, lees en voz alta para corregir errores y asegurarte que no estás repitiendo información en diferentes partes del ensayo.

Programas del curso

Programa de curso 2001	Programa del curso 2014
Descripción y Objetivos: El curso está diseñado para aquellos estudiantes que han experimentado el idioma Español al nivel nativo hablante en sus hogares o en su formación temprana escolar. El objetivo principal es mejorar los usos gramaticales e incrementar el vocabulario a través de la escritura y la lectura. Durante el semestre se trabajarán lecturas de tipo descriptivo, narrativo y de opinión, incluyendo un poco de poesía, con el propósito de conocer nuestra literatura hispana y generar temas culturales para la discusión y reacción escrita.	Descripción y Objetivos: El curso está diseñado para aquellos estudiantes que han experimentado el idioma español como lengua heredada en sus hogares o en su formación temprana escolar. El objetivo principal es mejorar los usos gramaticales, la ortografía e incrementar el vocabulario a través de la escritura y la lectura.
Textos requeridos: 1. Español para los Hispanos Baker Paulline 1995 2. La Casa en Mango Street Cisneros Sandra 1994 3. Diccionario de Sinónimos y Antónimos 4. Diccionario de la lengua Española 5. Cuaderno de escritura y carpeta para conservar sus trabajos	Textos requeridos: 1. Obligatorio para el estudio de la gramática: "Spanish Grammar in Context" 2nd edition by Juan Kattán-Ibarra and Angela Howkins. 2. Obligatorio College Common Read: " Persepolis" by Marjane Satrapi 3. Otras lecturas estarán en "blackboard" durante las semanas asignadas; imprimir y leer. 4. Diccionario de Sinónimos y Antónimos en español lo compran por Internet 5. Diccionario de la lengua española monolingüe (de español a español) traer a clase todos los días

316

Textos sugeridos y de referencia:	6. Diccionario Bilingüe inglés-español
1. copias del material serán dadas durante el semestre)	Algunos podrían ser:
2. La lengua que heredamos Marqués Sarah 1986	–Galimberti Jarman, Beatriz., et al. *Oxford Spanish Dictionary.* Oxford University Press, 2003.
3. La nueva Ortografía de la Lengua Española 2000 Faid Editores	–Moliner, María. *Diccionario de uso del español.* Vol. 2. Madrid, Gredos, 2008.
4. Doce Cuentos Peregrinos García Marqués Gabriel 1992	–Larousse nuevo diccionario enciclopédico ilustrado
5. Afrodita Allende Isabel 1997	
6. Cuentos de la Selva Quiroga Horacio 1999	Los diccionarios son obligatorios, estos los usará durante toda su vida. Por lo tanto deben ser buenos, con muchas entradas y de publicadoras conocidas. Los diccionarios serán de mucha utilidad cuando escriba los ensayos, para la ortografía y las tildes. También les permitiré usarlos durante alguno de sus exámenes.
7. Cuentos Latino Americanos Antología 1993	
8. Libro de las Preguntas (obra póstuma) Neruda Pablo 1974	
9. Los Mejores Cuentos Colombianos 1990	
10. Introducción a la literatura Puigróss Oskar 3a edición	
Evaluación del estudiante:	Evaluación del estudiante:
1. Habrá previas (15%) cortas de gramática y comprensión de lectura; varios escritos (20%), todo anunciado.	1. Exámenes: dos en total: (30%) ortografía y acentuación, gramática y aspectos históricos y de variación lingüística; puede repetir uno de estos al final del semestre para conseguir una mejor calificación.
2. Habrá exámenes acumulativos después de cada tema tratado; los estudiantes son responsables de estudiar el material indicado y si existe alguna duda podrán buscarme durante mi horario de oficina con anticipación a la fecha de la evaluación (15%).	2. Seis escritos: (35%) corregidos tres veces y una recopilación autobiográfica final.
	3. Una presentación oral diez minutos al final del semestre controlando el uso exclusivo del español (10%). I will digitally record your presentation for further evaluation of your Spanish proficiency.
3. Habrá un examen parcial	4. El trabajo de servicio-aprendizaje: (15%) cada estudiante tendrá un trabajo asignado con un

317

(20%) de mitad de semestre y un examen final (20%) que será discutido al momento indicado.

4. La participación del estudiante es una calificación separada de los trabajos asignados. Yo entiendo que un segundo idioma, y en el caso de los estudiantes de este curso en particular, podría ser complicado y confuso por el constante intercambio comunicativo con el idioma Inglés; sin embargo su esfuerzo y trabajo serán tomados en cuenta al momento de evaluar su desenvolvimiento a lo largo del semestre. (10%)

miembro de la comunidad, sea del pueblo u otro estudiante de la universidad nativo del inglés. Presentarán una página de manera de diario/observación de cada experiencia. Mínimo 15 horas durante todo el semestre. Debe llevar "record" seguimiento del horario del servicio para reportar al Centro de responsabilidad social y comunidad (CSRC: Center for Social Responsibility and Community). El diario estará lingüísticamente relacionado y evaluado según la gramática y ortografía estudiada durante la clase.

El servicio prestado será: compañero de conversación solo en español para un estudiante anglo parlante que necesite practicar conversación. Tutoría de español o inglés a estudiantes adultos o niños de la universidad o de la comunidad, colaborando a familias con averiguaciones legales en Internet, traducción para algún servicio social requerido, llenar formularios en inglés o en español

A cambio: el estudiante de 215 tendrá ayuda de un estudiante de nivel avanzado con sus ensayos en inglés o en español, tareas y varios compañeros para practicar conversación en español académico.

Confidencialidad: cada estudiante deberá mantener confidencialidad sobre la información proveída por la persona o familia asignada. Cada estudiante firmará un formulario de confidencialidad

5. Examen final acumulativo, todo lo estudiado (10%).

Estudiantes Contribuyentes

Daniela Gutiérrez
Daysi Gómez Torralba
Kinneret Sussman
Janet López
Cristina Jennifer Castelán
Adrián Vega-Bautista
Diana Cervantes Nava
Eduardo Martínez
Jennifer Bravo
Jessica Jasmine Soriano
Julio Cesar Chávez
Michelle Morales Chávez
Magdalena Clemente
Martín de Jesús Rivera Mejía
Miguel Ángel Rivera Mejía

Mildret Guadalupe Barajas
Stacey Penélope Brujan Santana
Karla Vanessa Nava
Eliezer Rosario II
Melissa Cervantes Nava
Angélica Martínez
Olga Chávez
Kevin Gallo
Kevin Urere Cruz
Lizeth López
Alfredo Bautista
José Miguel Longo
Daniela González
Natalia Montoya

Ediciones *El pozo*
Oneonta- New York